Arbeitskreis OPD (Hrsg.)

Operationalisierte Psychodynamische Diagnostik

Arbeitskreis OPD (Hrsg.)

Operationalisierte Psychodynamische Diagnostik

Grundlagen und Manual

Entwickelt und herausgegeben vom Arbeitskreis zur Operationalisierung Psychodynamischer Diagnostik

Verlag Hans Huber
Bern · Göttingen · Toronto · Seattle

Dieser Band ist unserer verstorbenen Kollegin, *Frau Prof. Dr. phil. Susanne Davies-Osterkamp*, gewidmet, die den Abschluß des Projekts nicht mehr erleben konnte.

Entwurf der Titelgrafik: Ina Schlafke

Der Sprecher des OPD-Arbeitskreises:
Prof. Dr. Sven Olaf Hoffman
Klinik und Poliklinik für
Psychosomatische Medizin und Psychotherapie
der Universität Mainz
Untere Zahlbacher Straße 8
D-55131 Mainz

Die Deutsche Bibliothek – CIP-Einheitsaufnahme

Operationalisierte Psychodynamische Diagnostik : Grundlagen und Manual /
Arbeitskreis OPD (Hrsg.). Entwickelt und hrsg. vom Arbeitskreis zur
Operationalisierung Psychodynamischer Diagnostik. –
1. Aufl. – Bern ; Göttingen ; Toronto ; Seattle : Huber, 1996
ISBN 3-456-82730-X
ND: Arbeitskreis zur Operationalisierung Psychodynamischer Diagnostik

1. Auflage 1996

Satz: Satzspiegel, Bovenden
Druck: Kösel GmbH & Co., Kempten
Printed in Germany

Inhaltsverzeichnis

Vorwort 7

OPD-Arbeitskreis 11

1. Theoretischer Hintergrund

1.1 Einführung 13

1.2 Exkurs: Ansätze der Operationalisierung psychodynamischer Konzepte 19

1.2.1 Entwicklungslinien psychodynamischer Operationalisierungen 19

1.2.2 Konzeptuelle Beiträge 22

1.2.3 Empirische Ansätze im Bereich psychoanalytischer Diagnostik und Therapie 25

1.2.4 Grenzen operationalisierter Diagnostik 28

1.3 Weiterentwicklung und Perspektiven der OPD 30

2. Konzeptualisierung und Operationalisierung der Achsen

2.1 Achse I – Krankheitserleben und Behandlungsvoraussetzungen 33

2.2 Achse II – Beziehung 43

2.3 Achse III – Konflikt 54

2.4 Achse IV – Struktur 63

2.5 Achse V – Psychische und Psychosomatische Störungen 74

3. Befunderhebung: Das Interview zur Operationalisierten Psychodynamischen Diagnostik

3.1 Übersicht zu Ansätzen psychodynamischer Diagnostik 85

3.2 Theorie des psychodynamischen Interviews zur OPD-Diagnostik 90

3.3 Leitfaden zur Durchführung des OPD-Interviews 93

3.4 Die Diagnostik von psychischen und psychosomatischen Störungen nach der ICD-10 (Kap. V, F) innerhalb des OPD-Interviews 102

4. Manual zu den Achsen

4.1 Achse I – Krankheitserleben und Behandlungsvoraussetzungen 105
4.2 Achse II – Beziehung 112
4.3 Achse III – Konflikt 121
4.4 Achse IV – Struktur 154
4.5 Achse V – Psychische und Psychosomatische Störungen 178

5. Anwendung der OPD

5.1 Darstellung eines exemplarischen Falles 185
5.2 Einschätzung des Falles mit der OPD 189
5.3 Faksimile-Wiedergabe der OPD-Dokumentation des Fallbeispieles . . 193

6. Ausbildung und Training in der OPD-Diagnostik (mit Adressenverzeichnis der Trainingszentren) 201

7. Die Anwendung der OPD in der qualitativen und quantitativen Forschung 209

8. Literaturverzeichnis 211

9. Stichwortverzeichnis 223

10. Anhang: Synoptische Darstellung der Achsen und Erhebungsbogen der Gesamt-OPD 233

11. Adressenverzeichnis der Mitarbeiter 247

Ergebungsbogen (Muster) 249

Vorwort

Die vorliegende OPD ist das Ergebnis eines intensiven, über dreijährigen Entwicklungsprozesses durch eine etwa 30 Personen umfassende Arbeitsgemeinschaft deutscher Psychotherapeuten und Psychosomatiker. Die Kolleginnen und Kollegen stammen zum überwiegenden Teil aus einer Reihe von Universitätskliniken für Psychosomatische Medizin und Psychotherapie in der Bundesrepublik.

Motivationaler Hintergrund zur Entwicklung eines operationalisierten Instrumentes psychodynamisch orientierter Diagnostik war gleichermaßen die Unzufriedenheit mit dem aktuellen Stand psychoanalytischer Diagnostik wie mit den ausschließlich phänomenalen Klassifikationen des DSM-III und der ICD-10. Bei aller Anerkennung des großen klassifikatorischen Fortschritts, den diese Instrumente für die Psychiatrie darstellten, reflektierten dieselben doch zu eindeutig die ursprünglichen Motive, für die Überprüfung der Wirkung von Psychopharmaka und epidemiologische Studien vergleichbare Ausgangskriterien zu gewinnen. Psychodynamisch orientierte Psychotherapeuten fanden sich mit ihren Forschungsinteressen wenig repräsentiert. Dies führte dazu, daß nach klärenden Vorkontakten 1992 von Manfred Cierpka aus Göttingen und Wolfgang Schneider aus Dortmund (heute Rostock) ein Kreis Interessierter zusammengerufen wurde, der schließlich die «*Arbeitsgemeinschaft zur Operationalisierung Psychodynamischer Diagnostik (OPD)*» gründete und Sven Olaf Hoffmann aus Mainz zu seinem Sprecher wählte. In regelmäßigen Sitzungen des Arbeitskreises («Plenum») und der Arbeitsgruppen für die Entwicklung einzelner Achsen entstand ein Basiskonzept, welches in intensiver Beschäftigung ausgearbeitet wurde. Die Treffen wurden flankiert von einer ständigen Korrespondenz, dem Austausch von Entwürfen, der Erprobung von Teilkonzepten auf ihre Praktikabilität, Rater Trainings und schließlich einer ersten großen methodischen Überprüfung von Interrater-Übereinstimmung und Praktikabilität anhand mehrerer hundert Einschätzungen von Modell-Videos in verschiedenen Zentren. Diese Studie wurde von H. J. Freyberger aus Lübeck (heute Bonn) koordiniert und hatte die Konsequenz, daß das diagnostische System noch einmal vollständig überarbeitet wurde. Soweit in nüchternen Worten die nüchterne Geschichte – aber Geschichte allein ist wohl immer nüchtern.

Schwerer zu schildern sind die Arbeitsmotivation und das Engagement eines so großen Arbeitskreises, die in ihrer Beständigkeit eine Überraschung für alle

Beteiligten darstellten. Das Gefühl, etwas zu schaffen, das in gleicher Weise Aspekte der psychodynamischen Betrachtung, wie die der operationalisierten Diagnostik, verbindet und zudem durch den Konsensus einer großen Arbeitsgruppe gestützt wird, hatte eine beflügelnde Wirkung, die über Phasen der Resignation und Mutlosigkeit angesichts der Schwierigkeit der projektierten Aufgabe hinwegtrug.

Die Hintergrundsentscheidungen der Arbeitsgemeinschaft zur Operationalisierung Psychodynamischer Diagnostik bedürfen einer Rechtfertigung. *Operationalisierung* heißt genaugenommen die Definition diagnostischer Klassen anhand von beobachtbaren und überprüfbaren Beschreibungen. Unbewußte Prozesse, die für das psychoanalytische Verständnis eine entscheidende Rolle spielen, operational definieren zu wollen, stellt eine nicht auflösbare Paradoxie dar. Es galt also eine Auswahl von psychodynamischen Elementen zu treffen, die auf der einen Seite für das von der Psychoanalyse abgeleitete Verständnis des Patienten relevant und auf der anderen Seite noch ausreichend operational faßbar sind, um überprüfbar zu bleiben. Diese Auswahl schlägt sich in den vier Achsen *Krankheitserleben, Beziehung, Konflikt* und *Struktur* nieder.

Die zweite Beschränkung, auf die die Arbeitsgemeinschaft sich einigen mußte, lag in der Festlegung der professionellen Zielgruppe, die das Manual einmal anwenden sollte. Um überhaupt psychodynamisch operationalisieren zu können, mußte für den späteren Anwender vorausgesetzt werden, daß er Existenz und Berechtigung psychoanalytischer Basiskonzepte, wie das des dynamischen Unbewußten, der Übertragung und Gegenübertragung, des inneren Konfliktes oder der verinnerlichten Selbst- und Objektbilder (Selbst- und Objektrepräsentanzen) anerkennt. Wem diese Kategorienwelt primär verschlossen ist, oder wer ihr – aus welchen Gründen auch immer – ablehnend gegenübersteht, für den ist die OPD sicher kein geeignetes diagnostisches Instrument. Es ging vielmehr um die Aufgabe, verbindliche Anwendungen bestimmter Konzepte für solche Psychotherapeuten, Psychiater und Psychologen zu schaffen, die diesen gegenüber eine positive Einstellung haben. Mit anderen Worten: Es ging um die Reduzierung psychoanalytischer Beliebigkeit in der Diagnostik und die Festlegung akzeptierter und kommunizierbarer Standards.

Daraus ergab sich eine dritte zu treffende Festlegung, nämlich die Einigung auf wenige Standards, was die Gefahr beinhaltet, daß es für den nicht mit der psychoanalytischen Theorie und Praxis Vertrauten so aussieht, als lasse sich die gesamte Psychodynamik auf vier Achsen reduzieren. *Dieses Mißverständnis zu vermeiden, ist ein entschiedenes Anliegen der Arbeitsgemeinschaft.* Operationalisierung bedeutet notwendigerweise immer einen Verlust an dynamischem Gehalt. Dieser Beschränkung waren wir uns zu jedem Zeitpunkt bewußt und nehmen sie in Kauf, um des Vorteils der größeren Eindeutigkeit und vor allem der Kommunizierbarkeit willen. Man sollte sich aber auch bewußt sein, daß der immer wieder erhobene Anspruch auf die prinzipielle Unüberprüfbarkeit psychoanalytischer Konstrukte und die Singularität jedes behandelten Falles für viele Psychoanalytiker oft nur ein bequemer Vorwand ist, um den theoretischen und praktischen Status quo nicht hinterfragen zu müssen. Von dieser Seite wird die OPD wohl als Diskreditierung psychodynamischer Abläufe angesehen werden und die Geringschätzung des Instrumentes ist vorherzusagen.

Damit müssen die Verfasser der OPD leben. Schwerwiegender ist die Sorge um eine andere Möglichkeit der Diskreditierung des neuen diagnostischen Instrumentes. Obwohl wir so wenig wie möglich auf vorbestehende Konstrukte der Psychoanalyse zurückgegriffen haben, wird es kaum vermeidbar sein, daß jeder mit diesem Bezugssystem Arbeitende eine eigene persönliche Vorstellung davon hat, wie z. B. ein Abhängigkeitskonflikt aussieht oder wie eine Borderline-Persönlichkeit beschaffen ist. Die Gefahr, daß die Operationalisierungsanweisungen nicht streng als Basis der Codierung genommen werden, sondern auf eigene Konstrukte zurückgegriffen wird, ist groß. Genaugenommen besteht sie aber bei den phänomenalen Operationalisierungen in gleicher Weise. Was eine Schizophrenie ist und wie eine Phobie aussieht, weiß man eben. Als Benutzer der OPD muß man sich deshalb in besonderer Weise klarmachen, daß *ausschließlich die hier gegebenen operationalen Definitionen Basis der diagnostischen Klassifikation sein können.* Das heißt, daß auch der Erfahrene sich nicht einfach der OPD bedienen kann, sondern eines intensiven Rater-Trainings bedarf.

Für das *Rater-Training* haben wir einen Mittelwert von *60 Stunden* angesetzt, wobei alle Formen von der individuellen Beschäftigung mit den Kategorien über die Beurteilungsübung in Gruppen anhand von ausgewählten Videofilmen bis hin zur Übung am unmittelbar untersuchten Einzelfall eingeschlossen sind. Erst mit dieser Voraussetzung ist zu gewährleisten, daß die Interrater-Übereinstimmung befriedigende Werte erreicht, und erst auf dieser Voraussetzung sind die geplanten Validitätsprüfungen möglich. Schon in den Probeläufen deutete sich an, daß «erfahrene Kliniker» schlechtere Werte erzielen, weil sie meinen, sich weniger mit dem Instrument auseinandersetzen zu müssen als unerfahrene.

Auch die neue *Interviewtechnik,* die eine Zwischenform von dynamischem und strukturiertem Interview darstellt, bedarf erheblichen Trainings. Hier dürften erfahrene Kliniker im Vorteil sein, aber ihr Unwille, sich einer neuen Interviewtechnik mit gezieltem Ansprechen bestimmter Inhaltsbereiche bedienen zu müssen, könnte auch der größere sein.

Die OPD ist ein *prinzipiell offenes Instrument.* Wie bei anderen Klassifikationssystemen auch, können die einzelnen Achsen separat eingesetzt werden, die vollständige Form wird – zumindest anfangs – wohl ein Instrument der Forschung und der wissenschaftsoffenen Institutionen bleiben. Obwohl wir glauben, daß gerade in der Praxis ein ausgesprochenes Desiderat für den Einsatz operationalisierter diagnostischer Instrumente liegt, sind dort die Ansprüche des Rater-Trainings natürlich am schwersten zu realisieren. Wir werden deshalb in den nächsten Jahren an vielen Orten Trainingsseminare für die OPD anbieten, die jedem Interessierten den Zugang ermöglichen.

Zu guter Letzt: Was hat das Posthorn auf der Titelseite mit der OPD zu tun? Drei Jahre intensiver Arbeit mit der Kürzel «OPD» ließen uns fast vergessen, daß sich für die Mehrheit der deutschen Bevölkerung mit den drei Buchstaben OPD eine vertrautere Assoziation verbindet. Auf unserer letzten Redaktionssitzung, als wir nach vielstündiger Arbeit ohne Pause in ein Mainzer Lokal zum Abendessen fuhren, schaltete sich plötzlich der Taxifahrer in unser Gespräch ein: «Sind Sie von der OPD!? Das freut mich aber, ich war 30 Jahre bei der Oberpostdirektion!»Das winzige Posthorn auf dem Titel ist also eine kleine Ehrung des Lebenswerkes jenes Mannes, das wir durch die Umdeutung, die wir den drei Buchstaben gaben, nicht verdunkeln wollen. Die Addition der Mann- und Frau-Stunden, die wir der Entwicklung der OPD gewidmet haben, ergibt aber fast schon wieder ein kleines Lebenswerk.

Mainz, im Frühjahr 1996 S. O. Hoffmann

Arbeitskreis zur Operationalisierung Psychodynamischer Diagnostik

Sprecher:	Sven Olaf Hoffmann, Mainz
Koordinatoren:	Peter Buchheim, München Manfred Cierpka, Göttingen Harald J. Freyberger, Bonn Sven Olaf Hoffmann, Mainz Paul L. Janssen, Dortmund Aribert Muhs, Zell a. H. Ulrich Rüger, Göttingen Gerd Rudolf, Heidelberg Wolfgang Schneider, Rostock Gerhard Schüßler, Innsbruck

AG Krankheitserleben

Leiter:	Wolfgang Schneider, Rostock Harald J. Freyberger, Bonn
	Paul L. Janssen, Dortmund Reinholde Kriebel, Geldern Aribert Muhs, Zell a. H. Manfred Tetzlaff, Dortmund Jörn von Wietersheim, Lübeck

AG Beziehung

Leiter:	Manfred Cierpka, Göttingen
	Manuela Burgmeier-Lohse, Hamburg Reiner Dahlbender, Ulm Susanne Davies-Osterkamp † Gabriele Frevert, Ulm Tilman Grande, Heidelberg Peter Joraschky, Erlangen Henning Schauenburg, Göttingen Michaela Strack, Göttingen Bernhard Strauss, Kiel

AG Konflikt

Leiter:	Gerhard Schüßler, Innsbruck
	Gereon Heuft, Essen Sven Olaf Hoffmann, Mainz Elmar Mans, Bad Kreuznach Stavros Mentzos, Frankfurt

AG Struktur

Leiter: Gerd Rudolf, Heidelberg

Peter Buchheim, München
Wolfram Ehlers, Stuttgart
Joachim Küchenhoff, Basel
Doris Pouget-Schors, München
Ulrich Rüger, Göttingen
Frank Schwarz, München
Günter H. Seidler, Heidelberg

AG Psychische und Psychosomatische Krankheiten

Leiter: Harald J. Freyberger, Bonn
Wolfgang Schneider, Rostock

Barbara Dierse, Lübeck
Sven Olaf Hoffmann, Mainz
Aribert Muhs, Zell a. H.
Jörn von Wietersheim, Lübeck

1. Theoretischer Hintergrund

1.1 Einführung

Psychodynamische Diagnostik und Operationalisierung

Psychodynamisch orientierte Psychotherapie klassifiziert psychische Phänomene meist auf dem Hintergrund (meta-)psychologischer Konstrukte der psychoanalytischen Theorie. Freud (1923) beschrieb in seiner Strukturtheorie erstmals die Persönlichkeit in den Instanzen von *Ich, Es und Überich* und schuf damit die Grundlage für eine psychoanalytische Klassifikation psychischer Phänomene. Auch das ältere Konzept der *prägenitalen* und *genitalen Triebentwicklung* ließ sich klassifikatorisch nutzen. Später wurden die «Regression auf Fixierungspunkte» sowie spezifische *Abwehrkonfigurationen* mit verschiedenen Krankheitstypen in Beziehung gesetzt. In der aktuellen psychoanalytischen Literatur wird also bis heute eine Differenzierung der Persönlichkeit und eine Klassifikation psychischer Störungen auf der Basis der Triebtheorie, ergänzt um Ich-Psychologie, Objektbeziehungstheorie und Selbstpsychologie vorgenommen (vgl. z.B. Shapiro 1991).

In der klinischen Situation werden diese Konstrukte verwandt, um psychische Funktionen und ihre Störungen zu erfassen. Im Rahmen des *Erstinterviews* beispielsweise konzeptualisieren Psychotherapeuten die Fallgeschichte mit ihrer Hilfe, um Zusammenhänge zwischen der *Symptomatik* des Patienten und den Störungen seiner emotional-kognitiven Entwicklung zu beschreiben. Das in der diagnostischen und therapeutischen Situation vom Patienten berichtete Material und die Beobachtungen und Wahrnehmungen der Psychotherapeuten innerhalb der *Therapeut-Patienten-Interaktion* werden in einer psychodynamischen Diagnose zusammengefaßt.

Viele metapsychologische Theorien wurden allerdings im Verlauf der Zeit auf so hohem Abstraktionsniveau formuliert, daß sie sich mehr und mehr von den klinisch beobachtbaren Phänomenen abhoben und spekulativ wurden. Diese Entwicklung führte zu sehr heterogenen Theorien und zu *Mehrdeutigkeiten* in der psychoanalytischen Begriffsbildung.

Aber auch für *beobachtungsnähere Konstrukte* wie Übertragungsmuster, Affektkonstellationen oder spezifische Handlungen, die auf niedrigerer Abstraktionsebene formuliert wurden, ließ die *Übereinstimmung* unter den Klinikern zu wünschen übrig.

Diese Situation sehen wir als einen Ausgangspunkt für die zu beschreibende Initiative einer *«operationalisierten psychodynamischen Diagnostik» (OPD).*

Warum Operationalisierung psychodynamischer Diagnostik?

Ein weiterer Anstoß für die Gründung des *Arbeitskreises* «Operationalisierung Psychodynamischer Diagnostik – OPD-1» war die Unzufriedenheit mit den eingeführten deskriptiven *Klassifikationssystemen (DSM-III, IV und ICD-10*), die für die Praxis psychodynamisch orientierter Psychotherapeuten nur begrenzt handlungsleitend sein können. Mit diesen Diagnosensystemen wird nicht nur das *Neurosenkonzept* aufgegeben, sondern darüber hinaus überwiegend an *phänomenologischen und biologischen Konzepten* festgehalten, die die *Validität* diagnostischer Kategorien gegenüber der *Reliabilität* vernachlässigen (vgl. Schneider und Freyberger 1990, Schneider und Hoffmann 1992). Eine ausschließlich deskriptive, symptomzentrierte Diagnose gibt dem Kliniker aber wenig Handlungsanweisungen für die *Indikationsstellung* zur und die *Durchführung* von Psychotherapie. Pychodynamisch orientierten Therapeuten fehlen beispielsweise Aussagen über die *intrapsychischen und interpersonellen Konflikte,* das *Strukturniveau* im Sinne der Ich-Psychologie (Blanck u. Blanck 1974) und sein subjektives *Krankheitserleben*, wie es in der kognitiven Psychologie konzeptualisiert wurde.

Dieser Mangel wird umso deutlicher empfunden, als die entsprechenden Therapeuten meist über viel klinische Erfahrungen mit den oben angeführten psychoanalytischen Krankheitskonzepten verfügen. Mit ihrer Hilfe stellen sie eine *Verbindung* zwischen der *Symptomatik*, den *auslösenden Konflikten*, *den dysfunktionalen Beziehungen* des Patienten und seiner *Lebensgeschichte* im weitesten Sinn her.

So entstand im Rahmen der Entwicklung der neuen psychiatrischen Klassifikationssysteme allmählich ein Bedarf, auch andere diagnostisch relevante Ebenen in einem einheitlicheren Maß zu berücksichtigen. In diesem Sinne soll eine *operationalisierte psychodynamische Diagnostik* also beobachtungsnahe psychodynamische Konstrukte in Ergänzung zur phänomenologischen Diagnostik erfassen.

Entstehung, Aufbau und Ziele des Arbeitskreises «OPD»

Nachdem von der ICD-10-Forschungskriterienstudie (Schneider et al. 1993) erste Anstöße zur Operationalisierung klinisch-psychotherapeutischer Diagnostik ausgingen, wurde im September 1992 auf Initiative von M. Cierpka und W. Schneider der Arbeitskreis «Operationalisierung Psychodynamischer Diagnostik» (OPD) gegründet. Er traf sich mit dem Ziel, die symptomatologisch-deskriptiv orientierte *ICD-10 Klassifikation* psychischer Störungen um psychodynamische Dimensionen zu *erweitern**.

Die Gründungsgruppe verständigte sich darauf, daß

1. die Arbeit am *ICD-Modell orientiert* sein müsse, da dieses traditionell von den psychotherapeutischen Einrichtungen verwendet wird, und
2. in Ergänzung zur ICD-10-Klassifikation *psychodynamisch relevante* diagnostische Achsen entwickelt und evaluiert werden sollten.

Zu den fünf projezierten Achsen wurden jeweils Arbeitsgruppen gebildet, deren Aufgabe es war, zu jeder Achse ein Kapitel mit *theoretischen Grundlagen* und ein *Manual* mit klinischen Beispielen zu erstellen. Als gemeinsame Rahmenbedingung wurde festgelegt, daß ein klinisch relevantes psychodynamisch orientiertes Instrument, unter Beachtung und Adaptation bereits vorhandener Ansätze erstellt werden sollte.

Dieses Instrument sollte nutzbar sein unter Einhaltung eines *«mittleren Abstraktionsniveaus»*, angesiedelt zwischen «reiner» Verhaltensdeskription und «reiner» metapsychologischer Begriffsbildung.

Ferner war die Erarbeitung einer schulenübergreifenden, möglichst einheitlichen und präzisen Sprach- und Begriffskultur angestrebt, die soweit wie möglich auf eine schulenspezifische Terminologie verzichten sollte.

* Zielsetzung, Struktur und Arbeitsweise der multizentrischen Kooperation sind in einer Geschäftsordnung festgelegt. Aufgabe des *Arbeitskreises* ist es, das Gesamtprojekt zu fördern, dieses wissenschaftlich wie materiell abzusichern, es gegenüber der Fachöffentlichkeit zu vertreten und möglichst mit der internationalen ICD-10 Gruppe zu koordnieren. Der Arbeitskreis legte die zu entwickelnden Achsen und die Organisationsstruktur fest. Zu seinem *Sprecher* wurde S. O. Hoffmann gewählt. Er koordiniert die Gesamtgruppe und vertritt sie nach außen. Der Arbeitskreis wählt ferner einen *Ausschuß*, dem Publikationen und weiterführende Forschungsvorhaben zur Mehrheitsentscheidung vorgelegt werden müssen, soweit sie die Hauptaufgabenstellung und Ergebnisse der OPD betreffen. In fünf *Arbeitsgruppen* sind wissenschaftliche Experten zusammengeschlossen, denen die konkrete Operationalisierung der verschiedenen Achsen obliegt. Auch sie verfügen über einen internen Ausschuß, der Publikationen und Forschungsvorhaben regelt.

Operationalisierte Diagnostik kann dabei folgenden Zwecken dienen:

1. Sie gibt *klinisch-diagnostische Leitlinien*, die aufgrund relativ offener Formulierungen dem Anwender dennoch Spielraum für seine Beurteilungen lassen.
2. Sie kann für die *Ausbildung* in der psychodynamischen Psychotherapie von Nutzen sein, gerade weil sie das Einüben sowohl von psychodynamischer als auch phänomenologischer Klassifikation ermöglicht.
3. Sie kann zu einer Verbesserung der *Kommunikation* innerhalb der «scientific community» über die Konstrukte der psychodynamischen Theorie beitragen.
4. Es ist möglich, sie als *Forschungsinstrument* für wissenschaftliche Untersuchungen einzusetzen, um z.B. über striktere diagnostische Kriterien zu einer stärkeren Stichprobenhomogenisierung in Studien beitragen zu können. Hier ist zu denken an *«Basisliniendaten»* für eine phänomenale und psychodynamische Ausgangserfassung, an die Erfassung von *Krankheitsverläufen,* an die Prüfung von *Therapieindikation* und Differentialindikation, an die Bestimmung *individueller Muster* in verschiedenen Lebensbereichen und an die Untersuchung von *Therapieeffizienz* und/oder -effektivität.

Struktur der Operationalisierten Psychodynamischen Diagnostik (OPD-1)

Die OPD-1 konstituiert sich aus vier psychodynamischen und einer deskriptiven Achse:

I. Krankheitserleben und Behandlungsvoraussetzungen
II. Beziehung
III. Konflikt
IV. Struktur
V. Psychische und Psychosomatische Störungen

Die ersten vier Achsen entstammen einem aus der Psychoanalyse abgeleiteten *psychodynamischen Verständnis*. Wir gehen davon aus, daß die wesentlichen Festlegungen in diesen vier Achsen mit psychoanalytischen Teilkonzepten (Persönlichkeitsstruktur, intrapsychischer Konflikt, Übertragung) übereinstimmen, wobei Schlußfolgerungen auf der Ebene des Unbewußten nur mit Vorsicht und unter Bezug auf die vorgegebenen Operationalisierungen erfolgen sollen.

Warum diese fünf Achsen?

Für **Achse I,** das **Krankheitserleben und die Behandlungsvoraussetzungen** sprach die offensichtliche praktische Relevanz dieser – eher aus der kognitiven Psychologie entlehnten – Kategorien: Der Patient muß «dort abgeholt werden, wo er steht und wo er etwas erwartet» – d. h. bei Beschwerdesymptomatik und Therapieerwartung. Der Akzent liegt hier weniger auf dem Krankheitsverhalten, als auf Erlebenselementen und Motivationen. Diese Ebenen sind in der Psychologie gut untersucht und relativ leicht zu operationalisieren.

Achse II – Beziehung wurzelt zum Teil in der psychoanalytischen Diagnostik, die zu jedem Zeitpunkt immer auch Beziehungsdiagnostik ist, indem sie dem Wechselspiel von Übertragung und Gegenübertragung entscheidendes Gewicht gibt. Diese Achse gibt (im Gegensatz zu Achse III und IV) keine idealtypischen Konstellationen oder Muster vor, sondern stellt ein Kategoriensystem beobachtungsnaher Verhaltensweisen mit freier Kombinationsmöglichkeit zur Verfügung.

Achse III – Konflikt kann für sich beanspruchen, ein Stück klassischer psychoanalytischer Diagnostik umzusetzen, die zentrale Rolle innerer Konflikte. Dabei können lebensbestimmende, verinnerlichte Konflikte den eher aktuellen, äußerlich determinierten konflikthaften Situationen gegenübergestellt werden.

Achse IV – Struktur bildet Qualitäten bzw. Insuffizienzen psychischer Strukturen ab. Hierzu zählen z. B. die Möglichkeit bzw. Unmöglichkeit zur inneren und äußeren Abgrenzung, die Fähigkeit bzw. Unfähigkeit zur Selbstwahrnehmung und Selbstkontrolle u. a.. Die psychische Struktur stellt gewissermaßen den Hintergrund dar, auf welchem sich Konflikte mit ihren gut oder schlecht angepassten Lösungsmustern abspielen.

Achse V – Psychische und Psychosomatische Störungen nimmt die etablierte deskriptiv-phänomenologische Diagnostik (ICD-10, DSM-IV) in die OPD hinein. Dies dient der Betonung der Notwendigkeit einer genauen Erfassung von psychopathologischen Phänomenen, die auch in einer psychodynamischen Diagnostik ihren Platz haben muß. Außerdem wurde diese Achse von der Arbeitsgruppe dazu genutzt, einige Ergänzungen der ICD-10 im Bereich der Psychosomatik (F 54) vorzuschlagen.

Bei Betrachtung der Achsen wird deutlich, daß sie in einigen Bereichen inhaltliche *Überschneidungen* aufweisen bzw. in enger *Interaktion* miteinander zu sehen sind: Erwähnt wurde die Figur-Hintergrund-Beziehung von Konflikt-

und Strrukturachse. Bestimmte Beziehungsmuster zeigen Verbindungen zur Diagnose einer Persönlichkeitsstörung auf der syndromalen Achse. Außerdem können Beziehungsmuster den beobachtbaren Aspekt von intrapsychischen Konflikten darstellen.

Aus der besonderen Beziehung der Achsen zueinander ergeben sich im Übrigen viele Forschungsfragestellungen.

1.2 Exkurs: Ansätze der Operationalisierung psychodynamischer Konzepte

Operationalisierungsversuche wurden innerhalb der Psychoanalyse insgesamt eher mit Skepsis betrachtet. In den folgenden vier Abschnitten möchten wir deshalb die Hintergründe unseres Vorgehens beleuchten und diskutieren. Bei Interesse vorwiegend an der Begründung des Vorgehens und dem eigentlichen Manualteil, können diese Abschnitte ohne diesbezüglichen Informationsverlust übersprungen werden.

1.2.1 Entwicklungslinien psychodynamischer Operationalisierungen

Die Vieldeutigkeit und *Unschärfe psychoanalytischer Begriffe* ist eine von Wissenschaftlern lang und oft beklagte Tatsache. So erstaunt es nicht, daß die Psychoanalyse seit Freuds Zeiten in der Generierung neuer Hypothesen sehr viel erfolgreicher war als in der Validierung der bereits vorliegenden. Die ernste Mahnung des damaligen Präsidenten der Amerikanischen Psychoanalytischen Vereinigung, A. Kaplan (1981), daß *Validierung psychoanalytischer Theorie* die Aufgabe unserer Zeit sei und nicht die ständige Schaffung neuer Theorien, verhallte ziemlich ungehört. Selbst wenn man in Rechnung stellt, daß die psychoanalytische Begriffsbildung im Spannungsfeld zwischen *Hermeneutik* (Interpretation) und *empirischer Wissenschaft* steht, drängt sich der Eindruck auf, daß die Vieldeutigkeit der Begriffe von der Mehrheit der Psychoanalytiker nicht nur geduldet, sondern aktiv erhalten wird. Ein Hintergrund ist vermutlich, daß *der nicht falsifizierbare Status quo* von Theorie und Praxis dem psychoanalytischen Narzißmus am wenigsten Kränkung zumutet und jeder einzelne seine Befriedigungserlebnisse in klinischen Diskussionen, in denen aufgrund der Begriffe kein Widerspruch möglich und damit auch keine Meinungsrevision nötig ist, ausleben kann (Hoffmann, in Vorber.).

Das schließt natürlich nicht aus, daß Psychoanalytiker mit Forschungsinteressen schon immer am Zustand der *«begrifflichen Verwahrlosung»*, der die Psychoanalyse kennzeichnet, gelitten haben. Daher überrascht es nicht, daß fast alle Versuche, die in die Richtung von Neuformulierungen bis hin zu Operationalisierungen gehen, eher aus Forschungsprojekten stammen.

Im *Hamstead-Index* (A. Freud 1962) sollten z. B. neben der Symptomatik die Biographie sowie die Triebentwicklung, die Charakteristik der Ich-Funktionen und des Über-Ichs, Fixierungspunkte und Regressionstendenzen sowie Konfliktmerkmale diagnostisch differenziert werden. So versuchten die Autoren, zwischen einer Entwicklungspathologie (tiefgreifende Störung der Trieb-, Ich, Über-Ich und Objektbeziehungen) und neurotischer Pathologie, die einem reiferen Entwicklungsniveau entspricht, zu trennen.

Im Zusammenhang der Entstehung des Hampstead-Index schreibt Sandler (1962, S. 288): «Das führte zu einer Reihe von Neuformulierungen, weil die in der Literatur vorgefundenen Begriffe in gleicher Weise inadäquat, unpräzise und widersprüchlich waren.» Den dornigen Weg der Neuformulierung sind seither eine Reihe von Autoren gegangen, denen daran lag, der Psychoanalyse den Anschluß an die internationale Gemeinschaft der Wissenschaft zurückzugewinnen, den sie verspielt hatte. Diesen Weg darzustellen, überschreitet die hier gegebenen Möglichkeiten, aber einige skizzenhafte Hinweise seien erlaubt.

Das *Modell der deskriptiven Entwicklungsdiagnose* von Blanck und Blanck (1974, 1979) orientiert sich an der Ich-Psychologie und will entsprechend das Entwicklungsniveau der Ich-Funktionen beschreiben.Die Patienten werden so einer von drei Entwicklungskategorien des Ichs (neurotisch, Grenzfall, psychotisch) zugeordnet.

Der Hampstead-Index war schon erwähnt worden. Aus der gleichen Zeit der frühen sechziger Jahre stammt das Beispiel der Arbeitsgruppe von *G. Bibring*, die über einen Zusammenhang von Schwangerschaft und früher Mutter-Kind-Bindung arbeitete. Diese Autoren entwickelten eine ganze Skala von Beobachtungsvariablen und – vielleicht noch interessanter – eine neue Fassung des *Katalogs der Abwehrmechanismen*, und dieser wies dann bereits teiloperationalisierte Definitionen auf (G. Bibring et al. 1961, besonders Appendices A und B). Einen ähnlichen Ansatz durch Definition einer Reihe systematisch einzuschätzender psychoanalytischer Persönlichkeitsvariablen hatten, ebenfalls in dieser Zeit, *Prelinger et al.* (1964) unternommen. In der Folge erschienen auch *Glossare* psychoanalytischer Begriffe, von denen die bekanntesten das von *Laplanche und Pontalis* (1972) sowie das von *Moore u. Fine* (1968) sind. Erstere definierten exegetisch nach dem Werk Freuds, also letztlich rein präskriptiv, die letzteren gehen vom *Consensus omnium* aus, ihr Werk basierte auf einer Arbeitsgruppe, die aufwendig zu erfassen versucht hatte, was die Mehrzahl der amerikanischen Psychoanalytiker unter den definierten Begriffen verstand. Das *«Dictionary»* psychoanalytischer Begriffe von *Rycroft* (1968) definiert an vielen Stellen logisch-kritisch und entfernt sich öfter vom consensus. Es wurde, trotz seiner Qualitäten, in Deutschland kaum bekannt.

Fraglos stellen alle diese Versuche Schritte auf dem Weg zu einem umfassenderen operationalisierten Definieren dar. Ein besonders wichtiger Fortschritt in dieser Richtung erfolgte allerdings erst in jüngerer Zeit. Das *Karolinska Psychodynamic Profile (KAPP*; Weinryb und Rössel 1991), ein systematisches Ratinginstrument mit 18 Subskalen, zeigt bei einem wenig aufwendigen Rater-Training ausreichend Interrater-Reliabilität und Konstrukt-Validität. Erfaßt werden vor allem die Selbstwahrnehmung und die interpersonalen Bindungen. Ein anderer, aber ähnlich systematisierter Ansatz von Perry et al. (1989) zielte auf die Definition von *ideographischen Basiskonflikten*. Nicht zufällig hatte Perry Vorarbeiten mit der Systematisierung von Abwehrmechanismen geleistet. Es ist dieser Bereich, welcher in der Vergangenheit die weitestgehenden Operationalisierungsversuche aufweist (Übersicht bei Hoffmann 1987).

Im Rahmen der Psychotherapieforschung sind mittlerweile eine Reihe operationaler Ansätze entstanden, die *interpersonales Verhalten* unter psychodynamischen Gesichtspunkten zu erfassen suchen (Übersicht bei Schauenburg u. Cierpka 1995).

Für die operationalisierte Definition psychoanalytischer Inhalte gerät man in der Verfolgung der *neophänomenalen Orientierung* der jetzt dominierenden diagnostischen Glossare an einen Scheideweg. Mit ziemlicher Mühe kann man fast alle psychoanalytischen Begriffe so «herunterdefinieren», daß sie sich rein beschreibend erfassen lassen. Aus dem Über-Ich z. B. wird so das Gewissen, aus dem Über-Ich-Konflikt das Schuldgefühl. Damit geht bereits etwas vom *dynamischen Konzept* des psychoanalytischen Begriffes verloren, aber in diesem Beispiel noch nicht einmal so viel, denn Schuldgefühle stellen in der Tat den größten Teil der Über-Ich-Konflikte dar. Ersetzt man also konsequent das Wort «Über-Ich Vorwürfe» in den Definitionen durch «Schuldgefühle», so gewinnt man erheblich an Verständlichkeit und verliert etwas an dynamischem Gehalt. Diesen *Kompromiß* beschreiten in der Praxis wahrscheinlich nicht wenige Psychoanalytiker. Nicht gangbar wäre aus unserer Sicht jedoch z. B. ein Begrenzen des Konzepts des Unbewußten auf das Nicht-Verbalisierbare. Tatsächlich reicht der Begriff des Unbewußten, insbesondere der des dynamischen Unbewußten, wie schwierig er auch in der Definition sich darstellen mag, sehr viel weiter als der des Nicht-Aussprechbaren.

So gilt es für die Verfasser von Operationalisierungen psychoanalytischer Konzepte Mittelwege zu finden, die einen *Zugewinn an Klarheit und Eindeutigkeit gestatten, ohne das Konzept gleichzeitig zu weit aus seinem dynami-*

schen Gehalt zu lösen. Es erscheint deshalb sinnvoll davon auszugehen, daß die Benutzer psychodynamischer operationalisierter Glossare Begriffe wie z. B. die des *dynamischen Unbewußten*, des inneren Konflikts, der Abwehr, der psychischen Struktur, des Ich und des Selbst, der Selbst- und der Objektrepräsentanzen *grundsätzlich anerkennen.* Dabei müßte das Verständnis solcher Voraussetzungsbegriffe möglichst über den *Konsensus* definiert sein und nicht nach realen oder vermeintlichen Wahrheitsgehalten. Das heißt, daß die dynamischen Voraussetzungen in den Definitionen selbst auftreten dürfen, ohne daß dies automatisch eine Zirkeldefinition oder ein Abweichen von der Operationalisierungsvorschrift bedeutete. Festzuhalten ist, daß Operationalisierung genaugenommen in der Definition immer ohne Rückgriff auf nicht selbst operational zu definierende Fakten auskommen sollte. Das ist in dieser Konsequenz für die Operationalisierung psychoanalytischer Inhalte nicht möglich, ohne die Essenz dessen, was definiert werden soll, zur Unkenntlichkeit zu verändern. In diesem Sinne scheint es daher sinnvoll, von *Psychodynamischer Operationalisierung* (präziser: Operationalisierung unter Einbeziehung psychodynamischer Konstrukte) zu sprechen. Ziel des Vorgehens wäre es, soviel Widerspruchsfreiheit wie möglich zu gewinnen und soviel dynamischen Gehalt wie möglich zu wahren. Vielleicht wäre es auch richtiger, statt von «Konsensus» vom «kleinsten gemeinschaftlichen Vielfachen» zu sprechen. Verbindlicher Konsensus unter Psychoanalytikern ist ein selten Ding! In der Sache geht es um einen Kompromiß, und angesichts der leichtfertigen Abwertung, der die Kompromißfähigkeit heute unterliegt, sei daran erinnert, daß der Psychoanalytiker Zacharias (1974) sie inhaltlich als die eigentliche Voraussetzung zur Schaffung von Frieden ansieht. Die Operationalisierungsvorschläge der OPD sind Kompromisse im angeführten Sinne.

1.2.2 Konzeptuelle Beiträge

Bei der Beurteilung bisheriger Versuche der Operationalisierung psychodynamischer Konstrukte ist von Bedeutung, inwieweit Untersuchungen und Befunde *wissenschaftliche Aussagekraft* haben. Sind sie zum Beispiel geeignet, weitere oder engere Theorien oder Begriffe zu verifizieren oder als nicht angemessen zurückzuweisen?

So ist es eine entscheidende Frage, ob die untersuchten Gegenstandsbereiche und theoretischen Konzepte noch eine inhaltliche *Nähe zu psychoanalytischen Konzeptbildungen* bzw. theoretischen Vorstellungen haben oder ob über den Prozeß der Operationalisierung der inhaltliche Bezug zwischen psychoanalytischem Konstrukt und konkretem Forschungsgegenstand verloren gegangen ist. Dieses Problem stellt sich, wie Eagle (1991) diskutiert hat, sowohl für allgemeine theoretische Modellvorstellungen (z. B. das Konzept der *Verdrängung* im Kontext der psychoanalytischen Persönlichkeitstheorie) als auch für Annahmen über das *Behandlungskonzept* bzw. *psychoanalytische Wirkvariablen* wie das Vorkommen von Übertragungsprozessen und ihre Rolle in der Behandlung.

Ähnliche Schwierigkeiten ergeben sich zwangsläufig auch bei operationalen Forschungsansätzen, deren zentrale Aufgabe ja die Verknüpfung zwischen *Theorieebene* und *Beobachtungsebene* sein muß. Dazu ist es notwendig, daß die relevanten Konstrukte expliziert und präzisiert werden, um dann in Forschungsoperationen übersetzt zu werden. Dies stellt die Voraussetzung für die empirische Überprüfung des theoretischen Begriffs dar.

Auf dem Hintergrund der *traditionellen empirisch/experimentellen Psychologie* mit ihrer Orientierung an der Statistik als Methode der Hypothesenüberprüfung, aber auch der Hypothesengenerierung, sind Forschungsoperationalisierungen vorrangig an der *Logik des experimentellen Designs* ausgerichtet und beeinflussen so die Übersetzung des ursprünglichen theoretischen Begriffs in einen operationalen Begriff erheblich. So entsteht die beschriebene Diskrepanz zwischen theoretischem Konstrukt und operationalisierter Beobachtung.

Für die *positivistische Psychologie* stellt sich dieses Problem nicht, da sie nach ihrem Wissenschaftsverständnis *keine «Apriori-Gegenstände»* kennt (Herrmann 1979) und ihre hypothetischen Konstrukte ohnehin nur als empirisch gewonnene «Ordnungsschemata» aufgefaßt werden (Herrmann 1972).

Für die Psychoanalyse, die eine komplexe *Persönlichkeits- und Entwicklungspsychologie* wie auch Krankheits- und Behandlungstheorie hat, ist dies anders. Die weiten Theorien und Begriffe sperren sich erheblich gegen die Umsetzung in ein Forschungsdesign; vielfach sind Gegenstände wie das Unbewußte, Verdrängungsprozesse, Affekte oder Übertragungen nicht direkt beobachtbar, sondern müssen aus Beobachtungen erschlossen werden. Diese Ausgangslage macht ein Forschungsvorgehen notwendig, das die Vielfalt möglicher Beobachtungsdaten sowie die ihnen angemessenen Methoden der systematischen Beobachtung, Auswertung und Interpretation flexibel handhaben kann. Natürlich unterscheidet sich die Aussagekraft der verschiedenen Daten; das Kriterium kann jedoch nicht allein die statistische Absicherung sein. Wie verhält es sich mit der wissenschaftlichen Nützlichkeit eines statistisch gesicherten banalen Sachverhaltes (z. B. einer knapp signifikanten Veränderung auf einer Beschwerdenskala bei großer Stichprobe) im Verhältnis zu einer *Hypothesengewinnung* über einen hochkomplexen Sachverhalt (wie der Herausarbeitung eines Beziehungsmodus zwischen Patient und Therapeut) mit Hilfe einer *qualitativen Inhaltsanalyse* auf der Grundlage von Transskripten?

Die Beurteilung der Wertigkeit von Befunden hängt von (oft bestrittenen) Voranannahmen ab. Bei einem multimethodalen und multimodalen Vorgehen, das sowohl «harte» bio-psycho-soziale Daten als auch – mittels qualitativer

Methoden – die individuelle und subjektive Seite im Gesamt ihrer Biographie berücksichtigt, stellt sich das Problem der Integration der verschiedenen Ebenen. Bei psychosozialen Fragestellungen ist ein stringentes Ineinanderfügen von Befunden auf der Grundlage quantitativer Operationalisierungen einerseits (z. B. standardisierte Fragebogenergebnisse) und solchen aus offenen «narrativen» Interviews andererseits nur unbefriedigend möglich; häufig lassen sich *interpretative «Sprünge»* nicht vermeiden oder es besteht eine deutliche inhaltliche Kluft zwischen diesen beiden Ebenen. Dennoch kann ein osszillierendes Betrachten den Gegenstand für uns befriedigender ausleuchten.

Besonders problematisch ist der Versuch der *Herstellung eines Gesamtbildes aus somatischen, psychischen und sozialen Informationen.* Hier ist es naiv zu glauben, daß diese bruchlos eine psychosomatische Einheit stiften. Tress und Junkert-Tress (1993) haben betont, daß *der funktional-kausalanalytische* und der *hermeneutisch-intentionale Zugang* unterschiedliche Horizonte erschließen, die jeder für sich wohl «wahre Erkenntnis» darstellen, die jedoch nicht zu einer übergreifenden einheitlichen Erkenntnis über den ganzen Menschen zusammengefügt werden können. Wir müssen – so die Autoren – gleichzeitig in mehreren Wissenschaftssprachen operieren, die entweder einen «kausalanalytischen oder einen verstehend hermeneutisch(en)» Zugang zum Menschen aufweisen. Diese Methoden, wie ihre Ergebnisse, verhalten sich zueinander komplementär; wichtig ist es, die jeweilige Reichweite und Aussagekraft für den Gegenstandsbereich zu eruieren, *Berührungspunkte* zwischen den beiden Ebenen zu *erkennen* und sie gegebenenfalls systematisch aufzusuchen.

Sollten die empirischen Arbeiten zur Überprüfung psychoanalytischer/psychodynamischer Konzepte grundsätzlich geeignet sein, *psychoanalytische Hypothesen zu testen,* bleibt als nächstes zu fragen, inwieweit Psychoanalytiker oder psychoanalytisch orientierte Psychotherapeuten bereit sind, sich mit diskongruenten theoretischen oder klinischen Befunden auseinanderzusetzen und diese angemessen in ihr eigenes Theorie- und Handlungsgebäude zu integrieren. *Forschungsarbeiten* werden *selten rezipiert* und ein großer Teil der Kliniker neigt dazu, solche Arbeiten und ihre Ergebnisse zu verleugnen oder, im Fall positiver Befunde, diese nicht zu registrieren, weil die entsprechenden Journale nicht gelesen werden. In diesem Kontext wurde von renommierten Vertretern der psychoanalytischen oder psychodynamisch orientierten Psychotherapieforschung argumentiert, daß die Ergebnisse der klinischen Forschung die klinische Praxis nicht beeinflussen könnten (siehe z. B. Luborsky 1969). Heute hat sich diese Sichtweise verändert. Nach Kächele (1995) zeigt die psychodynamische Psychotherapieforschung ein gutes Ausmaß an Nähe zu den «komplexen Anforderungen der therapeutischen Praxis», was sich z. B. in den Arbeiten des «Handbook of Psychodynamic Treatment Research» (Miller et al. 1993) niederschlägt.

1.2.3 Empirische Ansätze im Bereich psychoanalytischer Diagnostik und Therapie

Befaßt man sich mit der Frage der Operationalisierung psychoanalytischer Konzepte und Ansätzen der Validierung, so zeigt sich, daß doch eine beachtliche Anzahl von empirischen Forschungsarbeiten zur Validierung diagnostischer und therapeutischer Theorie und Praxis vorliegt (siehe Fisher und Greenberg 1978, 1985; Fisher 1984 und Masling 1983, 1986; Kächele 1992, 1995).

Im folgenden soll zunächst in Anlehnung an Eagle (1991) aufgezeigt werden, welche prinzipiellen Strategien der wissenschaftlichen Prüfung psychoanalytischer Gegenstandsbereiche möglich sind:

1. Können psychoanalytische Hypothesen *außerklinisch – experimentell* – überprüft werden bzw. die heuristische Basis für weiterführende Studien bieten?

2. Können *Befunde und Daten aus anderen Wissenschaftszweigen* wie der *kognitiven Psychologie*, der *Etologie*, der *Säuglingsforschung* zur Validierung der psychoanalytischen Theorie oder einzelner ihrer Elemente herangezogen werden?

3. Können *psychoanalytische Hypothesen direkt klinisch, auf der Ebene des Behandlungsprozesses wie der Behandlungsergebnisse,* untersucht werden?

Im folgenden werden die ersten beiden Punkte kursorisch dargestellt. Es soll gezeigt werden, in welchem Umfang bereits heute Daten zu diesen Problemstellungen vorliegen.

Danach werden Ansätze der direkten klinischen Überprüfung von psychoanalytischen Hypothesen vorgestellt, da diese Fragestellung auch im Zentrum unserer Forschungsarbeit steht.

Zu 1.: Auf einige Arbeiten zur *experimentellen – außerklinischen – Untersuchung psychoanalytischer Hypothesen wurde bereits im* Abschnitt 1.2.1 hingewiesen.

Aus dem Bereich der psychoanalytischen Persönlichkeitspsychologie, die sich z. B. mit der Operationalisierung von *Abwehrmechanismen* (Ehlers 1983 und 1995; Perry et al. 1989; Vaillant et al. 1986) befasst, sind Arbeiten z. B. zum psychoanalytischen *Verdrängungsbegriff* durchgeführt worden und Kline (1981) sieht diesen aufgrund der vorliegenden Befunde als gut bestätigt an. Von anderen Autoren werden die Daten kontrovers bewertet. So formuliert Eagle (1991), daß «50 Jahre experimentelle Studien zur Verdrängung nichts erreicht haben» (S. 225). Hier zeigt sich, daß Ergebnisse operationaler Forschungsansätze einen weiten *Interpretationsspielraum* zulassen. Die Auslegungsrichtung wird dabei häufig durch die Einstellung des Interpreten gegenüber der Psychoanalyse determiniert. Diese Situation kommt vor allem dadurch zustande, daß die «weiten» Begriffe der Psychoanalyse im Prozeß der Präzisierung und Beschreibung bei der Operationalisierung «denaturiert» (Meyer 1990) oder empirifiziert (Eagle 1991) werden und diese Kluft, wie oben geschildert, zwischen ursprünglichem theoretischen Begriff und operationalisiertem Konstrukt bei der Interpretation einen relativ großen Spielraum läßt. Masling (1991) formuliert sogar, daß diejenigen Untersuchungen am «wenigsten interessant» seien, die lediglich darauf abzielen, «die Gültigkeit der Theorie zu überprüfen». Zu dieser Gruppe von Arbeiten rechnet er Studien, die sich mit den Prozessen der unbewußten Wahrnehmung und unbewußten Gefühlsregungen (Silverman 1976, 1983) befassen sowie Untersuchungen zum Verhältnis von frühkindlichem Verhalten und Objektbeziehungen (Beebe und Stern 1977).

Zu 2.: Aus *Ergebnissen anderer Wissenschaftszweige* lassen sich Hinweise auf die Gültigkeit psychonalytischer Konzepte ableiten. Dazu zählen z. B. die Experimente zur unbewußten Wahrnehmung der kognitiven Psychologie (siehe Übersicht bei Nisbett u. Wilson 1977) sowie Arbeiten, die in Beziehung zur psychoanalytischen Konzeptionalisierung unterschiedlicher Bewußtseinsebenen stehen (siehe Holender 1986).

Von Bedeutung sind hier u. E., ungeachtet der obigen Kritik von Masling, auch die Untersuchungen mittels direkter Beobachtungen von *Säuglingen* und ihrer *Interaktionen*, die zu Aussagen über die affektive und interaktive Kompetenz von Kleinkindern in den ersten zwei Lebensjahren geführt haben. Diese stellen traditionelle psychoanalytische Annahmen über die Entwicklung des Säuglings wie die Theorie der *autistischen Phase* und des *primären Narzismus*, aber auch die metapsychologische *Trieb-Spannungsabfuhrhypothese* in Frage.

So lassen sich anhand dieser Befunde Schlüsse für die Korrektur und Weiterentwicklung der psychoanalytischen Entwicklungspsychologie sowie ihrer Krankheits- und Behandlungskonzepte ziehen (Lichtenberg 1991).

Zu 3.: Die direkte *klinische Untersuchung von psychoanalytischen Annahmen zum Krankheits- und Behandlungsprozeß* wurde eher selten durchgeführt.

Luborsky hat mit der *«Symptom-Kontext-Methode»* einen Zugang zur Analyse des Vorliegens ätiologisch relevanter Faktoren entwickelt (Luborsky und Auerbach 1969). Eine Abschätzung des wirksamen Anteils von *psychosozialen und biologisch-konstitutionellen Faktoren* in der Genese psychischer und psychosomatischer Erkrankungen läßt sich nur über breit angelegte *epidemiologische Studien* oder *Zwillinguntersuchungen* vornehmen, wie sie in Deutschland von H. Schepank (Schepank 1987; Heigl-Evers und Schepank 1980, 1981) und seiner Arbeitsgruppe durchgeführt wurden.

Weitere Schwerpunkte der psychoanalytisch orientierten Forschung liegen bei der *Therapieergebnis-* und seit Mitte der siebziger Jahre der *Prozeßforschung* und der Ergründung *therapeutischer Wirkvariablen.*

Die bekannteste und wohl bislang aufwendigste *Psychotherapiestudie*, die allerdings keine experimentelle Studie im engeren Sinne darstellt, ist die *Langzeitstudie der Menninger Foundation* (1952–1982, z. B. Wallerstein 1986). Diese konnte zeigen, daß sich essentielle Annahmen über Prozeßvariablen der psychoanalytischen Behandlung nur eingeschränkt bestätigen ließen. So wies die Behandlungstechnik bei hochfrequenten Langzeitbehandlungen mehr supportive Anteile auf als angenommen; diese hatten dabei – auch bei niederfrequenten Therapie – einen wesentlich höheren Anteil am Therapieerfolg als vermutet (Wallerstein 1990). Darüber hinaus zeigte sich, daß bestimmte Therapieziele wie die *Veränderung der Persönlichkeitsstruktur* nicht nur durch expressive – auf Konfliktlösung orientierte – Interventionen, sondern eben auch durch stützende therapeutische Vorgehensweisen bewirkt werden konnten.

Der Schwerpunkt empirischer Ergebnisforschung liegt im übrigen bei Behandlungen mit einer Gesamtdauer von ca 20–40 Stunden. Die Ergebnisse *belegen* nach Grawe (1992) und Grawe et al. (1994) die *Wirksamkeit* dieser Verfahren, allerdings schneiden psychodynamisch orientierte Psychotherapien im Vergleich mit Methoden der multimodalen und der kognitiven Verhaltenstherapie etwas schlechter ab. Wir wollen methodisches Vorgehen und Probleme der Ergebnisinterpretation dieser Metaanalyse hier nicht ausführlich thematisieren (siehe z. B. Hoffmann 1992, Schneider 1993, Meyer 1994, Rüger 1994, Kächele 1995), sondern nur darauf hinweisen, daß diese Analyse, trotz der umfassenden Berücksichtigung unterschiedlichster Daten bei der Ergebnisauswertung, dennoch mit dem Problem der Validität und Vergleichbarkeit der Studien belastet ist. Die Validität der Aussagen ist zu prüfen bezüglich komplexer Patienteneingangs- und Ausgangsvariablen (welches diagnostische Vorgehen wurde gewählt? welche diagnostischen Dimensionen berücksichtigt?), bezüglich der Therapieprozeßvariablen (ist tatsächlich die in der Studie ausgewiesene Therapie realisiert worden?). Ein weiteres Moment zuungunsten der Psychoanalyse in der Grawe'schen Studie hängt von der Orientierung an *Effektstärken* als Ergebniskriterium ab. *Symptombeseitigung* wird (da viel leichter faßbar) damit höher bewertet als die Änderung von Persönlichkeitsvariablen.

Der Schwerpunkt der psychoanalytischen klinischen Forschung liegt im Bereich der *Prozeßforschung*. Dabei spielt die Therapeut-Patient-Beziehung eine prominente Rolle. Luborsky und seine Arbeitsgruppe (1988) haben mit den Konzepten der *«hilfreichen Beziehung»* und des *«zentralen Beziehungskonfliktthemas»* zwei relevante Aspekte des Behandlungsprozesses beschreiben können und auf diesem Hintergrund ein operationalisiertes – manualgeleitetes – Konzept der analytischen Psychotherapie entwickelt.

Mit der *Strukturalen Analyse Sozialen Verhaltens* (SASB) hat Benjamin (1974) eine Methode zur Analyse interpersonaler Muster zur Verfügung gestellt, die vielfältig zur Analyse der *Patient-Therapeut-Beziehung* sowohl im wissenschaftlichen als auch im klinischen Kontext Anwendung findet (vgl. auch Tress 1993).

Bei allen Psychotherapiestudien nehmen diagnostische Fragestellungen einen großen Raum ein und haben eine wichtige therapeutische Bedeutung. Insofern stellt die Operationalisierung des diagnostischen Erhebungsprozesses sowie diagnostischer Merkmale für die Psychoanalyse oder die psychodynamische Therapie eine relevante Aufgabe dar.

Dieser Aufgabe will sich die «Operationalisierte psychodynamische Diagnostik» stellen.

1.2.4 Grenzen operationalisierter Diagnostik

Operationalisierte Diagnostik hat ihre *Grenzen*. Diese müssen dem Benutzer bekannt sein, um Fehler und Enttäuschungen in der Anwendung oder bei der Interpretation der Befunde zu vermeiden. Auf einige wesentliche Aspekte soll im folgenden kurz eingegangen werden:

Jede Klassifikation hat zwangsläufig reduktionistische Züge. Ihr Gegenstand ist das überindividuell Gesetzmäßige und Allgemeingültige. Im Bereich psychischer Erkrankungen sind hiermit aber besondere Schwierigkeiten und Gefahren verbunden (Helmchen und Rüger 1980; Hoffmann 1985; Rüger 1994).

So besteht bei unkritischer Anwendung von Klassifikationssystemen immer die Gefahr, daß deren Entscheidungskriterien wichtiger werden als das konzeptuelle Verständnis einer *Krankheitsentität*. Klassifikationssysteme konstruieren eine neue (Forschungs-)Realität. Klinische Zusammenhänge gehen dabei verloren, während andere empirische *Zusammenhänge neu geknüpft* werden. Die mit diesem Prozeß einhergehenden notwendigen Verluste müssen aber präsent bleiben. Oft treten Validität und klinische Relevanz von Befunden zugunsten der Reliabilität von Erfassungsinstrumenten in den Hintergrund (Hoffmann 1985). Und schließlich wird der Blick für die *Gesamtgestalt* einer Krankheit in ihrer individuellen Ausgestaltung und vor dem Hintergrund einer persönlichen *Lebensgeschichte* durch die ausschließliche Nutzung von Klassifikationssystemen nicht geschärft (Rüger 1994).

Operationalisierte Diagnostik fußt immer auf einer zeitlichen *Querschnittsbetrachtung*. Sie stützt sich auf eine definierte Zeiteinheit. Damit kann die *Episode* eine größere Bedeutung gewinnen als das Interesse für die Kontinuität einer Lebensgeschichte. Für den Einzelnen Menschen begründet aber das «Bewußtsein, in der Zeitfolge derselbe zu sein» (K. Jaspers 1948; vgl. Küchenhoff 1989), ganz wesentlich das Gefühl für die eigene *Identität*.

Operationalisierte Diagnostik kann demnach nur in einem sehr *eingeschränkten Sinne historisch* sein; ihr Ziel ist es, den Einzelnen aufgrund seiner Lebensgeschichte nur insoweit zu verstehen, wie es für die aktuelle Diagnostik relevant ist. Struktur-, Konflikt- und Beziehungsdiagnostik erlauben eine *«Mustererkennung»*: Lebensgeschichtliche Daten werden dazu benutzt, relativ invariante Muster des Beziehungserlebens oder der persönlichen Konflikte zu erfassen; der Sinnzusammenhang des individuellen Erlebens geht dabei gleichwohl verloren. Damit geht es in der OPD nicht um das klassische *chronologische Verständnis* von Biographie (Dilthey 1981; Jaspers 1948) und erst recht nicht erlaubt operationalisierte Diagnostik ein Erfassen der *«inneren Lebensgeschichte»*, wie sie Ludwig Binswanger bereits 1928 als Antwort auf die damalige Form biologischer Psychiatrie in die Debatte geworfen hat – Vorläufer eines psychodynamischen Verständnisses der Lebensgeschichte, wie wir sie beispielsweise bei Dührssen (1981) finden.

Individuelle Lebensgeschichte als etwas nicht Reduplizierbares läßt sich schlechthin nicht operationalisieren (Mertens 1994), kann damit auch nicht Gegenstand einer operationalisierten psychodynamischen Diagnostik sein; vielmehr stellt hier die Idiographik die angemessene Methodik dar (vgl. Blankenburg 1981, 1989).

1.3 Weiterentwicklung und Perspektiven der OPD

«Operationalisierung Psychodynamischer Diagnostik» ist ein *langfristiges Vorhaben*. Die zukünftig in der klinischen Anwendung gemachten Erfahrungen werden zu *Veränderungswünschen* führen, die dann Eingang in die nächste Fassung finden müssen. *Rückkopplungsprozesse* mit den Klinikern sollen garantieren, daß das System tatsächlich in der Praxis eingesetzt und nicht nur als Forschungsinstrument benützt wird. Von besonderer Bedeutung für das Gelingen der *Implementierung* wird dabei sein, ob die Beurteilung klinischer Interviews mit Hilfe der OPD nicht nur zu diagnostischen Differenzierungen auf den unterschiedlichen Achsen führen, sondern ob darüberhinaus für den Indikationsprozeß und die Therapieplanung hilfreiche psychodynamische Diagnosen formuliert werden können.

Der aktuelle Arbeitskreis ist sich einiger Beschränkungen des vorliegenden Systems bewußt:

Als Problem zeigte sich bereits in einer ersten klinischen *Erprobungsphase*, daß die unterschiedlichen Operationalisierungsniveaus der einzelnen Achsen weiter anzugleichen und zu vereinheitlichen sind, um ein aufeinander bezogenes und integriertes psychodynamisches Diagnostiksystem entstehen zu lassen. Eine bessere Integration könnte natürlich auf der theoretischen Ebene versucht werden. Der Arbeitskreis war jedoch der Meinung, daß die intendierten empirischen *Untersuchungen zur Validität* der OPD zeigen werden, wie die Ergebnisse der Achsen miteinander korrespondieren und wo die Achsen ganz unterschiedliche und voneinander unabhängige Fenster der Diagnostik öffnen.

Aus unserer Sicht sollten in den nächsten Forschungsvorhaben die *Akzeptanz* und die *Anwendbarkeit* des Instruments in verschiedenen klinischen Settings überprüft werden sowie weitere Reliabilitätsstudien mit *verschiedenen Patientengruppen* und *Behandlungssettings* erfolgen. Die bisherigen Arbeitsgruppen der OPD befaßten sich überwiegend mit der Konstruktion der Achsen. Den skizzierten Aufgaben entsprechend, haben sich drei neue Arbeitsgruppen gebildet, die

1. den Einsatz des Instruments in der Praxis und die *Qualitätssicherung*,
2. die Koordinierung der *empirischen Forschung* mit der OPD und
3. *Ausbildung* und Training steuern sollen.

2. Konzeptualisierung und Operationalisierung der Achsen

2.1 Achse I – Krankheitserleben und Behandlungsvoraussetzungen

2.1.1 Einleitung

Für die Indikationsstellung zur Therapie, unabhängig davon, ob eine somatische Behandlung bei Patienten mit organischen Krankheiten indiziert oder ob die Frage der differentiellen Psychotherapieindikation abgeklärt werden soll, hat die Art des Krankheitserlebens und der Krankheitsverarbeitung eine wichtige Bedeutung. Dabei stellt jede Behandlungsmethode mehr oder weniger große Ansprüche an die emotionale und kognitive Bereitschaft und Belastbarkeit des Patienten zur Kooperation und Mitarbeit. Für die differentielle Indikationsstellung zur Psychotherapie ist so z. B. von Bedeutung, ob der Patient einen gewissen Leidensdruck aufweist, eine Einsichtsfähigkeit in psychodynamische Zusammenhänge des Krankheitsgeschehens zeigt, für die geplante Psychotherapieform motivierbar ist und über notwendige persönliche und soziale Ressourcen verfügt. Vor diesem Hintergrund ist eine Operationalisierung des Krankheitserlebens und der Behandlungsvoraussetzungen notwendig. Terminologisch bevorzugen wir den von uns eingeführten Begriff des *Krankheitserlebens* gegnüber dem des Krankheitsverhaltens, weil er in unserem Verständnis stärker auf die Bedeutung von emotionalen und affektiven Prozessen hinweist.

Mit der Frage der Behandlungskooperation hat sich die *Complianceforschung* (Becker et al. 1982; Basler 1990) befaßt. Zur Frage der *Krankheitsverarbeitung* ist seit den sechziger Jahren auf dem Hintergrund der Streßforschung unter der Überschrift «Coping» oder «Krankheitsbewältigung» eine Vielzahl von theoretischen und empirischen Forschungsansätzen entwickelt worden, die für unsere Achse wichtige Ergebnisse erbracht haben. Andere aus unserer Sicht relevante Gesichtspunkte sind jedoch in der bisherigen Coping-Forschung auf Grund der Komplexität des Modells vernachlässigt worden.

Die frühen Copingmodelle lassen sich in «reiz- oder reaktionszentrierte» Konzepte differenzieren. Die reizzentrierten Streßmodelle verstehen einzelne oder umfassende Stimulusbedingungen als Streß und gehen davon aus, daß diese Bedingungen weitgehend unabhängig vom Individuum Streß hervorrufen. Für die Psychosomatik hat die «Life-event-Forschung» als reizorientiertes Streßmodell lange Zeit eine hervorragende Bedeutung gehabt. Die klassisch reaktionszentrierten Streßkonzepte verstehen eine unspezifische Aktiviertheit des Organismus als Streß, die durch humorale und physiologische Reaktionen vermittelt wird (Selye 1974). Reaktionszentrierte Copingmodelle betonen die individuelle Seite der Verarbeitung von Ereignissen, untersuchen insbesondere den Bedeutungsgehalt (z. B. Erwünschtheit oder Unerwünschtheit), dem ein Ereignis von dem betreffenden Individuum zugemessen wird (Thoits 1983).

Das elaborierteste *Copingmodell* ist der *transaktionale Ansatz* von Lazarus (1966, 1984), der von einer prozeßhaften bidirektionalen Beziehung zwischen Umwelt- und Personenvariablen ausgeht. Als zentrale Mechanismen bei der Adaptation von Individuen an belastende Person-Umwelt-Beziehungen (z. B. die Krankheit) werden kognitive Bewertungsprozesse angesehen, die sich entweder auf das subjektive Wohlbefinden des Individuums oder seine Bewältigungsmöglichkeiten beziehen. Nach Lazarus und Mitarbeitern ist es willkürlich, ob bei der Analyse des Copingverhaltens die situativen Bedingungen oder die individuellen Copingmechanismen fokussiert werden, da sich beide über die ständige wechselseitige Beeinflussung stetig verändern. Für Lazarus spielen zeitlich überdauernde «stabile» Persönlichkeitsmerkmale («traits») bei der Bewältigung gegenüber eher situativ determinierten Merkmalen («states») keine besondere Rolle.

Der Coping-Begriff ist insofern verwirrend, als er einmal in einer eher biologischen Bedeutung als erfolgreicher Anpassungsprozeß verstanden wird (z. B. Levine 1983), zum anderen als ein breites Muster von Reaktionen, die mobilisiert werden, um eine Situation zu handhaben (Lazarus u. Folkman 1984). Sie können mehr oder weniger adaptativ sein. Es bestehen also unterschiedliche Auffassungen darüber, wie eng die Beziehung zwischen Coping und Effektivität der Bewältigung ist. Kriterien für ein adaptives und erfolgreiches Coping zu finden, ist naturgemäß schwierig. Was die Bandbreite der Coping-Reaktion und deren Schematisierung betrifft, unterscheiden sich die verschiedenen Autoren beträchtlich (vgl. Lazarus u. Folkman 1984; Billing u. Moos 1981; Carver et al. 1989). Aufgrund des bisher begrenzten Wissens über Coping-Prozesse schlägt z. B. Steptoe (1991) eher breite Dimensionen für eine Taxonomie vor und unterscheidet Coping-Reaktionen, die auf Problembewältigung ausgerichtet sind, von Copingmechanismen, die auf die Bewältigung von Emotionen abzielen. Beide Coping-Aktivitäten können sich jeweils sowohl auf der Verhaltens- als auch auf der kognitiven Ebene abspielen. Hierbei werden, wie schon bei Lazarus, neben offenen handlungsbezogenen auch intrapsychische Umbewertungsprozesse berücksichtigt, die teilweise auch aus dem psychoanalytischen Abwehrkonzept abgeleitet wurden. Unterschiede bestehen in der Bewertung der Funktionalität der Anpassungsmechanismen. Haan (1972), die sich mit dem affektiven Anteil der Krankheitsverarbeitung beschäftigt hat, sieht zielgerichtete flexible und realitätsnahe Anpassung als Folge von Coping-Prozessen und demgegenüber rigide, realitäts- und affektverzerrende Anpassung als Folge von Abwehrvorgängen.

Vaillant (1971) unterscheidet auf dem Hintergrund eines Reifungsmodells der Abwehr die unterschiedlichen Anpassungsprozesse hinsichtlich ihres Reifegrades und damit nach ihrer Adaptationsleistung bei Konfliktlösungen.

Coping-Forscher haben durchaus Anleihen bei den psychoanalytischen Abwehrkonzepten genommen. Demgegenüber haben Psychoanalytiker bislang nur wenig Bezug auf das Coping- oder Bewältigungskonzept genommen.

Soweit *Abwehr* nicht nur als ein dysfunktionaler und pathologischer Prozeß aufgefaßt wird, sondern auch als eine anpassungsfördernde Ich-Leistung verstanden wird (siehe z. B. Steffens u. Kächele 1988), erscheint eine Gegenüberstellung von Abwehr und Coping, wie von Haan vorgenommen, nicht sinnvoll. Sowohl die Abwehr als auch das Coping können als Ich-Funktionen verstanden werden, die jeweils integriert im Individuum ablaufen. Die Abwehr diente primär der intrapsychischen Regulation (Affektverarbeitung), und das Coping wäre stärker mit der realitätsnahen und problemlösenden Anpassungsaufgabe im Prozeß der Krankheitsbewältigung befaßt (siehe auch Steffens u. Kächele 1988). Die angemessene Abwehr bedrohlicher, die Integrität des Selbst gefährdender Affekte oder Erfahrungen stellt somit die Voraussetzung dafür dar, daß ein Individuum sich in einer konstruktiven Weise mit den mit der Erkrankung verbundenen Anforderungen auseinandersetzen kann (Coping, Bewältigung).

Auch wenn hier versucht wird, die Konstrukte des Coping und der Abwehr in einen gemeinsamen Verständnishorizont zu bringen, sind wir aktuell noch weit davon entfernt, den Problembereich theoretisch und empirisch ausgelotet zu haben. Es sind noch eine Vielzahl von Fragen ungeklärt, die u. U. auch keiner generellen Beantwortung zugänglich sind. Diese betreffen z. B. (siehe auch Rüger et al. 1990; Schüßler 1993):

- die Art der Interaktion zwischen den emotionalen, den kognitiven und den handlungsbezogenen Faktoren der Krankheitsverarbeitung;
- das Ausmaß, in dem zeitstabile Persönlichkeitsaspekte (traits) und eher situative Momente (states) an der Krankheitsverarbeitung beteiligt sind;
- das Verhältnis von eher allgemeinen Formen der Bewältigung zu spezifischen Modalitäten der Krankheitsverarbeitung;

- das Problem, inwieweit es für spezifische Krankheitsformen (z. B. chronische körperliche Erkrankungen oder psychische Störungen) charakteristische Formen der Krankheitverarbeitung gibt;
- den Aspekt, ob die Krankheit in der Gesamtheit ihrer Symptome und ihrer Behinderungen und/oder Aspekte der Bedrohung der Integrität der Person bewältigt werden muß.

Dem theoretischen und empirischen Forschungsstand entsprechend wird in der OPD nicht der Versuch unternommen, Coping und Krankheitsverarbeitung generell zu operationalisieren. Wir möchten uns auf die Aspekte des Krankheitserlebens beschränken, die unmittelbar für die Indikationsstellung zur Psychotherapie bedeutsam erscheinen. Dabei wird davon ausgegangen, daß das Krankheitserleben und die Behandlungsmotivation sich sowohl über spezifische Persönlichkeitscharakteristika (i. S. von Traitvariablen) als auch über Variablen der Krankheit und des Behandlungssettings strukturieren, die eher State-Charakter aufweisen.

2.1.2 Krankheitserleben und Behandlungsvoraussetzungen

Unter dem *Krankheitserleben* verstehen wir einen Teilbereich der Krankheitsverarbeitung, der sich einerseits auf die Bewältigungskompetenzen des Individuums auswirkt und andererseits im Sinne eines Prozeßmodells von den Verarbeitungsmechanismen des Patienten beeinflußt wird. Das Krankheitserleben umfaßt emotionale und kognitive Prozesse auf dem Hintergrund der Erkrankung und ist eingebettet in einen komplexen Bezugsrahmen, der sich aus verschiedenen Faktoren zusammensetzt. Krankheitserleben und *Krankheitsverhalten* beinhalten emotionale und kognitive Prozesse sowie offenes Verhalten auf dem Hintergrund der spezifischen Erkrankung und der nachstehenden (sowie vermutlich weiterer) Variablen:

- Art und Schwere der vorliegenden Erkrankung;
- das gesellschaftliche Umfeld;
- die Arzt-Patient-Beziehung;
- das psychosoziale Umfeld;
- Persönlichkeitsmerkmale;
- Behandlungsmotivation.

Diese Faktoren stehen zueinander in einer komplexen Wechselwirkung, sie variieren sowohl innerhalb des einzelnen Individuum als auch zwischen verschiedenen Individuen. Im folgenden sollen die einzelnen Aspekte charakterisiert und ihre möglichen Interaktionen beschrieben werden.

2.1.2.1 Art und Schwere der vorliegenden Erkrankung

Die Krankheit (hier weniger im Sinne des klassischen Morbus als vielmehr des Prozesses des Krankseins im medizinischen System verstanden) kann *grundsätzlich* in vielfältiger Weise das Krankheitserleben beeinflussen:

- über die mit der akuten oder chronischen Erkrankung verbundenen körperlichen oder psychischen Symptome und Behinderungen;
- über die Diagnosenstellung; die medizinischen Diagnosen sind in der Regel mit vielfältigen Bedeutungen versehen. Diese können z. B. auf der Dimension der «vitalen Gefährdung» (hohe Bedrohung z. B. bei Krebserkrankungen) oder auf der Dimension «Stigmatisierung» (soziale Diskriminierung oder Ausgrenzung) liegen. Ein hohes Stigmatisierungspotential weisen z. B. aktuell die Aidserkrankung oder nach wie vor die psychischen Erkrankungen auf.
- mit den verschiedenen Krankheiten sind unterschiedliche Behandlungsprozeduren verbunden. Diese therapeutischen Maßnahmen können sowohl eine erhebliche körperliche als auch seelische Belastung darstellen (z. B. Transplantationen von Organen aber auch Spätdyskinesien bei oder nach Neuroleptika-Gabe);
- alle hier angeführten Aspekte der Erkrankung führen zu einer Vielzahl von Beeinträchtigungen bei der sozialen Anpassung des Individuums (Arbeitsplatzverlust, soziale Isolation u. a. m.).

Wie skizziert, können unterschiedliche Aspekte der Krankheit als «Stressor» oder «Bedrohung» gleichzeitig oder aufeinanderfolgend wirken. Dabei kann das Ausmaß an physischer, psychischer und sozialer Belastung zu verschiedenen Erkrankungszeitpunkten variieren und wird sich entsprechend auf das Krankheitserleben des Betroffenen auswirken. Die Schwere einer Erkrankung und das Bedrohungserleben bzw. der Leidensdruck stehen also in keiner linearen Beziehung zueinander. Die Ausprägung der Symptomatik allein ist in der Regel kein ausreichender Anlaß, den Arzt aufzusuchen. Andere, oft wenig beachtete Faktoren, kommen hinzu.

2.1.2.2 Die Bedeutung des gesellschaftlichen Kontextes und die Arzt-Patient-Beziehung

Der gesellschaftliche Bezugsrahmen im Gesamt seiner ökonomischen, sozialen und normativen Bedingungen beeinflußt die Sozialisationsprozesse und damit die psychosozialen Entwicklungsbedingungen von Individuen. Er hat damit einen entscheidenden Anteil an der Charakteristik der in ihm sozialisierten Individuen.

Von besonderer Relevanz für das Krankheitserleben und die Krankheitsverarbeitung sind die materiellen und institutionellen *Bedingungen des Gesundheitssystems*, die *wissenschaftlichen Orientierungen und Standards im Gesundheitssektor* (Medizin, Psychologie usw.) sowie die gesundheits- bzw. krankheitsbezogenen *Einstellungen und Haltungen*. Auf diesem Hintergrund entwickeln sich die bedeutenden Krankheits- und Behandlungskonzepte, aber auch die charakteristischen Stigmatisierungen und Vorurteile, die auf die individuelle Art des Umgangs mit Gesundheit, Krankheit und Behandlungen einwirken können. Ob ein gegebenes Krankheitsverhalten als abweichend eingeschätzt wird, ist u. a. von ärztlichen und institutionellen Vorstellungen und gegebenenfalls sozialpolitischen Erwägungen bestimmt. Neben dem etablierten Gesundheitssystem haben paramedizinische, vorwissenschaftliche Konzepte und Handlungsmuster einen Einfluß auf die individuellen Krankheits- und Behandlungskonzepte und auf das Krankheitserleben sowie die Krankheitsverarbeitung. Darüber hinaus kommt den öffentlichen Medien ebenfalls ein wichtiger Stellenwert bei der Krankheitsverarbeitung zu. Sie beeinflussen z.B. die allgemeine Beachtung, die bestimmte Symptome, Krankheitsbilder oder Behandlungsmaßnahmen erfahren.

Merkmale der Krankenversorgung und des Gesundheitssystems sowie der praktizierten somatischen Behandlung wirken auf dem Wege der Arzt-Patient-Beziehung direkt auf den Patienten, sein Krankheitserleben und seine Krankheitsverarbeitung. Dabei weist das weitgehend am organischen Krankheitsmodell orientierte medizinische Versorgungssystem dem Patienten im Prozeß der Diagnosenstellung und bei der Behandlung in der Regel eine passiv-rezipierende Rolle zu. Im Rahmen eines technisch-neutralen Beziehungsangebotes wird die somatische Denkweise des Patienten gefördert und seine individuelle emotionale Beteiligung an der Entstehung und Aufrechterhaltung seiner Beschwerden vernachlässigt. Sein *persönliches Erleben* findet so eher selten Berücksichtigung. Die Arzt-Patient-Beziehung dient meist der Bestätigung der psychischen Normalität und legt damit bei Patienten, die eine solche Krankheitsvorstellung bevorzugen, Somatisierungsneigungen nahe (z.B. Franz u. Bautz 1991). Unseres Erachtens fördert eine solche Arzt-Patient-Beziehung generell Somatisierungen und Chronifizierungen. Aus dieser Perspektive lernt der Patient, daß er sich allein über körperliche Symptomberichte und die Präsentation von immer neuen Beschwerden der Aufmerksamkeit und Sorge des Arztes sicher sein kann. Das Inanspruchnahmeverhalten des medizinischen Versorgungssystems wäre nach diesem Verständnis weniger eine Folge von körperlichen Beschwerden; vielmehr könnte die körperliche Beschwerdeverarbeitung und -ausbildung eine Konsequenz der Erfahrung im diagnostischen und therapeutischen Prozeß sein (iatrogene Somatisierung, z. B. Simon 1991). Das gehäufte Auftreten somatoformer Störungen in bestimmten Populationen wird zur Konsequenz einer gegebenen Organisation des Gesundheitssystems, was unter Ärzten kaum bekannt ist. Von psychoanalytischer Seite ist hier in besonderer Weise auf die spezielle Beziehungsdynamik zwischen Arzt und Patient hingewiesen worden (Beckmann 1984). Im einzelnen wurde abgeleitet, inwieweit bei Nichtbeachtung der emotional bestimmten Interaktionen zwischen Arzt und Patient die therapeutischen Bemühungen scheitern können (Übertragungs-Gegenübertragungskollisionen). Der Patient, der eine gegebene Therapie in Anspruch nehmen will, muß auf dem Hintergrund seiner vorangegangenen Behandlungserfahrungen gesehen werden.

2.1.2.3 Das psychosoziale Umfeld

Das Krankheitserleben und die Krankheitsverarbeitung des Patienten wird in hohem Ausmaß durch das *psychosoziale Umfeld* (Familie, Freunde, Bekannte und Arbeitskollegen) beeinflußt. In diesem Feld wird ein körperliches oder seelisches Phänomen als «krankhaft» oder «krankheitsverdächtig» definiert und es werden Handlungsstrategien (z. B. Aufsuchen des Arztes oder Einnahme von Hausmitteln) entworfen. Diese krankheits- und behandlungsbezogenen Standards und Wertvorstellungen können einen größeren Einfluß auf den Leidensdruck des Patienten und seine Inanspruchnahme des medizinischen Versorgungssystems ausüben als die Art und die Ausprägung der Symptome (Craig u. Boardman 1990).

Ein weiterer bedeutsamer Faktor ist die Verfügbarkeit von Ressourcen im sozialen Umfeld sowie die soziale und emotionale Unterstützung, die der Patient in diesem Umfeld in Anspruch nehmen und mobilisieren kann

Das *familiäre Umfeld* ist gerade bei schweren vital-bedrohlichen oder chronischen Krankheiten vielfach emotional ebenfalls labilisiert und leidet z. B. auch direkt unter einem Arbeitsplatzverlust. In Abhängigkeit von den Ressourcen zur emotionalen Unterstützung des Patienten, aber auch den praktischen Möglichkeiten zur Kompensation krankheitsbedingter Defizite wird das Krankheitserleben des Patienten modifiziert. Die Bedeutsamkeit sozialer Unterstützung für die Krankheitsmanifestation, das Krankheitserleben und die Krankheitsverarbeitung hat besonders Pennebaker (1991) untersucht.

2.1.2.4 Persönlichkeitsmerkmale

Vor dem Hintergrund der spezifischen Persönlichkeitsstruktur bilden sich relevante affektive, kognitive und handlungsbezogene Aspekte ab. Von besonderer Bedeutung ist die Ich-Struktur, die Belastbarkeit bzw. das Arsenal an Ich-Funktionen des Individuums, zu denen z. B. die Art der *Abwehrmechanismen*, die *Frustrations- und Angsttoleranz*, die *Realitätsprüfung* und die *Beziehungsfähigkeit* gehören. Diese Funktionen beeinflussen die affektive und kognitive Flexibilität oder Rigidität des Patienten. *Gesundheitsbezogene Vorurteile* stehen in einem engen Zusammenhang zu diesen Faktoren.

Weiterhin spielen Aspekte des Selbstbildes bzw. der Umgang mit dem *Selbstbild* unter den Bedingungen der Erkrankung eine wichtige Rolle. Hier ist von Bedeutung, ob der Patient in der Lage ist, sein Selbstbild trotz der Erkrankung aufrechtzuerhalten oder adäquat zu verändern. Personenmerkmale und intrapsychische Konfliktkonstellationen sind Einflußfaktoren, die nach psychodynamischer Auffassung auch ursächlich das Auftreten von Erkrankungen bestimmen und im weiteren für das Krankheitserleben und die Krankheitsverarbeitung bedeutsam sind. Darüber hinaus können Geschlechts-, Alters- und Bildungsmerkmale einen Einfluß auf das Krankheitserleben wie auch die Krankheitsverarbeitung haben.

Prinzipiell strukturiert die Art der Persönlichkeit die emotionalen, kognitiven und handlungsrelevanten Voraussetzungen für das Krankheitserleben und die Ressourcen für die Krankheitsverarbeitung zu einem gewichtigen Anteil. Dies gilt sowohl für die psychischen, die psychosomatischen und die organischen Krankheiten. Bei den für diese Prozesse relevanten Persönlichkeitsmerkmalen handelt es sich in der Regel um *Traitvariablen*; gleichzeitig bieten jedoch die Persönlichkeitscharakteristika den Rahmen dafür, inwieweit situative Faktoren (*Statevariablen*) auf die Art des Krankheitserlebens und der Krankheitsverarbeitung einen wichtigen Einfluß nehmen können.

2.1.2.5 Die Behandlungsmotivation

Die Behandlungsmotivation konstituiert sich auf dem Hintergrund der oben für das Krankheitserleben herausgearbeiteten Faktoren. Das Spektrum an möglichen Behandlungserwartungen umfaßt grundsätzlich alle Formen paramedizinischer, medizinischer oder psychotherapeutischer Behandlungsverfahren. Die Patienten können jedoch auch jegliche Behandlung ablehnen oder zur Teilhabe an unterschiedlichen Behandlungsmethoden (z. B. somatische Behandlung und Psychotherapie) motiviert sein.

Insgesamt ist in der Forschung der Begriff der *Psychotherapiemotivation* weitgehend vernachlässigt worden. Insbesondere liegen kaum empirische Arbeiten auf der Grundlage der Operationalisierung des Konstruktes vor. Wie auch beim Coping finden sich kognitive Erklärungsmodelle der Psychotherapiemotivation (z. B. Krause 1966; Künzel 1979) und Modelle, bei denen sowohl affektive als auch kognitive Aspekte der Behandlungsmotivation berücksichtigt werden (Muck u. Paal 1968; Schneider et al. 1989). Nach Schneider läßt sich die Psychotherapiemotivation als ein sich prozeßhaft herausbildendes Merkmal verstehen, das über unterschiedliche affektive und kognitive miteinander interagierende Faktoren strukturiert wird. Die vorrangig affektiven Anteile werden durch den Leidensdruck und den Krankheitsgewinn repräsentiert und bilden relevante Elemente des Krankheitserlebens ab. Der Leidensdruck des Patienten stellt die Voraussetzung oder das Motiv dafür dar, daß das Individuum mit einer seelischen oder körperlichen Störung Möglichkeiten der Veränderungen aktiv aufsucht.

Der Patient bildet auf diesem Hintergrund eine *subjektive Theorie* (Laienkonzept) über die *Genese der Störung* aus, entwickelt Einstellungen gegenüber etwaigen Behandlungsverfahren und sucht problemrelevante Informationen. Die Entwicklung der subjektiven Krankheitstheorie, der allgemeinen Behandlungseinstellungen und der Prozeß der Erfahrungssuche werden sowohl durch affektive als auch durch kognitive – problembezogene – Komponenten konstituiert. In diesem Kontext spielen, wie oben bereits beschrieben, Laienkonzepte des unmittelbaren sozialen Umfeldes des Patienten sowie paramedizinische und medizinisch/psychotherapeutische Konzepte eine wichtige Rolle.

Gerade psychotherapeutische Verfahren stellen hohe Ansprüche an die Belastbarkeit des Patienten, seine Frustrations- und Angsttoleranz sowie seine Introspektions- oder Reflexionsfähigkeit. Allerdings unterscheiden sich die verschiedenen psychotherapeutischen Maßnahmen in bezug auf die von ihnen geforderten Patientenvoraussetzungen deutlich (siehe Schneider et al. 1989; Schneider 1990). Rudolf und Stille (1984) sowie Nübling (1992) haben ebenfalls den Einfluß der Psychotherapiemotivation auf den Therapieverlauf bei Patienten mit neurotischen und psychosomatischen Störungen untersucht.

2.1.2.6 Zur Operationalisierung des Krankheitserlebens und der Behandlungsvoraussetzungen in der OPD

Auf dem Hintergrund der dargelegten Modellvorstellungen zum Krankheitserleben und zur Krankheitsverarbeitung und der damit in Zusammenhang stehenden Behandlungsvoraussetzungen schlagen wir die nun folgende Operationalisierung der relevanten Dimensionen dieser Konstrukte vor.

Dabei werden die Merkmalsbereiche so formuliert, daß sie sowohl für Patienten mit psychischen als auch für solche mit psychosomatischen und somatischen Krankheiten Geltung haben können. Besonderen Stellenwert hat hierbei die Beurteilung der Symptomschwere bezogen auf den Leidensdruck des Patienten. Ein wichtiges Ziel unserer Operationalisierung besteht darin, ein hohes Ausmaß an Praxisnähe und -relevanz zu erreichen, um Aussagen für die Indikationsstellung zur Psychotherapie zu ermöglichen.

1. Schweregrad des somatischen bzw. psychischen Befundes

2. Leidensdruck bzw. Beschwerdeerleben
- Beeinträchtigung des Selbsterlebens
- sekundärer Krankheitsgewinn
- Angemessenheit der subjektiven Beeinträchtigung

3. Behandlungserwartungen und Inanspruchnahmebereitschaft
- Einsichtsfähigkeit für psychodynamische bzw. somatopsychische Zusammenhänge
- Einschätzung der geeigneten Behandlungsform (Psychotherapie, körperliche Behandlung)
- Psychotherapiemotivation
- Motivation zur körperlichen Behandlung
- Compliance

4. Ressourcen
- psychosoziale Integration
- persönliche Ressourcen (Belastbarkeit)
- soziale Ressourcen
- soziale Unterstützung.

2.2 Achse II – Beziehung

Die Beziehungsdiagnostik in der OPD umfaßt sowohl die Formulierung des vom Patienten erlebten habituellen Beziehungsverhaltens durch den Untersucher als auch die Mitteilung des Untersuchers, wie er das Beziehungsverhalten des Patienten und seine eigene Reaktion darauf erlebt. Als *dysfunktionelles habituelles Beziehungsmuster* wird die spezifische – für den Patienten leidvolle – Konstellation bezeichnet, die sich aus seinem habituellen Beziehungsverhalten und den typischen Reaktionsweisen seiner Sozialpartner ergibt.

2.2.1 Einleitung

Interpersonelles Verhalten wird von allen wichtigen psychotherapeutischen Schulen als ein wesentlicher Faktor bei der Entstehung und Aufrechterhaltung psychischer Störungen anerkannt. Wie ein Mensch seine Beziehungen zu anderen lebt und erlebt ist besonders in der psychodynamischen Psychotherapie von zentraler diagnostischer Bedeutung. Aus Sicht der psychodynamischen Psychotherapie tragen intrapsychische Konflikte ganz wesentlich zu dysfunktionalem Beziehungsverhalten bei. Von der individuellen Beziehungsgestaltung kann wiederum auf intrapsychische Konflikte zurückgeschlossen werden.

Die Beziehungsdiagnostik im Rahmen der Operationalisierten Psychodynamischen Diagnostik greift einige Aspekte dieses komplexen Geschehens an der Schnittstelle der intrapsychischen und interpersonellen Ebene auf. Sie stützt sich dabei überwiegend auf beobachtbares und beschreibbares Beziehungsverhalten. Um zu einem psychodynamischen Verständnis für die Symptomentwicklung des Patienten zu kommen, achtet der Untersucher auf bewußte und unbewußte Zusammenhänge zwischen der geschilderten Symptomatik eines Patienten und seinen konflikthaften Beziehungen.

Das *Beziehungsverhalten* verstehen wir als Ausdruck der Dynamik zwischen den mehr oder weniger bewußten Beziehungswünschen, den damit verbundenen intrapsychisch wirksam werdenden Ängsten des Patienten und den

Befürchtungen, wie das Gegenüber auf die Wünsche reagieren könnte. Das *habituelle* Beziehungsverhalten des Patienten kann als überdauernde psychosoziale Kompromißbildung zwischen seinen Wünschen und seinen Befürchtungen in Beziehungen verstanden werden. Als habituelles Beziehungsverhalten wird also diejenige interpersonelle Einstellung beschrieben, die bei einem Patienten nach außen hin als dominant und mehr oder weniger durchgängig wirksam erscheint. Als *dysfunktionelles habituelles Beziehungsmuster* wird die spezifische – für den Patienten leidvolle – Konstellation bezeichnet, die sich aus seinem habituellen Beziehungsverhalten und den typischen Reaktionsweisen seiner Sozialpartner ergibt.

Im klinischen Erstgespräch erhält man diagnostische Informationen über das Beziehungsverhalten des Patienten aus seinen Erzählungen von Beziehungsepisoden mit anderen. Besonders festgefügte und wiederholte Beziehungserfahrungen werden häufig in erinnerten und erzählten Alltagsepisoden deutlich. Zusätzlich werden auch aus dem eigenen Erleben des Therapeuten innerhalb der Therapeut-Patient-Beziehung während des Gesprächs Informationen gewonnen. In der klinischen Situation wird das Beziehungsverhalten, das der Patient unbewußt inszeniert, erlebbar und beobachtbar: *Übertragung*. Anhand der bei sich beobachteten Reaktionen und Impulse kann der Therapeut Rückschlüsse darauf ziehen, wie andere sich ihrerseits in der Interaktion mit dem Patienten fühlen und eventuell verhalten. So kann das *Gegenübertragungserleben* auch als Instrument für die interpersonelle Diagnostik genützt werden. Die Diagnostik des habituellen Beziehungsverhaltens umfaßt insofern immer zwei Dimensionen: In welche Position in einer Beziehung bringt der Patient sich selbst? und: In welcher Position in einer Beziehung befinden sich andere gegenüber dem Patienten?

2.2.2 Beziehungserfahrungen und ihre intrapsychische Organisation

Entwicklungspsychologisch gesehen werden Beziehungserfahrungen auf vielfältige Weise gemacht, durch verschiedene Wahrnehmungsmodalitäten vermittelt und als Episoden-Gedächtnis bzw. «Wiedererkennungsgedächtnis» gespeichert. Vieles spricht dafür, daß subjektive Erfahrungen in hohem Maße durch emotionales Erleben organisiert werden. Was und mit welcher jeweils spezifischen Bedeutung etwas erinnert wird, hängt unter anderem davon ab, mit welchen Gefühlstönungen und -intensitäten die Erinnerung in Vergangenheit und Gegenwart verknüpft ist (Stern 1985). Subjektiv organisierte Erinnerungs- und Bedeutungsstrukturen gehen dann modulierend in die Verarbeitung von aktuellen sowie antizipierten Beziehungsinformationen ein.

Beziehungserfahrungen, insbesondere mit den relevanten Bezugspersonen der Kindheit und Jugend, kristallisieren sich auf der intrapsychischen Ebene zu verinnerlichten Objektbeziehungen (z. B. als Selbst- und Objektrepräsentanzen). Dabei sind diese verinnerlichten Bilder in einen Kontext von subjekt- und objektbezogenen Gefühlen, Wünschen, Erwartungen, Befürchtungen und habituellen interpersonellen Transaktionen eingebunden. In der Tradition von Jacobson (1964) und Mahler (1975) begreift Kernberg (1985) solche «Selbst-Objekt-Affekt-Einheiten» als primäre Determinanten der intrapsychischen Strukturbildung. Diese verinnerlichten Schemata stellen die subjektive Verarbeitung zwischenmenschlicher Erfahrungen und Interaktionen dar und nicht die 'objektive Realität'. Als Kompromißbildungen können sie auch der Abwehr dienen, wenn bestimmte Beziehungen mit unangenehmen Affekten oder Ängsten verbunden sind.

Bei der Herausbildung solcher Schemata ist die verläßliche Redundanz bestimmter – nicht nur – kindlicher Beziehungserfahrungen von besonderer Wichtigkeit. Sie ist z. B. in der frühen Entwicklung Voraussetzung für das Erreichen der «Objektkonstanz» und später der personalen Identität (vgl. Achse «Struktur»).

Während Kernberg die frühe Ich-Bildung als Abgrenzung des primär undifferenzierten Selbst vom mütterlichen Primärobjekt beschreibt, sehen Stern (1985) und Emde (1988) das Kind als ein von Anbeginn an von der Bezugsperson getrenntes, affektives, aktives und steuerndes Wesen. Diese Autoren verstehen die Entwicklung des Kindes als Abfolge zunehmend komplexer werdender Regulationsprojekte des Selbst. Diese beziehen sich auf die intersubjektiven Erfahrungen im Austausch mit der betreuenden Person.

Kinder identifizieren sich nicht nur mit der betreuenden Person und den familiären Beziehungen und Funktionen, sie beeinflussen und verändern diese auch von Anfang an. Das Kind identifiziert sich also mit Beziehungsmustern, zu deren Konstituierung es selbst maßgebend beigetragen hat (Cierpka 1992). Da die erinnerten Beziehungserfahrungen im übrigen auch widersprüchliche Selbst- und Objektbilder enthalten, sind sie wesentlich an der Ausgestaltung der intrapsychischen Konflikte beteiligt (vgl. Achse «Konflikte»).

2.2.3 Interpersonelle Ausgestaltung intrapsychischer Konflikte und Strukturen

In aller Regel ist das Individuum daran interessiert, mit dem Gegenüber eine Situation herzustellen, die von Sicherheit, persönlichem Wohlbefinden und Vertrauen gekennzeichnet ist. Die Interaktionspartner sind daran interessiert, die Kommunikationssituation so zu konstellieren, daß diese basalen Anforderungen gewährleistet sind und das innerpsychische Gleichgewicht für jeden einzelnen erhalten bleibt. Beziehungswünsche können dann am ehesten in die Beziehung eingebracht werden.

Wenn die Beziehungsgestaltung mißlingt, kann das vielfältige Ursachen haben. Klinisch machen wir oft die Übertragung, d. h. das Erleben einer aktuellen Beziehung unter dem Blickwinkel überdauernder Muster vergangener Beziehungserfahrungen, dafür verantwortlich, daß Wahrnehmung und Beziehungsverhalten verzerrt werden (Freud 1912b). Übertragungsprozesse, die unbewußte Wünsche im Rahmen von Beziehungen interaktiv verwirklicht sehen wollen, tragen dazu bei, in welche Position ein Patient in zwischenmenschlichen Beziehungen gerät und in welche Position er andere Menschen bringt.

Je eingeschränkter ein Mensch in seinen Ich-Fähigkeiten und Abwehrmöglichkeiten ist, desto mehr ist er darauf angewiesen, Interaktionen möglichst so zu gestalten, wie er sie bereits kennt, um das Ausmaß neuer und überfordernder Erfahrungen zu limitieren. So werden Versuche unternommen, auch dann vertraute Situationen herzustellen, wenn diese in der Vergangenheit wenig glücklich verlaufen sind. Je geringer die Möglichkeiten zur Organisation und Integration von neuen und manchmal auch widersprüchlichen Informationen sind, desto eher besteht die Notwendigkeit, die Situation mit dem Gegenüber so zu konstellieren, daß die eigenen Phantasien, Wünsche und Handlungsmuster mit dem anderen mehr oder weniger gleichförmig verwirklicht werden. Bei Patienten beobachten wir deshalb häufig, daß sie mit ihren Bezugspersonen relativ stabile und gleichbleibende Themata, Handlungsbereitschaften, Gefühle und Phantasien zu realisieren versuchen. Dabei gilt: je rigider und extremer das Erleben und Verhalten eines Subjektes in Beziehungssituationen ist und je mehr diese Beziehungskonfigurationen «automatisiert» außerhalb seines Bewußtseins operieren, desto wahrscheinlicher ist ihre Fortsetzung und Perpetuierung (Cierpka et al. 1995).

Eine solche Gestaltung von Beziehungen bis hin zur Desintegration liegt vor, wenn Patienten nur über inkonstante, widersprüchliche bzw. dichotome Beziehungen verfügen, wie dies z. B. bei Borderline-Persönlichkeitsstörungen der Fall ist. Eine adäquate Wahrnehmung der Wünsche und Bedürfnisse anderer sowie der situativen Rahmenbedingungen ist dann stark beeinträchtigt. Bei psychotischen Patienten gelingt es u. U. überhaupt nicht mehr, Beziehungsmuster zu identifizieren: Die Objektbeziehungen zerfallen in einzelne Bruchstücke.

Interpersonelle Flexibilität ist also dann gegeben, wenn ein Patient differenzierte Beziehungen gestalten kann. Diese Flexibilität ist entscheidend von der Fähigkeit des Ichs abhängig, zwischen den inneren Bedürfnissen des Individuums, den Anforderungen des Über-Ichs und der Umwelt zu vermitteln. Abwehrmechanismen (A. Freud 1936) (vgl. Achse «Struktur») schützen dabei das Ich in dieser Funktion und tragen wesentlich zur Stabilität des inneren Gleichgewichts bei. Im positiven Fall gelingt es, sich mehr oder weniger in die

Erlebniswelt anderer einzufühlen, deren Wünsche, Befürchtungen und Verhaltensstrategien usw. wahrzunehmen. Ein flexibler Patient verfügt über mehr Fähigkeiten, seine sozialen Beziehungen in Abhängigkeit von situativen Rahmenbedingungen zu regulieren.

Flexibilität kann sich in der Beziehungsdiagnostik darin ausdrücken, daß der Patient auf ein breites Repertoire von Möglichkeiten zur Beziehungsgestaltung zurückgreifen kann und daß es Interaktionspartner gibt, die nicht in der typischen, vom Patienten als dysfunktionell beschriebenen Weise reagieren. Der Untersucher sollte – unabhängig vom zentralen Anliegen der Beschreibung dysfunktionaler Muster – nach solchen Ausnahmen Ausschau halten, da sie Ausdruck der gesunden Ressourcen des Patienten sind.

2.2.4 Die Diagnostik von Übertragungsbereitschaften

Die praktische Bedeutung einer Diagnostik von dysfunktionellem Beziehungsverhalten liegt darin, daß zwischenmenschliche Verwicklungen sich wiederholen und zu den typischen Klagen von Menschen auf der Suche nach psychotherapeutischer Hilfe zählen. Entsprechend dem Übertragungsmodell können sich zwischen Patient und Therapeut Aspekte dieser Muster wiederholen.

Wie oben angedeutet, basiert die psychodynamische Diagnostik zentral auf der Annahme, daß in der therapeutischen Kontaktaufnahme von Patienten unbewußt ein zentrales Beziehungsmuster induziert wird, das dem Therapeuten eine bestimmte Übertragungsrolle zuweist. Diese ist der einer signifikanten Bezugsperson nachgebildet. Die unbewußten Konflikte mit dieser werden wiederholt. Krause und Mitarbeiter definieren Übertragung als «einen spezifischen Satz von Verhaltensweisen, mit denen Sozialpartner dazu gebracht werden, sich konkordant zu spezifischen unbewußten Erwartungen zu verhalten» (Hans et al. 1986, S. 31). Hiermit ist auch das angesprochen, was König (1982) als den «interaktionellen Anteil der Übertragung» beschreibt. Auf Seiten des Patienten handelt es sich oft um kompromißhaftes Verhalten, in das sowohl Wünsche und Impulse, als auch Ängste und Befürchtungen und deren Abwehr miteingehen.

Die subjektiv verarbeiteten Erfahrungen in zwischenmenschlichen Beziehungen werden als Bereitschaft verinnerlicht, bestimmte Übertragungskonstellationen zu realisieren (sog. *Übertragungsbereitschaft*, vgl. Kächele et al. 1994). In zwischenmenschlichen Beziehungen kann das neurotische Verzerrungsmoment dazu beitragen, daß maladaptive Teufelskreise entstehen, persönliche Erwartungen von vornherein zum Scheitern verurteilt sind und eine negative Selbsteinschätzung resultiert (Strupp u. Binder 1984). Die *neurotische Übertragung* in der Psychotherapie ist dadurch gekennzeichnet, daß der

Patient selektiv auf einen bestimmten Aspekt des Verhaltens und der Persönlichkeit bei anderen und besonders beim Therapeuten achtet und sich unbewußt so verhält, daß er Reaktionen hervorruft, die sich mit seinen Erwartungen decken (Gill u. Hoffman 1982). Die therapeutische Aufgabe besteht darin, einen interpersonellen Raum zu schaffen, in dem der Therapeut eben nicht wie erwartet reagiert (Weiss u. Sampson 1986), dem Patienten eventuell seine Übertragungsbereitschaft deutet und ihm zu neuen Erfahrungen in einer geschützten Beziehung verhilft. In kritischer Reflexion muß dabei berücksichtigt werden, daß auch Übertragungsbereitschaften des Therapeuten einen – im ungünstigen Fall verzerrenden – Einfluß auf die therapeutische Interaktion haben können.

2.2.5 Empirische Ansätze zur Erforschung von Beziehungsmustern

Eine Theorie relativ stabiler Beziehungsmuster hat, wie überzeugend sie im einzelnen auch immer sein mag, im klinischen Alltag kaum praktische Bedeutung, wenn es nicht gelingt, diese Muster zuverlässig zu identifizieren. Zahlreiche Forscher und Kliniker bemühen sich seit Anfang der siebziger Jahre, systematische Formulierungen für die Beschreibung bzw. Abbildung von interpersonellen Problemen unter psychodynamischen Gesichtspunkten zu erarbeiten (Übersicht bei Schauenburg u. Cierpka 1994).

Um den Rahmen abzustecken, innerhalb dessen wir unseren Vorschlag für ein beziehungsdiagnostisches Instrument erarbeitet haben, werden im folgenden vor allem diejenigen Verfahren geschildert, die der psychoanalytischen und der interpersonellen Tradition entstammen. Verwiesen sei nur auf die Arbeiten aus der Sozialpsychologie (z. B. SYMLOG, Bales u. Cohen 1982), aus der Familienforschung (Übersicht bei Cierpka 1996) und der Verhaltenstherapie (z. B. Caspar 1989).

Für eine operationalisierte psychodynamische Beziehungsdiagnostik im beschriebenen Sinn sind die folgenden Methoden besonders wichtig und einflußreich:

1. «Strukturale Analyse sozialen Verhaltens» (SASB, Benjamin 1974, 1984; Tress 1993);
2. «Zentrales Beziehungskonfliktthema» (ZBKT, z. B. Luborsky u.Crits-Christoph 1990);
3. «Plan-Diagnose» (Weiss u. Sampson 1986);
4. «Rollen-Beziehungskonflikt-Konstellation» (M. Horowitz 1991);

5. das Erleben der therapeutischen Beziehung durch den Patienten (PERT) (Hoffman u. Gill 1988) und

6. «Zyklisch maladaptive Muster» (Strupp u. Binder 1991).

Allen Methoden gemeinsam ist, daß der Beobachtungsfokus immer auf zwischenmenschlicher Interaktion liegt. Dabei reicht das Spektrum von der mikroskopischen Untersuchung einzelner Sprechakte (SASB) über die Beschreibung einzelner Komponenten der Interaktion (Wunsch, Reaktion des Objekts, Reaktion des Selbst im ZBKT) zu verschiedenen – zum Teil parallelen – intrapsychischen und interpersonellen Schemata bis hin zu sehr globalen Instrumenten, die komplexe konfliktpsychologische Abläufe erfassen wollen (z. B. «Plandiagnose», «zyklische maladaptive Muster»).

Alle Verfahren gehen von der Existenz eines oder eventuell mehrerer zentraler interpersoneller Muster aus. Die klinische Beurteilung ist entscheidend, wobei die Verfahren mit der Zunahme ihrer Komplexität auch eine Zunahme an subjektiver Schlußbildung («level of inference» nach Luborsky u. Crits-Christoph 1990) aufweisen. Entsprechend unterscheidet sich auch das Ausmaß der Interrater-Übereinstimmung. Je abstrakter die zu beurteilenden Kategorien sind, desto schwieriger ist eine hohe Übereinstimmung zu erreichen.

Die von Benjamin entwickelte «Strukturale Analyse Sozialen Verhaltens» (SASB) (Benjamin z. B. 1988, 1993) erlaubt eine differenzierte und gleichzeitig reliable Abbildung auch komplexer Beziehungsereignisse. Die Methode kann u. a. dazu verwendet werden, Stereotypien im beobachtbaren dyadischen Interaktionsprozeß zu identifizieren und relativ invariante interpersonelle und intrapsychische Verhaltensmuster von Personen darzustellen. Beobachtet wird beim SASB die Ausprägung der Dimensionen Liebe-Haß (Affiliationsachse) und Kontrolle-Unterwerfung (Interdependenzachse), d. h. SASB wurde in der Tradition des interpersonellen Kreismodells (Leary 1957) entwickelt.

Luborskys (1991) Methode des zentralen Beziehungskonflikt-Themas (ZBKT) beurteilt in Beziehungsepisoden von Patienten die Art der beim Erzähler ausgedrückten Wünsche, die Reaktion anderer hierauf und die erneute Reaktion des Subjekts. Diese Grundstruktur findet sich häufig in Erzählungen («Narrativen») von Patienten wieder. Sie bringt allerdings auch Schwierigkeiten mit sich, da insbesondere im Bereich der Wünsche sehr häufig nicht auf beobachtbares Verhalten zurückgegriffen werden kann und andererseits erschlossene Wünsche häufig trivial erscheinen und nicht den komplexen intrapsychischen Konflikten (vgl. Achse «Konflikt») gerecht werden.

Für die SASB- und die ZBKT-Methode liegen inzwischen eine ganze Reihe von Untersuchungen vor, die deren Reliabilität und Validität zeigen (vgl. Schauenburg u. Cierpka 1994).

Die Methode des zyklischen maladaptiven Musters (CMP) von Strupp und

Binder (1990) wurde für unser eigenes Vorgehen ebenfalls leitend. Die Autoren legen auch das Modell der neurotischen Wiederholung von Kindheitskonflikten bei Vorliegen eines Kernkonfliktes zu Grunde (vgl. Abschnitte 1.2 und 1.3). Entsprechend einem interpersonellen Verständnis von Übertragung (z. B. Gill 1979) wird eine Psychotherapie intendiert, die auch bei zeitlicher Begrenzung Übertragung und Gegenübertragung berücksichtigt. Bezüge zu früheren Lebenszusammenhängen treten zunächst hinter der Beobachtung des aktuellen Beziehungsverhaltens zurück. Das zyklische maladaptive Muster enthält deshalb eine starke Handlungsorientierung und überwiegend aktionsbezogene Formulierungen. Beschrieben wird, was jemand tut, aber auch denkt und fühlt sowie was er zu vermitteln wünscht, was er als Reaktion erwartet oder auch hervorruft, und wie ihn dies in Bezug auf sich selbst beeinflußt. Ein zyklisch maladaptives Muster ist also durch eine sich wiederholende Sequenz von Verhalten und Reaktion definiert. Mit unserer eigenen Einteilung in *habituelles Verhalten auf Patientenseite und hervorgerufener Reaktion beim Gegenüber* wurden Aspekte von mehreren der beschriebenen Ansätze aufgegriffen. Aus der ZBKT-Tradition und dem CMP wurden die Kategorien «Reaktion des Subjekts» und «Reaktion des Objekts» bzw. die Verschränkung von aufeinander bezogenen Handlungssequenzen entlehnt. Die interpersonellen Kreismodelle (z. B. im SASB) waren heuristische Grundlage der zur Verfügung stehenden Items für das habituelle Beziehungsverhalten.

2.2.6 Die interpersonellen Positionen im habituellen Beziehungsverhalten des Patienten (Kodierung in der OPD)

Im folgenden soll die OPD-Beziehungsdiagnostik genauer beschrieben werden, die die Identifizierung von Elementen der Beziehungsaufnahme erlaubt und Aussagen über deren Verknüpfung ermöglicht.

Ein konflikthaftes interpersonelles Beziehungsmuster kann als spezifische Konstellation des habituellen Verhaltens des Patienten und der typischen Reaktionsweisen anderer hierauf zusammengefaßt werden. Die Struktur des Beziehungsmusters umfaßt zwei interpersonelle Positionen:

1. Das habituelle Beziehungsverhalten des Patienten: *«Der Patient erlebt sich (im Beziehungsverhalten) immer wieder so, daß er ....»*
   Hier liegt der Fokus auf dem erlebten Beziehungsverhalten des Patienten. Beschrieben wird dasjenige interpersonelle Verhalten, das bei einem Patienten nach außen hin als dominant und mehr oder weniger durchgängig wirksam erscheint.

2. Typische Reaktionen anderer auf das Beziehungsverhalten des Patienten: *«Der Patient erlebt andere immer wieder so, daß sie ....»*.
   Hier geht es um vom Patienten beschriebenes, aber auch vom Therapeuten beobachtetes Beziehungsverhalten, in dem sich die Interaktionspartner des Patienten wiederfinden oder in das sie von ihm «gedrängt» werden.

Zu beachten ist, daß die Reaktionen des Gegenüber auf das Beziehungsverhalten des Patienten oft als Externalisierung der intrapsychisch determinierten Wünsche des Patienten gesehen werden können. Sie können aber auch als Ausdruck einer psychosozialen Abwehr fungieren. Dann bringt ein Patient andere dazu, ihn in seinen innerpsychisch als gefährlich erlebten Impulsen zu bremsen. Auf diese Art und Weise wirken die induzierten Reaktionen gleichzeitig strukturierend auf die innere Welt des Patienten.

Da der Untersucher die vom Patienten wahrgenommenen und geschilderten Ereignissen beurteilen muß, kann vor allem seine eventuell divergente Wahrnehmung die Sicht des Patienten im Sinne einer Außenperspektive relativieren. Als eine weitere Ebene haben wir deshalb die Möglichkeit eingeschlossen, daß der Untersucher seine Sicht vom Beziehungsverhalten des Patienten und den induzierten Reaktionen beim Gegenüber angeben kann. Dieses Vorgehen enthält die Elemente der psychoanalytischen Gegenübertragungsdiagnostik (vgl. Thomä u. Kächele 1985; Mertens 1993).

2.2.7 Kategorien interpersonellen Verhaltens

Die Kategorisierung der beiden beschriebenen Strukturelemente erfolgt durch ein paralleles System von vorgegebenen Items. Die Items knüpfen überwiegend an zirkumplexe Modelle interpersonellen Verhaltens an, die in der klinischen Psychologie eine lange Tradition haben (zusammenfassend Wiggins 1982). Diese Modelle implizieren, daß in sozialen Beziehungen Interaktionspartner ihr Beziehungsverhalten jeweils auf die Definition des Status und die gewünschte Nähe ausrichten. Gemeinsam ist diesen Modellen eine Anordnung interpersonellen Verhaltens auf einer Kreisfläche (s. Abb. 1). Diese ist durch zwei orthogonale und bipolare Dimensionen bestimmbar: *Kontrolle* (dominant/kontrollierend versus submissiv/unterwürfig) und *Affiliation* (liebevoll/zugewandt versus feindselig/distanziert). Qualitäten interpersonellen Verhaltens sind als Mischungsverhältnis dieser beiden Grunddimensionen und damit als Orte auf der durch sie gebildeten Kreisfläche bestimmbar. Diese zirkumplexen Modelle – und die aus ihnen abgeleiteten Meßinstrumente – sind innerhalb der Persönlichkeitspsychologie, der Sozialpsychologie und der klinischen Psychologie gut untersucht und validiert (Wiggins 1991).

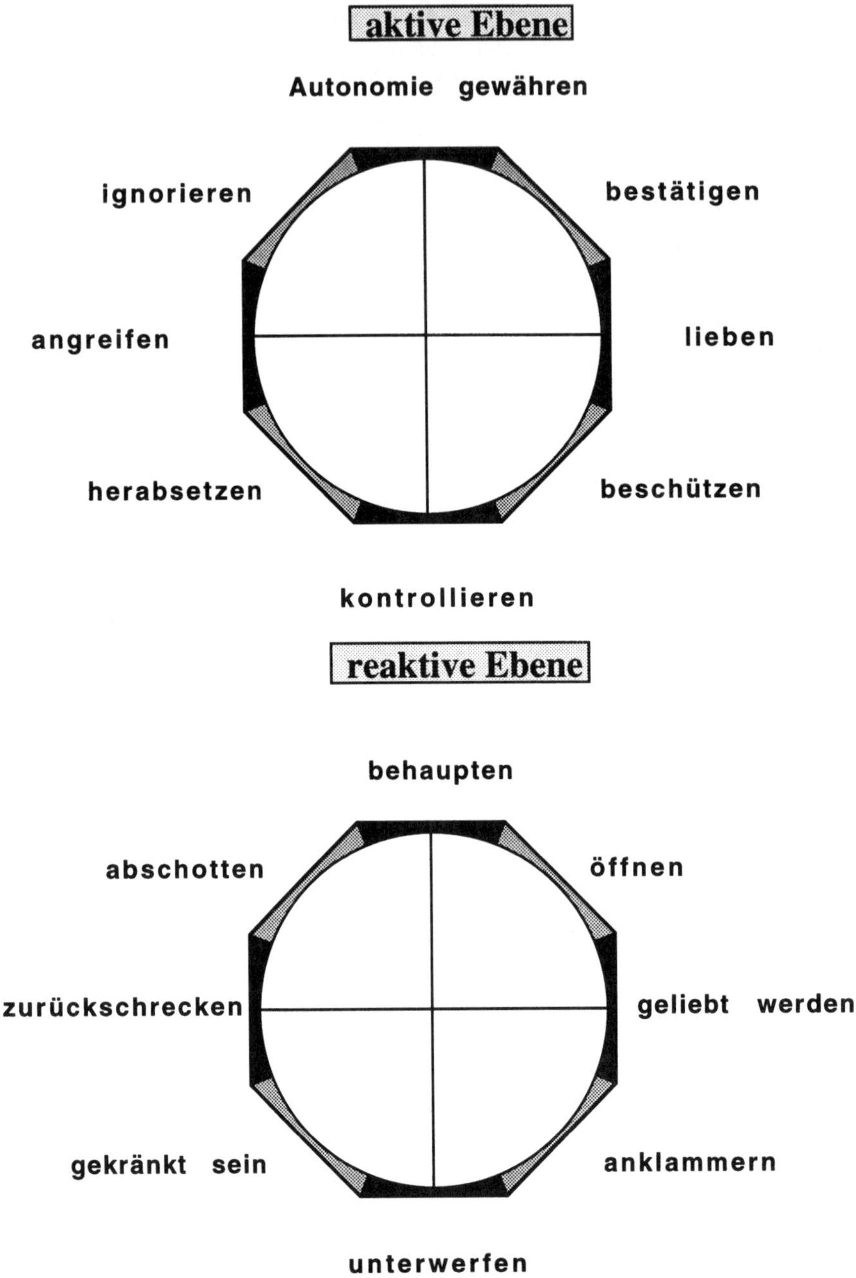

Abbildung 1: Die aktive und reaktive Ebene des interpersonellen Kreismodells (nach Benjamin 1974)

Abbildung 1 zeigt die *aktive* und die *reaktive Ebene* des Beziehungsverhaltens in zwei Kreisen. Grundlage ist das traditionelle *interpersonelle Kreismodell* (Benjamin 1974; Kiesler 1983). In jeder Kreisfläche stellt die waagerechte Achse die Dimension der Affiliation dar. Hier geht es um die Thematik der freundlichen Zuwendung auf dem rechten Pol versus der feindseligen Abwendung auf dem linken Pol. Die senkrechte Achse stellt die Dimension der Interdependenz oder Kontrolle dar: hier geht es um Autonomie und Kontrolle auf dem oberen versus Abhängigkeit und Unterwerfung auf dem unteren Pol.

Die genaue Betrachtung der Items zeigt die innere Ordnung der Kreismodelle, in denen beispielsweise einander gegenüberliegende Verhaltensweisen auch faktisch gegensätzliches Verhalten zeigen. So ist auf der aktiven Ebene ein Verhalten von Entwertung und Beschämung das Gegenteil von Idealisierung und Bewunderung. Auf der reaktiven Ebene steht Trotz und Widerstand-Leisten dem Sich-Unterwerfen und Sich-Zurücknehmen entgegen. Die auf den 45° Winkeln liegenden Kategorien ergeben jeweils Mischungen aus den beiden Dimensionen Affiliation und Kontrolle. Das Ausmaß von Freundlichkeit/Feindseligkeit oder von Kontrolle/Unterwerfung ist an diesen Orten jeweils geringer als an den Extrempolen der beiden Achsen.

Natürlich gibt es auch komplexes Beziehungsverhalten, das sich dadurch charakterisieren läßt, daß unterschiedliche oder sogar einander widersprechende Beziehungsmodi gleichzeitig verwandt werden. Dies kann später (s. Manual) durch das Anführen von zwei oder mehreren unterschiedlichen bzw. sich widersprechenden Verhaltensweisen abgebildet werden.

2.2.8 Zusammenfassung

Die Einschätzung des Beziehungsverhaltens eines Patienten erfolgt im Anschluß an ein klinisch-diagnostisches Gespräch. In diesem sollte sich herauskristallisieren, welche Beziehungsgestaltung der Patient in seinen verschiedenen sozialen Bereichen immer wieder herstellt. Diese ergibt sich aus den Positionen, in denen sich der Patient in Beziehungen immer wieder erlebt und in die er andere bringt. Das Beziehungsverhalten und das resultierende Beziehungsmuster sollten so formuliert werden, daß vor allem vom Untersucher (oder von einem externen Forschungsassistenten) beobachtbares (bzw. erlebbares) und vom Patienten geschildertes Verhalten erfaßt wird. Schlußfolgerungen auf unbewußte Motive oder Absichten sollten vorsichtig erfolgen. Eine explizite Deutung unbewußter Strebungen ist im Rahmen der Beziehungsachse der operationalisierten psychodynamischen Diagnostik nicht vorgesehen.

2.3 Achse III – Konflikt

2.3.1 Einleitung

Konflikt (lateinisch: «Zusammenstoß») meint in seiner allgemeinen Bedeutung das Zusammentreffen unterschiedlicher Positionen innerhalb einer Person (innerer Widerstreit von Motiven, Wünschen, Werten und Vorstellungen) oder zwischen mehreren Personen (Brockhaus Enzyklopädie 1990). Konflikte sind universelle Phänomene. In der Psychologie wird der Konflikt übereinstimmend als das Aufeinandertreffen entgegengesetzter Verhaltenstendenzen (Motivation, Bedürfnisse, Wünsche) definiert. Die Entstehung von Konflikten wird in unterschiedlichen Theorien, wie z. B. der biologischen Verhaltenstheorie, der feldtheoretischen Konflikttheorie oder der Theorie der kognitiven Dissonanz different begründet. Für die Psychoanalyse ist das Konzept des Konfliktes entscheidend. Seit Freud wird im psychodynamischen Denken den inneren Konflikten eines Menschen ein zentraler Stellenwert zugewiesen. Zusammen mit Breuer beschreibt Freud in den Studien über die Hysterie (1895 d) Konflikte als den ursächlichen Faktor in der Entstehung von Neurosen, wobei Konflikte als «Unverträglichkeit im Vorstellungsleben», also als mit den Normen, Werten und Gedanken nicht zu vereinbarende Vorstellungen beschrieben wurden. Diese peinlichen Vorstellungen unterliegen der Verdrängung, werden abgewehrt und sind damit unbewußt. Freud begründet die Universalität der Konflikte mit dem Widerspruch zwischen Lustprinzip und der äußeren Realität. Im Falle eines gelungenen Umganges mit solchen Konflikten lernt das Ich zwischen den inneren und äußeren Ansprüchen zu vermitteln. Ist das Ich dazu nicht in der Lage, kommt es zu *unbewußten neurotischen Konflikten.* In Übereinstimmung mit der kognitiven Theorie handelt es sich also hierbei um «dysfunktionale Konflikte», d. h. Konflikte, die die Entwicklung eines Menschen behindern oder das zwischenmenschliche Zusammenleben stören.

Psychodynamische Konflikte sind somit innere, unbewußte Konflikte und müssen abgegrenzt werden von äußeren Belastungen oder konflikthaften Belastungen. Innerseelische, unbewußte Konflikte spielen bei der Entstehung psychischer und psychosomatischer Störungen eine entscheidende Rolle. Aber auch äußere und innere bewußte Konflikte können, sofern sie anhalten und intensiv genug sind, zu Störungen führen und in diesem Sinne konflikthaft wirken (Hoffmann und Hochapfel 1995; Schüßler 1995).

Unbewußte intrapsychische Konflikte sind unbewußte innerseelische Zusammenstöße entgegengerichteter Motivationsbündel, z. B. etwa der basale Wunsch nach Versorgung und der basale Wunsch, autark zu sein.

Oder eine andere Illustration des hier aufgedeckten Zusammenhangs: «Wenn ich mich ganz auf einen anderen Menschen einlasse, werde ich über kurz oder lang enttäuscht, die dann entstehende Trennungsangst oder den Trennungsschmerz kann ich nicht aushalten; aus diesem Grund habe ich Abwehrmöglichkeiten entwickelt, die Beziehung zu einem anderen Menschen niemals so intensiv werden zu lassen, daß ich von dieser Beziehung abhängig werden könnte» (Mertens 1992, S. 113).

Diese innere Spannung, die Gegensätzlichkeit der festgefahrenen Motivbündel, die sich in Schach halten und über lange Zeiten bestehen, führen zu einer *erhöhten Anspannung*. Das Konzept psychodynamischer Konflikte basiert auf der Grundannahme einer dynamischen, unbewußten seelischen Aktivität, also der Annahme, daß menschliches Verhalten fortlaufend durch unbewußte Gedanken, Wünsche und Vorstellungen beeinflußt wird. Ein *zeitlich überdauernder Konflikt* bedeutet darüber hinaus die Fixierung in einem rigiden und unauflösbaren Entweder-Oder, ohne daß es zu einer Lösung und Entscheidung kommt.

Äußere und innere konflikthafte Belastungen sind hingegen bewußt und grundsätzlich den Menschen einer Verarbeitung und Lösung zugänglich. Dührssen (1981) spricht in diesem Sinne von «normalen und antinomischen» Konflikten. Sie versteht hierunter innerseelische oder zwischenmenschliche Schwierigkeiten, die den Beteiligten bewußt sind (normaler Konflikt). Beispielsweise ist hierbei zu denken an den lustbetonten Wunsch, gut zu essen, und das gleichzeitige Motiv, aus ästhetischen oder gesundheitlichen Gründen schlank zu bleiben. Als antinomischen Konflikt umschreibt sie die durch äußere Gründe unaufhebbare Gegensätzlichkeit, z. B. den Wunsch einer Frau nach Ehe und Familie gegenüber dem Wunsch nach beruflicher Karriere, bei der nur durch Verzicht eine Lösung erreicht werden kann.

Der *zeitlich überdauernde, psychodynamische Konflikt* ist hingegen gekennzeichnet durch festgelegte Erlebnismuster eines Menschen, die in entsprechenden Situationen immer wieder zu ähnlichen Verhaltensmustern führen, ohne daß dies dem Menschen bewußt wäre.

Psychodynamische Konflikte wurden mit der Entwicklung des Instanzenmodells durch Freud im wesentlichen als intersystemische Konflikte, also Konflikte zwischen Ich und Es, Ich und Über-Ich, Ich und Realität angesehen. Später wurden noch intrasystemische Konflikte, also Konflikte, z. B. zwischen unterschiedlichen Komponenten des Über-Ichs, hinzugefügt. Die psychoanalytische Konfliktklassifikation ordnete die Entstehung der Konflikte auch entwicklungspsychologischen Grundannahmen zu, unterscheidet also z. B. ödipale oder präödipale Konflikte.

Die traditionelle psychoanalytische Theorie versuchte einige wenige Konflikte zu beschreiben, ihre Entstehung einer psychosexuellen Entwicklungsstufe zuzuordnen und damit zu einer spezifischen Beziehung von Triebkonflikten und Neurosentypen zu gelangen. Dieser Versuch muß heute als gescheitert angesehen werden, zumindest was die eindeutige Zuordnung von Konflikten zu einer Entwicklungsstufe anbelangt. Wir können nicht davon ausgehen, daß Abhängigkeitskonflikte nur in der sogenannten «oralen» Entwicklungsphase entstehen, bzw. in der «analen» Entwicklungsphase nur Aggressions- bzw. Autonomiekonflikte. Auch «ödipale» Konflikte sind nicht auf die phallisch-ödipale Phase begrenzt, sondern beginnen bereits mit der Symbolisierungs- und Rollenfähigkeit des Kindes (Hoffmann und Hochapfel 1995; Schüßler und Bertl-Schüßler 1992; Dornes 1993).

Das Vorhandensein innerer unbewußter zeitüberdauernder Konflikte ist an bestimmte Ich-strukturelle Voraussetzungen geknüpft, ohne die ein solcher Konflikt- und Verarbeitungsprozeß nicht möglich ist. Bestehen deutliche Ich-strukturelle Störungen, kommt es nicht zur Ausprägung derartiger klassischer Konflikte mit definierbaren Schwellen und Auslösern («auslösende Situationen»). Es reichen in der Regel bereits objektiv geringere konflikthafte Belastungen, um zu Störungsbildern zu führen. Konflikt und Struktur stellen also für die Pathogenese eine Ergänzungsreihe dar und bedingen sich gegenseitig. Dies gilt auch für die lebensgeschichtliche Entstehung von zeitüberdauernden Konflikten auf der einen und strukturellen Störungen auf der anderen Seite. Biographische Konflikte erwachsen auf dem Hintergrund einer konflikthaften Beziehungserfahrung, also immer wiederkehrender Beziehungsmodi, die bis hin zu Traumatisierungen gehen können. Die Folgen extremer Traumata in der Entwicklung werden sich aber mit Wahrscheinlichkeit überwiegend als strukturelle Defizite nachweisen lassen, also als Entwicklungsbehinderungen und -verzögerungen.

Die Herausarbeitung spezieller, für die Pathogenese relevanter Konflikte bedeutet nicht, daß die Wichtigkeit von traumatischen Erlebnissen in Vergangenheit und Gegenwart relativiert wurde. *Konflikt* und *Struktur* stellen nach unserem Verständnis Pole einer klinischen Ergänzungsreihe dar (Mentzos 1984). In einer zweiten Betrachtungsweise verhalten sich Konflikt und Struktur wie Figur und Hintergrund. Im klinischen Alltag treffen wir zahlreiche Wechselwirkungen von traumatischen und konflikthaften Bedingungen an. Ein Trauma kann unter Umständen dadurch nachhaltig wirken, daß es die integrative Lösung der aufeinanderfolgenden Entwicklungsaufgaben beeinträchtigt. Dadurch wird die Balance, bzw. das Überwinden und die Integration, der «normalen» Konflikte blockiert oder verunmöglicht; ungeeignete und einseitige «Entweder-Oder»-Lösungen werden begünstigt. So beeinträchtigen traumatische Trennungen in der Entwicklung die Bewältigung des Autonomie-Abhängigkeitskonfliktes mit der Folge, daß häufig entweder ein jeweils extrem aktiver oder passiver Modus eingenommen wird.

Ein verinnerlichter, unbewußter, zeitüberdauernder Konflikt manifestiert sich im Erleben, in den Verhaltensweisen und in den Symptomen. In der *Untersuchungssituation* verdeutlicht er sich in Übertragung und Gegenübertragung. Das menschliche Leben wird bestimmt durch unterschiedliche Motive. Lichtenberg (1989) beschreibt auf dem Hintergrund der neurobiologischen Forschung und Kleinkindforschung fünf elementare voneinander abgegrenzte Motivationssysteme, die auf Verhaltensweisen basieren, welche von Geburt an eindeutig beobachtet werden können:

1. die Notwendigkeit, physiologische Bedürfnisse zu befriedigen,
2. das Bedürfnis nach Bindung,
3. das Bedürfnis nach Selbstbehauptung und Exploration,
4. das Bedürfnis nach Widerspruch oder Rückzug,
5. das Bedürfnis nach sinnlichem Vergnügen oder sexueller Erregung.

Jedes funktionale Motivationssystem ist biologisch begründet. Affekte sind von zentraler Bedeutung, da sie neben der Sprache und im Verein mit ihr das entscheidende Mittel in der Kommunikation zwischen Menschen sind. Jedes funktionale Motivationssystem geht von angeborenen und erlernten Interaktionsmustern aus. Später wird jedes System aufgrund der intersubjektiven, interaktionellen Erfahrung gestaltet. Eine günstige Entwicklung führt zur Stabilität. Bestehen erhebliche Dissonanzen zwischen den Motivationsbedürfnissen, den Wünschen und den Befriedigungen, bilden sich konflikthafte Muster und Strukturen heraus.

König (1988) versucht in seinem Motivationsmodell Konzepte der psychoanalytischen Triebtheorie, der Ich-Psychologie und der Objektbeziehungstheorie miteinander zu vereinigen. Sein Modell unterscheidet zwischen dem Wunsch nach Vertrautem und dem Wunsch nach Neuem als «basalem Beziehungswunsch» einerseits und den Wünschen nach Verschmelzung, Anerkennung, Versorgtsein, Kontrolle und nach Anerkennung der eigenen Geschlechtseigenschaften als «zentralen Beziehungswünschen» andererseits.

Die diagnostische Identifizierung psychodynamischer Konflikte benötigt sowohl induktives als auch deduktives Vorgehen. Induktiv meint, ausgehend von beobachtbaren Phänomenen, eine Anzahl von sich wiederholenden Erlebens- und Verhaltenseigenschaften, die durch den Lauf der Erkrankung des

Patienten und seine persönliche Geschichte zurückverfolgt werden können. In der Lebensgeschichte des Patienten bildet sich sein Bemühen ab, diese Konflikte adaptativ (gelungene Lebensanpassung, Arbeitsproduktivität, persönliche Beziehungen) zu lösen (deduktive Betrachtung). Maladaptiv wären Lösungen, die dysfunktional sind, zu sozialen Problemen (z. B. in der Partnerschaft) führen und klinisch mit der Entstehung von Symptomen und Charakterpathologie verbunden sind.

2.3.2 Vorliegende Ansätze zur Konfliktdiagnostik

Das Fehlen von klaren Definitionen und systematischen Anleitungen zur Erstellung von Konfliktdiagnosen und psychodynamischen Formulierungen («Psychodynamik») ist für die klinische und wissenschaftliche Weiterentwicklung ein großer Nachteil und wird allgemein beklagt (Freedman and Lister 1987). Weisman beschrieb bereits 1959 drei grundlegende Eigenschaften, die eine psychodynamische Konfliktformulierung erfüllen sollte: die psychodynamische Formulierung muß ausgehen von deskriptiven (phänomenologischen) und psychodynamischen Beobachtungen; die Sprache der psychodynamischen Formulierungen muß präzise sein und allgemeine Verstehbarkeit und Standardisierung erlauben; die psychodynamische Konfliktformulierung muß sich drittens aus einem klinischen Interview erschließen lassen.

Der ausführlichste und einflußreichste Versuch, psychodynamische Konflikte und ihre Formulierung systematisch und umfassend zu konzeptualisieren, geht auf Anna Freud zurück. Mit ihren Kollegen der Hampstead Klinik (Eissler et al. 1977) entwickelte sie ein «Diagnostic-Profile», das die Triebwunschbreite, die Ich-Gestaltung und Über-Ich-Positionen mit den dazugehörigen Fixierungs- und Regressionspunkten der Konflikte umfaßte. Nahe verwandt ist diese Erfassung mit den «Entwicklungslinien» von Anna Freud: Störungen in der Entwicklungsabfolge machen sich deutlich durch Funktionsauffälligkeiten in Bereichen wie Sexualität, Arbeit oder Beziehungsgestaltung. Die Anwendung dieses Instrumentes blieb jedoch beschränkt; zum einen aufgrund seines erheblichen Umfanges, und zum anderen wegen seiner ausschließlichen Bezugnahme auf die klassische psychoanalytische Theorie.

Um die Aufarbeitung zentraler Konflikte – ausgehend vom klinischen Material – haben sich in der Folgezeit insbesondere Malan (1979) sowie Strupp und Binder (1991) im Rahmen ihrer Kurzzeittherapien bemüht. Beiden Ansätzen ist gemeinsam die Annahme, daß die gegenwärtigen Probleme des Patienten eine Wiederholung des zentralen Konfliktes zwischen gewissen Wünschen und Ängsten sind. Die Bedeutung struktureller Faktoren wird dabei häufig übersehen. Die Formulierungen stützen sich auf drei Elemente: den Wunsch

(Impuls), die dazugehörige Angst und Abwehr, die sich in der Lebensgeschichte, den gegenwärtigen Problemen und der Übertragung verdeutlichen.

Als erster versuchte Perry (1987), psychodynamische Konflikte in seinen «Psychodynamic Conflict Rating Scales» zu objektivieren. Psychodynamische Konflikte umfassen in seiner Definition die wichtigsten Wünsche und die dagegenstehenden Ängste des Menschen, also die Art und Weise, wie ein Mensch versucht, diese Konflikte zu vermeiden, und gegenüber welchen Belastungen er vulnerabel ist. Perry beschrieb 14 Konflikte, z. B. den Wunsch, andere zu beherrschen, den Objekthunger, die Angst vor Verschmelzung, den Konflikt um sexuelles Vergnügen versus Schuld oder den Konflikt um Pseudounabhängigkeit.

Für jeden dieser Konflikte liegt eine kurze Beschreibung vor; beispielgebend sei hier der Konflikt Pseudounabhängigkeit versus «Counterdependent» angeführt:

> «Individuals with this conflict feel the need to maintain autonomy by disavowing their own dependency needs. Their vulnerabilities lie chiefly in fears of loss of control and autonomy at times when dependency or affection feelings and wishes arise toward others.»

Die Reliabilität dieses Instrumentes ist bisher nicht hinreichend überprüft. In einer klinischen Anwendungsstudie trennten die definierten Konflikte verschiedene diagnostische Gruppen jedoch recht gut (Perry et al. 1987, 1989). Bei Perry geht in diese Konfliktformulierungen jedoch nicht nur der Konflikt mit seinen bewußten und unbewußten Manifestationen, sondern auch die strukturelle Anpassung ein. Eine klare diagnostische Trennung ist somit schwer möglich.

Die dargestellten Anforderungen von Weisman bezüglich der idealen Eigenschaften, die ein psychodynamisches Erfassungsinstrument besitzen sollte, werden bisher am besten vom *Karolinska Psychodynamic Profile* (KAPP [Weinryb u. Rössl 1991]) erfüllt. Von diesem Verfahren werden die Qualität der interpersonellen Beziehungen, spezifische Aspekte der Persönlichkeit, der Affektdifferenzierung, der Körperwahrnehmung, der Sexualität und der sozialen Bedeutung erfaßt. Als Konflikte werden beschrieben:

1. Intimacy and reciprocity
2. Dependency and separation
3. Controlling personality traits
4. Alexithymic traits
5. Conceptions of bodily appearance and their significance for self esteem
6. Sexual satisfaction

7. Sense of belonging

8. Feeling of being needed.

Diese psychodynamischen Grundkonflikte werden phänomenologisch definiert. Als Beispiel sei die Kategorie «Dependency and Separation» mit ihren drei Lösungsentwürfen aufgeführt:

> «The ability to establish mature dependency relationships and the ability to grieve and work through the loss of important persons, ideals, parts and functions of the body as well as material possessions.
>
> 1. Can establish mature dependency relationships and can grieve and work through loss, so that an adaptive adjustment is gradually achieved. (Can become attached and emotionally dependent upon people, things and ideals, and allow these to become significant. Important losses, such as death or some other separation, after a period of grief and working through results in readjustment and increasing maturity.)
> 2. Can establish dependency relationships, but often with a considerable fear of separation. This can lead to pathological grieving or depressive preoccupation with some real or imagined loss, so that the subject never becomes reconciled to it even after many years. (Strong separation anxiety expressed in the form of stereotype emotional reactions in conjunction with different types of loss. Dependency with considerable dread of being abandoned. This can be managed by anxiously adapting in order to avoid loss, or by actively abandoning in order to preclude being abandoned. Instead of working through grief and dejection, attempts to escape by plunging into new activities. States of decompensation as a consequence or unreconciled loss. Grief that is expressed primarily through physical symptoms, possibly with demands for physical examination and care.)
> 3. Can only establish infantile dependency relationships. The significance of such relationships may be denied. This can lead to a denial of loss in such a way that the sense of reality is threatened or lost. (Dependency that renders the object, person, ideal or thing of almost all-embracing emotional significance for one's own existence. Denial of all dependency upon people, ideals or things. Loss may lead to psychotic reactions or massive denial of a psychotic nature. Such reactions are not merely the immediate expression of an acute crisis, but are persistent over an extended period of time.)»

Die Interraterreliabilität für das KAPP wurde bisher leider nur an wenig Untersuchern (fünf Rater) überprüft, die dabei erreichten Reliabilitäten lagen jedoch mit 0.72 bis 1.00 sehr hoch.

2.3.3 Das Vorgehen in der OPD

Auf dem Hintergrund dieser dargestellten theoretischen und empirischen Grundlagen wurde für die OPD die folgenden Definitionen *«zeitlich überdauernder Konflikte»* ausgearbeitet:

1.1 Abhängigkeit versus Autonomie
1.2 Unterwerfung versus Kontrolle
1.3 Versorgung versus Autarkie
1.4 Selbstwertkonflikte (narzißtische Konflikte, Selbst- versus Objektwert)
1.5 Über-Ich- und Schuldkonflikte (egoistische versus prosoziale Tendenzen)
1.6 Ödipal-sexuelle Konflikte
1.7 Identitätskonflikte (Identität versus Dissonanz)
2. Fehlende Konflikt- und Gefühlswahrnehmung.

Diese Auswahl ist auf der einen Seite *traditionell.* Das gilt besonders für den Autonomie-, den Dominanz-, den Schuld- und den ödipalen Konflikt. Sie ist aber auch *neu* in der Herausarbeitung sonst wenig gewürdigter, klinisch aber relevanter Konflikte, vor allem des von Versorgung versus Autarkie und der unseres Erachtens traditionell unterbewerteten «reinen» Identitätskonflikte.

Versorgung versus Autarkie geht üblicherweise im Konflikt von Abhängigkeit und Autonomie auf. Das entspricht sowohl der Freudschen wie der behaviouristischen Annahme, daß die emotionale Bindung Folge des Versorgungserlebens ist. Nach Bowlby (1969) ist Bindung (und in ihrer Folge das Abhängigkeitserleben) jedoch ein genuines Motivationssystem, evolutionäres Erbe aller Primaten und der meisten Säugetiere. Diese Theorie, die auch in der Psychoanalyse schon Vorläufer hatte, muß heute als gesichert angesehen werden. Auch klinisch – hat man sich erst einmal mit der Differenzierung vertraut gemacht – ist die Unterscheidung von Abhängigkeits- und Versorgungsbedürfnissen unvermeidbar. Genauso lassen sich die Bedürfnisse nach Autonomie und Autarkie unterscheiden. Auch die Selbstkonflikte werden unseres Erachtens weithin in ihrer pathogenen Bedeutung unterschätzt. Dazu trägt wohl bei, daß im Verständnis Kohuts (1971) es sich bei diesen eher um «intrasystemische Spannungen» und nicht um innerliche Konflikte handelt. Das gleiche Schicksal der Unterbewertung ihrer distinkten Rolle in der Pathogenese teilen die Identitätskonflikte, die gewöhnlich unreflektiert den Selbstwertkonflikten im Sinne eines «narzißtischen Sammeltopfs» zugeschlagen werden.

Auch die *Generalität* der von uns ausgewählten Konfliktkonstellationen ist unterschiedlich. Höchste Generalität hat wohl der Abhängigkeits-Autonomie-Konflikt, gefolgt von der Selbstwertthematik. Das hatte zu anfänglichen Überlegungen geführt, diese beiden Konflikttypen einer anderen Ebene (etwa einer übergeordneten) zuzuordnen. Wir beschlossen jedoch, diesen Schritt empirischen Prüfungen des OPD-Systems, die über seine Zukunft entscheiden werden, vorzubehalten.

Unsere Konfliktdefinitionen beziehen sich erklärtermaßen *nicht auf entwicklungspsychologische Annahmen* und es besteht, obwohl inter- wie auch intrasystemische Konflikte angesprochen werden, auch kein Bezug zum klassischen psychoanalytischen Dreiinstanzenmodell (Es, Ich und Über-Ich). Traditionelle psychoanalytische Termini werden aufgrund dieser Loslösung von entwicklungspsychologischen Annahmen und aufgrund schulenspezifischer Vieldeutigkeit im weiteren sooft wie möglich vermieden (z.B. Termini wie analer oder oraler Konflikt). Das hier vertretene Konfliktmodell benutzt als Grundeinheit die konflikthafte Interaktionserfahrung eines Menschen. Diese Erfahrungen können von der Phänomenologie (Oberfläche) erschlossen und bis hin zu ihrer unbewußten Bedeutung abgeleitet werden.

In Ergänzung zu diesen *«zeitlich überdauernden Konflikten»* stehen auf dem Hintergrund von einschneidenden Lebensveränderungen und Belastungen entstehende *«konflikthafte äußere Lebensbelastungen»*. Angesprochen sind hier Belastungen, die aufgrund ihrer Schwere häufig einen Widerstreit von Gefühlen, Vorstellungen und Erleben auslösen, also «konflikthaft» erscheinen, ohne daß aber ein biographisch determinierter, überdauernder unbewußter Konflikt vorliegt. Angesprochen, aber bewußt vermieden, wird hier die psychoanalytische Kontroverse zur Frage «innerer» und «äußerer» Konflikte. Obwohl A. Freud (1965) dezidiert auch äußere Konflikte für gegeben hielt, hat sich in der klassischen Psychoanalyse der Akzent so weitgehend zu den inneren oder verinnerlichten verschoben, daß praktisch die Relevanz äußerer Konflikte verschwand. Begründet wurde dies in der Regel mit dem Hinweis, scheinbar äußere Konflikte könnten dynamisch nur wirksam werden, wenn sie eine innere (konflikthafte) Entsprechung («Repräsentanz») hätten – also letztlich doch innere oder verinnerlichte Konflikte seien. Um dieser frustranen Kontroverse zu entgehen, haben wir den Begriff der «konflikthaften äußeren Lebensbelastung» gewählt. Von der Sache her meinen wir, daß ein massiver oder chronischer Konflikt mit äußeren Instanzen das Individuum im Prinzip genauso schädigen kann wie einer zwischen psychischen Substrukturen. Wir gehen allerdings davon aus, daß dieser Konflikttyp gegenüber dem inneren oder verinnerlichten beim Erwachsenen rein quantitativ deutlich zurücksteht.

2.4 Achse IV – Struktur

2.4.1 Struktur und strukturelle Störung

2.4.1.1 Voraussetzungen und Ziele persönlichkeitsstruktureller Diagnostik

Psychische Struktur wird verstanden als eine für den Einzelnen typische Disposition des Erlebens und Verhaltens. Seine bereitliegenden strukturellen Muster manifestieren sich, für andere sichtbar, im interaktionellen Handeln. Das bedeutet für die Diagnostik, daß der Untersucher etwas von der Struktur seines Patienten in der unmittelbaren Situation der Begegnung erlebt und daß er aus den Schilderungen des Patienten über dessen Alltagsleben und seine Lebensgeschichte ein Bild von seiner Struktur gewinnt. Die vom Patienten in der diagnostischen Beziehung inszenierten Interaktionen und die von ihm berichteten Interaktionen seines Lebens stellen also das «Material» dar, das es unter strukturellen Gesichtspunkten zu untersuchen gilt. Die diagnostische Einschätzung der Struktur orientiert sich nicht notwendigerweise an der akuten krankheitswertigen Störung, sondern vor allem an der zugrundeliegenden strukturellen Bereitschaft, wie sie im *interaktionellen Handeln der letzten ein bis zwei Jahre* sichtbar wurde; akute Störungen einschließlich regressiver Zustände und Krisen bestimmen nicht die Strukturdiagnose, sie haben die Bedeutung von Indikatoren für strukturelle Bereitschaften.

Das Erkennen von psychischer Struktur ist notwendig an Kommunikation und Interaktion gebunden. Voraussetzung für die Einschätzung struktureller Aspekte ist ein *diagnostisches Interview*, welches eine Beziehungsdiagnostik ermöglicht. Das beinhaltet eine Gesprächstechnik, welche nicht in erster Linie einzelne Punkte (z. B. Symptome) abfragt, sondern eine Selbstdarstellung des Patienten in der Beziehung zum Untersucher erlaubt. Um die Phänomene der Interaktion reflektieren und interpretieren zu können, benötigen die Untersucher die Fähigkeit, zwischen Beobachtung und Introspektion zu wechseln; sie benötigen Grundkenntnisse über die Theorie der Persönlichkeit, diagnostische Erfahrungen durch supervidierte Interviews sowie Selbsterfahrung.

Die strukturelle Diagnostik kann in einer Sitzung oder in einer Sequenz von mehreren Gesprächen erfolgen. Ihr *vorrangiges Ziel* ist es, praktische Orientierungshilfen für die Wahl geeigneter Therapieverfahren zu geben, dies im Hinblick auf die strukturelle Möglichkeiten/Einschränkungen der Patienten (die nicht überfordert werden sollten) und im Hinblick auf die therapeutische Zielsetzung (Strukturbildung als Aufgabe der Therapie).

2.4.1.2 Der Strukturbegriff

Als Struktur wird deskriptiv die geordnete Zusammenfügung von Teilen zu einem Ganzen verstanden; zur Erklärung von Strukturen lassen sich Regeln ihres Funktionierens und ihrer Entstehungsgeschichte heranziehen.

In diesem Sinne wird der Strukturbegriff in vielen unterschiedlichen Disziplinen verwendet, z. B. in Begriffen wie «die erdgeschichtliche Struktur des Rheingrabens, die molekulare Struktur eines Kristalls; die Altersstruktur der Bevölkerung; die Herrschaftsstruktur einer Gesellschaft; die Struktur von Texten, Zeichensystemen, Sprachen, Kommunikation».

Um Strukturen als sinnvoll und zweckmäßig zu verstehen, erfolgt in der Regel ein Rekurs auf ihre Entwicklungsgeschichte, d. h. auf die Entstehung ihres Aufbaus und Funktionierens unter historisch zurückliegenden Bedingungen. Da über Funktion, Aufbau und Geschichte von Strukturen stets Hypothesen gebildet werden, haben Strukturen, die nicht dem Augenschein oder der direkten Untersuchung zugänglich sind, den Charakter von Modellen und erklärenden Konstrukten. Diese können nur im Rahmen von theoretischen Annahmen formuliert werden. Daher sind solche Strukturmodelle stets auf bestimmte Theorien bezogen und in deren Begriffssprache abgefaßt. Der Umgang mit Strukturbegriffen erfordert daher auch die ständige kritische Überprüfung der sie begründenden theoretischen Annahmen.

Strukturen lassen sich meist als Zusammensetzung von Substrukturen und diese ihrerseits als Teil von übergeordneten Gefügen in einem Netzwerk von Einflußgrößen verstehen. Sie stellen ein Ensemble von Informationen dar, das seinerseits Erfahrungen und ihre Verarbeitung organisiert. Hier liegt die Nähe zum Systembegriff, der seinerseits die dynamischen Prozesse des homöostatischen Ausgleichs im Sinne von Regelkreisen und das Wirksamwerden nichtlinearer Prozesse betont.

2.4.1.3 Der psychologische Strukturbegriff

Struktur im psychologischen Sinne bezeichnet das ganzheitliche Gefüge von psychischen Dispositionen. Sie umfassen alles, was im Erleben und Verhalten des Einzelnen regelhaft, repetitiv abläuft (bewußt oder bewußtseinsfern). Struktur begründet den zeitüberdauernden, persönlichen Stil (Shapiro 1965), in dem der Einzelne immer wieder seine intrapsychischen und interpersonellen Gleichgewichte herstellt. Die unbeeinträchtigte Struktur auf hohem Integrationsniveau besitzt die flexible und kreative Verfügbarkeit über Funktionen, die intrapsychisch und interpersonell regulierend bzw. adaptiv wirken.

Struktur ist nicht starr und unveränderlich, sondern zeigt lebenslang Entwicklungsprozesse. Gleichwohl ist die Veränderungsgeschwindigkeit dieser Prozesse so langsam, daß der Eindruck von Konstanz überwiegt; hier ist die Berührungsstelle zu Begriffen wie Identität, Charakter oder Persönlichkeit. Um einer allzu statischen Konzeption von Struktur entgegenzuwirken, sei auf die Argumente verwiesen, die es nahelegen, Struktur unter dynamischen Gesichtspunkten zu betrachten: Psychische Strukturen sind, aus einer Entwicklungsperspektive betrachtet, dynamisch, da sie sich lebensgeschichtlich bilden. Zwar gründen sie auf angeborenen Persönlichkeitsdispositionen, werden aber während der Kindheit erst geformt und unterliegen im Verlauf der Lebensentwicklung mehr oder weniger großen Veränderungen. Des weiteren sind psychische Strukturen Dispositionen und als solche nicht beobachtbar; sie realisieren sich nur in konkreten, aktuellen Situationen, von denen aus auf überdauernde Strukturmerkmale zurückgeschlossen wird (situationsdynamische Analyse von Strukturen). Solche Rückschlüsse sind niemals erschöpfend; die Beschreibung von Persönlichkeitsstrukturen ist immer vorläufig und unabgeschlossen (erkenntnislogische Einschränkung der Stabilitätsannahme). Zudem impliziert der Strukturbegriff eine zeitüberdauernde Stabilität, die ihm auf der psychologischen Ebene nur eingeschränkt zukommen dürfte: Auf der Hintergrundsannahme von potentiell lebenslang möglicher Entwicklung und Wachstum der Persönlichkeit beinhaltet der Strukturbegriff auch Aspekte von Entwicklungsdynamik mit einem zeitlichen, wenn auch langsamen Veränderungspotential (slow-change-Modell). Strukturen verändern sich durch die Integration neuer Informationen (Seidler 1995), stellen damit erneut Regelhaftigkeit her, bis sie sich durch Integration neuer Informationen erneut verändern.

2.4.1.4 Der psychoanalytische Strukturbegriff

Wie auch in anderen Wissenschaften läßt sich in der psychoanalytischen Literatur kein einheitlicher Strukturbegriff finden. Es lassen sich jedoch mehrere Schwerpunkte unterscheiden:

Das topographische Strukturmodell: Freud spricht, z. B. in «Das Ich und das Es» (1923 b), oder in den «Neuen Vorlesungen» von den «Strukturverhältnissen der seelischen Persönlichkeit» (1933 a [1932]), wenn er das Zusammenspiel von Ich, Es und Überich beschreibt. Anliegen dieses Strukturmodells ist es nicht, einzelne Inhalte zu beschreiben, sondern das Zusammenspiel verschiedener Inhalte, das Regelwerk des psychischen Funktionierens in der Topographie des «psychischen Apparats», z. B. um die Systeme Bewußt/Unbewußt zu unterscheiden.

Die Charakterstruktur: Hier handelt es sich um Begriffe, die in einer reduzierten Form Typologien von charakterlichen Haltungen beschreiben. Dabei sind die Typologien theoretisch fundiert, also aus der Metapsychologie und Entwicklungspsychologie abgeleitet (orale Persönlichkeit, analer Charakter usw. (vgl. Abraham 1925)). Als diagnostische Kategorie bildet der Begriff der Charakterneurose einen Gegentypus zu dem der Konfliktneurose. Es bestehen Übergänge zu dem, was in den zeitgenössischen Diagnosensystemen als Persönlichkeitsstörung beschrieben ist.

Die Neurosenstruktur: Im neurosenpsychologischen Konzept von Schultz-Hencke (1951) wird von der hysterischen, zwanghaften, depressiven, schizoiden Neurosenstruktur gesprochen. Es handelt sich dabei um ein triebtheoretisches Konzept, welches die charakterlichen Folgeerscheinungen bestimmter Triebverdrängungen beschreibt. In der Regel wird klinisch ein Nebeneinander von mehreren Strukturanteilen (z. B. depressiv-hysterische Neurosenstruktur) diagnostiziert (vgl. auch Schwidder 1972 a, 1972 b).

Struktur des Ich, des Selbst, der Beziehungen: In der modernen Differenzierung psychoanalytischer Konzepte wurden Begriffe wie «das Ich», «das Selbst», «die Objektbeziehungen» zunehmend unter strukturellen Gesichtspunkten betrachtet; dabei geht es vor allem um die Entwicklungspsychologie dieser Strukturen, d. h. um Prozesse der zunehmenden Differenzierung und Integration des *Selbst in seinen Beziehungen zu den Objekten* (wir folgen hier der synoptischen Beschreibung von Rudolf 1993, S. 55–83). Die Vorstellungen sind in jüngerer Zeit in zunehmendem Maße durch die Fortschritte der Säuglings- und Kleinkindbeobachtungen beeinflußt worden (vgl. Lichtenberg 1991, Schüßler u. Bertl-Schüßler 1992 a,b; Stern 1985). Sie betonen die angeborene objektsuchende Aktivität des Säuglings und seine früh entwickelte Kompetenz, den betreuenden Erwachsenen in soziale Interaktionen einzubinden. In diesen lustvollen Interaktionsspielen sind auch die Vorgänge der körperlichen Versorgung und der Ernährung einbezogen, welche die klassische Theorie (im Sinne der Oralität bzw. der frühen libidinösen Beziehung) in den Vordergrund gestellt hatte. In diesen frühen Entwicklungsabschnitten beginnt sich das Ich zu organisieren, das sich interessiert, handlungsbereit und emotional auf das Nicht-Ich, d.h. die Welt der Objekte, ausrichtet (intentional-kommunikative Funktion des Ich (vgl. Rudolf 1977). Zugleich beginnt hier die Entwicklung der Struktur des Selbst, welche dann abgeschlossen ist, wenn das Ich sich selbst zum Objekt nehmen und sich damit reflexiv auf sich selbst beziehen kann. Die damit verknüpfte Eröffnung eines seelischen Binnenraums und die beginnende begrifflich-symbolische Repräsentation der Erfahrungswelt läßt sich etwa ab dem 18. Lebensmonat beobachten. In der ständigen Beziehung zur Objektwelt differenziert sich einerseits die steuernde, organisierende Funktion des Ich, ferner entstehen Bilder des Selbst und der wichtigen Objekte (die Selbstrepräsentanzen und die Objektrepräsentanzen). Die Objekte werden als vom Selbst getrennt erlebt, wiedererkannt, affektiv besetzt und verinnerlicht. Die von den wichtigen Objekten erfahrenen emotionalen Einstellungen und insbesondere die affektiv besetzten Interaktionen zwischen Kind und Bezugsperson färben nicht nur deren Bild und die Einstellungen zu ihr, sondern auch das Bild des Selbst, sowie den Selbstwert. Die Struktur des Selbst und die Struktur der Objektbeziehungen reifen also in intensiver Verflechtung. Das Selbst gewinnt zunehmend an Kohärenz, Abgegrenztheit und Fähigkeit der Selbstorganisation. Damit einhergehend festigt sich die Objektbindung an die Sicherheit gebenden Anderen. Die Sicherheit der Objektbindung begünstigt wiederum die Entwicklung der Selbstautonomie, welche in weiteren Schritten dazu führt, daß das erstarkte Selbst sich von den Objekten zu lösen und sich mit ihnen auseinanderzusetzen beginnt. Am Ende der Entwicklung steht ein autonomes Selbst, das ein Gefühl von Identität ausgebildet hat und das sein Selbstbild und seinen Selbstwert sowie seine Steuerungs- und Handlungsfähigkeit immer wieder regulieren kann.

Kurzdefinition zur Abgrenzung einiger wichtiger Begriffe:

- **Das Ich:** Der zentrale Organisator des Psychischen, welcher zugleich intentional auf die Objekte ausgerichtet ist.
- **Das Selbst:** Die reflexive psychische Struktur: Das Ich nimmt sich selbst zum Objekt der Wahrnehmung und wird dadurch zum Selbst (Selbstbild). Das Selbst bewertet sich und fühlt sich von anderen bewertet (Selbstwert). Das Selbst erlebt sich als konstant und kohärent (Identität). Das Selbst integriert alle psychischen Funktionen und Dispositionen zu einem Ganzen, es steuert sich selbst und organisiert die Beziehung zum Anderen.
- **Struktur:** Die Gestaltung und Funktionsweisen des Selbst in der Beziehung zum Anderen.

Struktur läßt sich in einer Reihe von strukturellen Dimensionen beschreiben. Dazu gehört die *Fähigkeit zur Selbstwahrnehmung (1)* bzw. *Selbststeuerung*

(2) und die *Fähigkeit zu einer flexiblen und «reifen» Abwehr (3)*. Das Selbst kann die Objekte als von sich abgegrenzt und in ihren speziellen Eigenschaften und Rechten akzeptieren; es kann zu den ihm wichtigen Objekten in Verbindung treten und sich aus der Beziehung zurückziehen, nachdem es verläßliche innere Repräsentanzen der Objekte aufbauen konnte. Das beinhaltet die *Fähigkeit zur Objektwahrnehmung (4)*, *zur Kommunikation (5)* und *zur Bindung (6)*. Diese grundlegende Strukturentwicklung vollzieht sich in den ersten fünf bis sechs Lebensjahren des Kindes. Die beim Erwachsenen sichtbare *strukturelle Störung* läßt sich als eine *defizitäre Entwicklung* bzw. eine regressive Entdifferenzierung verstehen (vgl. A. Freud 1978; Heigl-Evers, Heigl u. Ott 1993). Im Falle der defizitären Entwicklung waren die Bedingungen für das heranreifende Selbst so ungünstig, insbesondere die Passung zwischen den Bedürfnissen des Kindes und den Angeboten der wichtigen Bezugspersonen so gering, bzw. die Einwirkung von traumatischen Erfahrungen so massiv, daß einzelne oder mehrere der oben beschriebenen Strukturen sich nicht ausreichend entfalten konnten. Es entwickelte sich eine unreife, unvollständig entwickelte bzw. gestörte Selbststruktur, die weder autonom sein noch sich selbst ausreichend organisieren kann, noch genügend selbstreflexionsfähig ist. Eine verläßliche Bindung an haltgebende Objekte konnte nicht entwickelt werden, nicht einmal deren verläßliche Wahrnehmung ist gesichert.

Im Falle der *regressiven Entdifferenzierung* geht die Vorstellung dahin, daß die Struktur sich zwar entwickeln konnte, aber nicht stabil genug ausgebildet ist, so daß in Situationen innerer und äußerer Belastung habituell regressive Prozesse einsetzen, welche die Struktur auf ein unreiferes Funktionsniveau bzw. auf die dort verankerten Spannungs- und Desintegrationszustände zurückgleiten läßt. Gemeint ist also nicht eine akute krisenhafte Entwicklung von Krankheitswert, sondern die zeitüberdauernde Störbarkeit und Regressionsanfälligkeit der Struktur.

2.4.1.5 Vorschlag einer Operationalisierung von Struktur für die OPD

Die Einschätzung struktureller Gesichtspunkte ist für eine psychodynamische Diagnostik und Indikationsstellung zur Therapie unerläßlich. Es stehen reichhaltige psychoanalytisch fundierte Erfahrungen zur Verfügung, doch erschwert die verwirrende Vielfalt theoriegeleiteter Begriffe deren Verwendung. Die im folgenden vorgeschlagene Operationalisierung verfolgt einen integrativen psychodynamischen Ansatz, verzichtet jedoch soweit als möglich auf die Verwendung tradierter psychoanalytischer Begriffe, um stattdessen das Verhalten und Erleben von Patienten und Therapeuten in der diagnostischen Situation möglichst beobachtungsnah zu erfassen. Das Beschreibungssystem ist deshalb keineswegs theoriefrei. Es erfaßt psychische Struktur als *die Struktur des Selbst in Beziehung zum anderen*, wie sie in dem kurzen entwicklungspsychologischen Abriß des vorigen Kapitels beschrieben wurde; das bedeutet, daß hier in erster Linie objektbeziehungstheoretische, selbstpsychologische und ichpsychologische Ansätze zusammengeführt wurden. Das Konzept des Selbst ist ohnehin nur sinnhaft unter Berücksichtigung der Position des Gegenübers, d. h. das Selbst aktualisiert sich im Prozeß von Beziehungen, so wie es sich auch in der Entwicklungsgeschichte über den Anderen und über die Ablösung von ihm durch Verinnerlichungsschritte entwickelt hat (Seidler 1995). Dieses Konzept einer Struktur des Selbst betont, obwohl es die ichpsychologischen Aspekte integriert, nicht das intrapsychische, sondern das interpersonelle Geschehen.

Eine große Bedeutung für die diagnostische Erfassung struktureller Merkmale spielt die Berücksichtigung der *Gegenübertragung*; sie läßt im Erleben des Untersuchers etwas von dem anklingen, was der Patient durch seine Struktur in die Beziehung hineingibt.

Das Selbst in Beziehung zum Anderen soll anhand von sechs Dimensionen beschrieben werden, die als Konstrukte sechs *beobachtbare Funktionen* («Fähigkeit zu ...») der zugrundeliegenden Struktur kennzeichnen:

1. **Die Fähigkeit zur Selbstwahrnehmung**
   Die Fähigkeit, sich selbst zu reflektieren (Selbstreflexion) und dadurch ein Selbstbild zu gewinnen (was voraussetzt, sicher zwischen Selbst und Objekten differenzieren zu können); die Fähigkeit, das Selbstbild hinsichtlich seiner psychosexuellen und sozialen Aspekte kohärent und über die Zeit konstant zu halten *(Identität)*; die Fähigkeit, innerseelische Vorgänge, vor allem deren affektive Seite, differenzieren zu können (Introspektion).

2. **Die Fähigkeit zur Selbststeuerung**
   Die Fähigkeit, sich selbst zu organisieren, so daß das Selbst als Urheber kompetenten Handelns erlebt werden kann; die Fähigkeit, mit seinen Bedürfnissen und Affekten steuernd und integrierend umzugehen, Belastungen auszuhalten und Gleichgewichte wiederherzustellen. Von besonderer Bedeutung ist die Fähigkeit, das Selbstwertgefühl auf realitätsgerechtem Niveau zu errichten und seine Schwankungen regulieren zu können.

3. **Die Fähigkeit zur Abwehr**
   Die Fähigkeit, sich bestimmter Mittel («Abwehrmechanismen») zu bedienen, um das seelische Gleichgewicht in inneren und äußeren Belastungs- und Konfliktsituationen aufrechtzuerhalten oder wiederherzustellen.

4. **Die Fähigkeit zur Objektwahrnehmung**
   Die Fähigkeit, zwischen innerer und äußerer Realität zu unterscheiden und infolgedessen die äußeren Objekte als ganzheitliche Personen, mit eigenen

Absichten und Rechten und mit ihren Widersprüchen wahrzunehmen und sich ihnen empathisch nähern zu können.

5. **Die Fähigkeit zur Kommunikation**
   Die Fähigkeit, sich emotional auf andere auszurichten, sich ihnen anzunähern, sich ihnen mitzuteilen und die affektiven Signale der anderen zu verstehen.

6. **Die Fähigkeit zur Bindung**
   Die Fähigkeit, innere Repräsentanzen des Gegenübers zu errichten (Objektinternalisierung) und längerfristig affektiv zu besetzen (Objektkonstanz); die Fähigkeit, zwischen Bindung und Lösung wechseln zu können (Fähigkeit zu Abschied und Trauer); die Fähigkeit zum Schutz der Bindung Regeln für die Interaktionen mit wichtigen Anderen zu entwickeln.

Die genannten strukturellen Dimensionen sind logisch nicht voneinander unabhängig. Sie bilden den Gegenstand der Struktur (das Selbst in Beziehung zum Anderen) aus verschiedenen Perspektiven ab und erfassen die komplexen Funktionsmuster in verschiedenen Zusammenhängen.

2.4.1.6 Struktur und strukturelle Störung: Unterschiedliche Integrationsniveaus in der OPD

Die entwicklungspsychologische Sichtweise versteht die Struktur des Erwachsenen als Ergebnis eines Reifungsprozesses mit zunehmender Differenzierung und Integration, die vor allem auch durch die zunehmende «Psychisierung» gekennzeichnet ist. Dabei handelt es sich um den Aufbau der intrapsychischen Repräsentanz der äußeren Objektwelt (Objektrepräsentanz) sowie der Erfahrungen und Einstellungen des Selbst im Umgang mit der Objektwelt (Selbstrepräsentanz, Interaktionsrepräsentanz). Ungestörtheit der Struktur bedeutet, daß der einzelne über diesen psychischen Binnenraum verfügen und ihn mittels intrapsychischer Prozesse so regulieren kann, daß auch interpersonelle Beziehungen in befriedigender Weise hergestellt und aufrechterhalten werden können. Struktur ist in hohem Maße *individuell ausgestaltet*, nicht nur bezüglich der Einschränkungen und Schwächen, sondern *auch bezüglich der Ressourcen und Stärken*, die der einzelne entwickelt hat.

Strukturelle Störung kann bedeuten, daß im Sinne eines *Entwicklungsdefizits* bestimmte strukturelle Differenzierungen und Integrationsschritte nicht erfolgt sind. Das Selbst vermag weder autonom zu sein noch sich selbst ausreichend zu organisieren noch sich zu reflektieren; eine verläßliche Bindung an haltgebende Andere konnte nicht entwickelt werden.

Im Falle der *strukturellen Vulnerabilität* hat sich die Struktur zwar entwikkelt, aber sie ist nicht stabil genug ausgebildet, so daß in Situationen innerer und äußerer Belastung regressive Prozesse einsetzen, strukturell verankerte Funktionen verloren gehen und affektive Spannungszustände und Desintegrationszustände aktiviert werden.

Differentialdiagnostisch wichtig ist die Unterscheidung der habituellen Struktur bzw. ihrer Störung von solchen Auffälligkeiten, wie sie in *akuten Krisensituationen* auftreten können. Emotional belastende Realkonflikte (z. B. Beziehungskrisen, Auseinandersetzungen oder belastende Lebensereignisse) können in Verbindung mit Schlafmangel, übermäßigem Genuß von Alkohol, Nikotin, Medikamenten, Drogen usw. regressive Prozesse in Gang setzen, welche als strukturelle Auffälligkeit imponieren (z. B. Verlust der affektiven Selbststeuerung und Selbstwertregulation, Zweifel an der eigenen Identität, Kommunikationsabrisse, projektive Vermischungen von Selbst und Objekt usw.). Eine solche Situation ist diagnostisch als Sonderfall («Akute, krisenbedingte strukturelle Auffälligkeit») zu registrieren, doch unabhängig davon sollte die zeitlich überdauernde, für den Betreffenden «typische» Struktur während der zurückliegenden (etwa 1–2) Lebensjahre erfaßt werden.

Um Ausmaß und Qualität der strukturellen Gestörtheit oder Störbarkeit zu kennzeichnen, werden *vier Integrationsniveaus der Struktur* unterschieden (gut integriert, mäßig integriert, gering integriert, desintegriert). Für ein Kontinuum, das sich zwischen den Extrempolen der reifen Struktur (gutes Integrationsniveau) und der psychotischen Struktur (desintegriertes Niveau) bewegt, erscheint eine solche Vierstufigkeit als eine Grobeinteilung, die viele Zwischenstufen außer acht lassen muß. Dennoch erlaubt die vierfache Stufung auf den sechs Beurteilungsdimensionen anhand der im Manual aufgeführten Operationalisierungen eine hinreichende Erfassung der «Schwere» struktureller Störung und eine qualitative Akzentsetzung.

Der abschließende *Befund* soll beides dokumentieren: Die qualitative Deskription für die sechs Beurteilungsdimensionen und eine globale Einschätzung des Integrationsniveaus.

Die Logik der strukturellen Niveauunterschiede wird in der Literatur, wenngleich auf unterschiedlichen theoretischen Grundlagen, vielfach verwendet. Kernbergs strukturelles Interview (1977, 1981) etwa unterscheidet zwischen neurotischem, Borderline- und psychotischem Strukturniveau und gibt eine deskriptive Operationalisierung der Ebenen, die sich vor allem über die Identität, die Abwehr und die Realitätsprüfung definieren. In anderem Zusammenhang unterscheidet Kernberg vier Strukturniveaus (higher level, intermediate level, lower level, psychotic), wobei als Kriterien der Einschätzung das Über-Ich, die Ich-Identität, die Realitätsprüfung, die Triebentwicklung, die Abwehr, Charakterzüge, Objektbeziehungen und Affekte verwendet werden (Kernberg 1970). Ein differenziertes System, auf einer ähnlichen psychoanalytischen Logik gründend, beschreiben Lohmer, Klug, Herrmann, Pouget und Rauch (1992). Auch ihr Ziel ist es, zwischen neurotischem Niveau, mittlerem Strukturniveau und Borderline-Störungen unterscheiden zu können. Dies erfolgt über die Beurteilung von Art und Pathologie der Objektbeziehungen, Ich-Struktur und Abwehrmechanismen, Über-Ich-Entwicklung, Qualität der Angst und Arzt-Patient-Beziehung. Ein Teil der dort beschriebenen Inhalte ist auch in dieses Manual eingegangen. Das Gleiche gilt für die Skala «Ich/Selbst/Objektbeziehungen», die in der Psychosomatischen Klinik Heidelberg routinemäßig zur Erfassung des strukturellen Niveaus und seiner Veränderungen im Verlauf stationärer Psychotherapie verwendet wird (Rudolf et al 1995). Auch Engel, Haas, von Rad, Senf und Becker (1979) verwendeten ein psychoanalytisches Ratinginstrument mit dieser Zielsetzung. Spezifisch auf das Niveau von Ich-Funktionen und Objektbeziehungen ausgerichtet sind eine Reihe von Schätzskalen, wie etwa jene von Bellak und Mitarbeitern, welche von Streeck (1979) ins Deutsche übertragen und adaptiert wurde. Diese Skalen fanden auch bei einer Studie mit verschiedenen Krankheitsbildern wie Morbus Crohn und Sucht Anwendung (Davies-Osterkamp 1992). Andere Möglichkeiten der Diagnostik von Persönlichkeitsstrukturen verwendeten Schüßler, Leibing und Rüger (1990). Weinryb und Rössel entwickelten in Schweden ein sehr differenziertes psychodynamisches Profil (KAPP) (Weinryb 1991).

Andere Skalen richten sich ganz auf das Niveau der Objektbeziehung, z. B. «The quality of object relations scale» von Piper und Mitarbeitern (1991). Manche Arbeiten konzentrieren sich auf Teilbereiche der Diagnostik: So z. B. wurde eine ausführliche Operationalisierung der Dimension «Abwehr» von Ehlers mittels Fremd- und Selbstbeurteilung (KBAM bzw. SBAK) dargestellt (Ehlers 1984, 1990).

Der von uns vorgelegte Entwurf einer Operationalisierung von Strukturniveaus berücksichtigt die Erfahrungen, die mit solchen Skalen und Systemen gemacht wurden. Die Probleme betreffen dabei vor allem Fragen der Objektivität und Reliabilität von theoretisch hochkomplexen Konstrukten, die sich nur schwer verhaltensnah operationalisieren lassen. Unser Bemühen war es daher:

- uns auf *eine theoretische Linie* zu konzentrieren (das Selbst und seine Beziehung zu den Objekten),
- uns auf *wenige strukturelle Beurteilungskriterien* zu beschränken (Selbstwahrnehmung, Selbststeuerung, Abwehr, Objektwahrnehmung, Kommunikation; Bindung)
- diese Kategorien in dem *Manual* möglichst klinisch, d. h. verhaltensnah, beobachtungsnah, erlebnisnah zu beschreiben und
- auf die Verwendung *tradierter psychoanalytischer Begriffe* soweit als möglich zu *verzichten* (weil jeder Begriff in seiner langen Entwicklungsge-

schichte viele unterschiedliche Bedeutungsnuancen erworben hat), oder die verwendeten psychoanalytischen Begriffe in einen erklärenden Kontext einzufügen.

2.5 Achse V – Psychische und Psychosomatische Störungen

2.5.1 Einleitung

Mit der Achse V sollen die syndromal-deskriptiven Diagnosen nach dem Kapitel V (F) der ICD-10 diagnostisch abgebildet werden. Dabei sind für die klinische Dokumentation und klinisch-wissenschaftlichen Fragestellungen die Forschungskriterien zu verwenden. Um eine Kompatibilität mit dem operationalisierten Konzept des DSM-Systems zu wahren, wurde ein Ansatz gewählt, der auf Achse Va die Erfassung der psychischen und psychosomatischen Störungen und auf Achse Vb die Erfassung der Persönlichkeitsstörungen (Kategorien F60 und F61) der ICD-10 vorsieht. Für die besonderen Erfordernisse in der Psychosomatischen Medizin und Psychotherapie wurden die Klassifikationskriterien für psychosomatische Störungen (Kategorie F54) erweitert und differenziert.

2.5.2 Theoretischer Hintergrund

2.5.2.1 Das Konzept der ICD-10

Das Kapitel V (F) der ICD-10 (WHO, 1993 a–c; Dilling et al. 1993, 1994) operationalisiert den Bereich psychischer Störungen nach deskriptiven Prinzipien auf der Grundlage von vergleichsweise einfach definierten psychopathologischen Phänomenen sowie von Zeit- und Verlaufskriterien. Bei diesen Merkmalen liegt das Schwergewicht ganz eindeutig auf den zu beobachtenden oder explorierbaren Befunden. Komplexere psychopathologische Phänomene oder Aspekte des Erlebens, die einen höheren Grad theoretischer oder interpretativer Abstraktion erfordern, bleiben weitgehend unberücksichtigt. Bestimmte Kombinationen dieser im einzelnen formulierten Kriterien konstituieren unter Befolgung von Verknüpfungsregeln (Algorithmen) einzelne Diagnosen. Zumindest bei den affektiven Störungen und den Angststörungen werden Unterteilungen nach dem Schweregrad als fester Bestandteil diagnostischer Verknüpfungsregeln verankert. Andererseits sind diagnostische Restkategorien (Fxx.8x und Fxx.9x), in denen Patienten diagnostisch abgebildet werden, die keine spezifische Störung aufweisen, in einem gestuften hierarchischen System ein fester Bestandteil dieses Klassifikationsansatzes.

Mit den Klassifikationssystemen des DSM-III und IV und der ICD-10 wurde nicht nur das Neurosenkonzept aufgegeben, sondern darüber hinaus ein stark an biologisch-psychiatrischen Prinzipien orientiertes Klassifikationsprinzip etabliert, das die Validität diagnostischer Kategorien zugunsten der Reliabilität vernachlässigt (vgl. Schneider und Freyberger 1990; Schneider und Hoffmann 1992; Schneider et al. 1995). Nicht zuletzt aufgrund einer deutlich verbesserten Reliabilität (Freyberger et al. 1990 a,b; Schneider et al. 1992; Freyberger et al. 1995) führt ein derartiger Ansatz zu einer besseren Verständigung über Diagnosen und zu einer präziseren Erfassung der Symptomatologie (Stieglitz et al. 1992; Freyberger et al. 1992). Hieraus resultiert zumindest für die wissenschaftliche Anwendung eine bessere Vergleichbarkeit von Stichproben, die in den verschiedenen Bereichen der psychologischen Medizin untersucht werden.

Innerhalb der unterschiedlichen Anwendungsbereiche steht die ICD-10 in einer sog. «family of instruments» in verschiedenen, auch für den Bereich der Psychotherapie und Psychosomatik relevanten ICD-10-Manualen und Instrumenten zur Verfügung:

1. als sog. *klinisch-diagnostische Leitlinien* für den klinischen Gebrauch, die aufgrund relativ offen formulierter diagnostischer Kriterien («Leitlinien») dem Anwender einigen diagnostischen Spielraum lassen.

2. als sog. *Forschungskriterien* für die wissenschaftliche Anwendung, die, vergleichbar dem DSM-III-R (APA, 1987) bzw. dem DSM-IV (APA, 1994), über striktere diagnostische Kriterien zu einer stärkeren Homogenisierung von Stichproben beitragen sollen.

3. als sog. Kurzfassung für den administrativen Gebrauch im Rahmen eines *systematischen Verzeichnisses der gesamten ICD-10* (WHO, 1993 c; BMG, 1994). In diesem Text sind neben kurzgefaßten Beschreibungen des Kapitels V (F) die diagnostischen Kategorien für die anderen (somatischen) Kapitel der ICD-10 zu finden, so daß hierdurch die Verschlüsselung somatischer Erkrankungen möglich wird.

4. als sog. *Primary Health Care Classification (PHC)* für die Verwendung in der primären Gesundheitsversorgung (WHO, 1993 c; Müßigbrodt et al. 1996). In diesem Manual werden für 24 diagnostische Hauptgruppen neben diagnostischen Kriterien therapeutische Richtlinien formuliert.

Zur Befunderhebung liegen bisher ein strukturiertes (sog. «Schedules for Clinical Assessments in Neuropsychiatry (SCAN)», WHO, 1993e; Gülick-Bailer u. Maurer 1994) und ein standardisiertes (sog. «Composite International Diagnostic Interview (CIDI)», WHO, 1991; Wittchen u. Semler 1992) diagnostisches Interview vor, mit denen eine (computerisierte) Diagnosenstellung für nahezu den gesamten Bereich der ICD-10 möglich ist. Darüber hinaus stehen strukturierte Interviews zur ICD-10- und DSM-III-R-Diagnostik für den Bereich der organischen psychischen Störungen (Zaudig et al. 1996) und der Persönlichkeitsstörungen (WHO, 1994; Mombour et al. 1996) zur Verfügung. Diese Formen des Interviews und der Befunderhebung bringen für wissenschaftliche Untersuchungen nicht zu verleugnende Vorteile. Andererseits bleiben durch eine vorwiegende Symptomorientierung bei der Erfassung diagnostischer Merkmale klinisch relevante psychodynamische Befunde und die Aspekte interpersoneller Beziehungen unberücksichtigt mit entsprechenden Einschränkungen bei der Indikationsstellung und Therapieplanung. Aber auch im Rahmen einer psychodynamischen Betrachtungsweise stellt die Symptomebene durchaus eine relevante diagnostische Dimension dar, die eine Formulierung von Hypothesen über die Art der Erkrankung erlaubt. Obwohl Psychotherapeuten in ihrem therapeutischen Handeln nicht primär symptomorientiert arbeiten, gehört die Symptomreduktion auch innerhalb einer psychoanalytisch orientierten Psychotherapie zu den vorrangigen Behandlungszielen.

Aufgrund ihrer Symptom- und Syndromorientierung folgt die ICD-10 in ihrer inneren Struktur dem deskriptiv-phänomenologischen Ansatz. Klassifiziert wird mit einem alphanumerischen System: während der Buchstabe F das Kapitel zu den psychischen Störungen innerhalb der Gesamt-ICD-10 kennzeichnet, werden mit einer ersten Ziffer (Fx) die Abschnitte beschrieben, in denen unter theoretischen oder phänomenologischen Aspekten die Störungsgruppen angeordnet sind:

- F0 organische einschließlich symptomatischer psychischer Störungen
- F1 psychische und Verhaltensstörungen durch psychotrope Substanzen
- F2 Schizophrenie, schizotype und wahnhafte Störungen
- F3 affektive Störungen
- F4 neurotische, Belastungs- und somatoforme Störungen
- F5 Verhaltensauffälligkeiten mit körperlichen Störungen und Faktoren
- F6 Persönlichkeits- und Verhaltensstörungen
- F7 Intelligenzminderung
- F8 Entwicklungsstörungen

- F9 Verhaltens- und emotionale Störungen mit Beginn in der Kindheit und Jugend

Mit der dritten Stelle (Fxx) wird die diagnostische Hauptgruppe (z. B. F40 phobische Störung), mit der durch einen Punkt abgetrennten vierten Stelle die diagnostische Kategorie (z. B. F40.0 Agoraphobie) und mit einer fünften Stelle eine weitere Differenzierung, häufig anhand von Schweregradmerkmalen, gekennzeichnet (z. B. F40.00 Agoraphobie ohne Panikstörung).

2.5.2.2 Multiaxiale Diagnostik in der Psychiatrie

Die Weltgesundheitsorganisation (WHO) hat für den psychiatrischen Bereich ein eigenes multiaxiales System zur ICD-10 in einer vorläufigen Version (WHO, 1993; Siebel et al. 1994) vorgelegt (vgl. Tab. 1), das auf Achse II die skalenbezogene Erfassung sozialer Funktionseinschränkungen in verschiedenen Bereichen (gemäß der WHO Disability Diagnostic Scale: WHO-DDS) vorsieht. In Anlehnung an Konzepte der Life-event-Forschung sollen auf Achse III umgebungs- und situationsabhängige Einflüsse/Probleme der Lebensführung und Lebensbewältigung abgebildet werden, die im Zusammenhang mit der Entstehung und Aufrechterhaltung der Symptomatik stehen. Diese sind aus dem Kapitel XXI (Z) «Faktoren, die den Gesundheitszustand beeinflussen und zur Inanspruchnahme von Gesundheitsdiensten führen» der ICD-10 zusammengestellt worden. Da dieses System gegenwärtig in internationalen Feldstudien noch überprüft wird, kann seine Verwendung bisher lediglich für Forschungsfragestellungen empfohlen werden.

Im DSM-IV sind analoge Achsen eingeführt. Der Achse II der ICD-10 entspricht die bereits im DSM III und DSM-III-R vorhandene, aber jetzt modifizierte Global Assessment of Functioning Scale (GAF). Der Achse III der ICD-10 entspricht im DSM-IV ein analoges Kodierungsschema zu psychosozialen und umgebungsbezogenen Problemen. Im Anhang des DSM-IV sind zusätzlich Achsen aufgeführt, für die gegenwärtig noch keine ausreichenden empirischen Befunde vorliegen (Defense Functioning Scale; Global Assessment of Relational Functioning Scale, Social and Occupational Functioning Assessment Scale). Diese Achsen können verwendet werden, wenn bei Fragestellungen in der Forschung eine Vergleichbarkeit mit psychiatrischen Referenzstichproben gewährleistet werden soll (vgl. Mezzich u. Schmolke 1995).

Tabelle 1: Entwurf für die ICD-10 Achsen II und III des multiaxialen Systems zum Kapitel V (F) der ICD-10 (nach Siebel et al. 1994).

A **Achse II: Soziale Funktionseinschränkung (WHO Disability Diagnostic Scale)**

Bewerten Sie bitte im folgenden die soziale Funktionseinschränkung der PatientIn **in dem zur Behandlung führenden Zeitraum**. Ziehen Sie hierzu bitte alle verfügbaren Informationen heran. Bewerten Sie bitte die globale soziale Behinderung und die Funktionseinschätzung in bestimmten Bereichen, indem Sie einen entsprechenden Wert aus der folgenden Skala in die dafür vorgesehenen Kästchen einsetzen. Beachten Sie bitte, daß je nach Ihrer Einschätzung auch Zwischenwerte wie 25, 48 und 56 gefordert sind:

00 **Keine Funktionseinschränkung.** Die Funktionsfähigkeit der PatientIn entspricht den Anforderungen seiner Bezugsgruppe und seines sozio-kulturellen Zusammenhanges.

20 **Minimale Funktionseinschränkung.** Eine Abweichung in einer oder mehreren Aktivitäten oder Rollen ist vorhanden. Die Störungen sind geringfügig, halten aber über den größeren Teil des Beobachtungszeitraumes an. Auffälligere Abweichungen können für sehr kurze Zeiträume, d. h. jeweils für ein oder zwei Tage auftreten.

40 **Deutliche Funktionseinschränkung.** Die Abweichung von der Norm ist deutlich sichtbar und die Funktionseinschränkung beeinträchtigt die soziale Anpassung. In wenigstens einer Aktivität oder Rolle ist die Funktionseinschränkung fast durchgehend vorhanden. Schwerere Funktionseinschränkungen können für wenige Tage vorhanden sein.

60 **Schwere Funktionseinschränkung.** Die Abweichungen von der Norm sind ausgeprägt für die meisten Aktivitäten oder Rollen und bestehen über meist mehr als die Hälfte der Zeit.

80 **Sehr schwere Funktionseinschränkung.** In allen Bereichen sind die Abweichungen schwer und bestehen fast die ganze Zeit. Interventionen von außen können nach Ansicht des Untersuchers notwendig sein, um die Funktionseinschränkungen zu beseitigen oder zu kontrollieren, sind aber nicht notwendig, um diese Wertung vorzunehmen.

99 **Maximale Funktionseinschränkung.** Die Abweichung von der Norm hat eine krisenhafte Zuspitzung erfahren. Es besteht unmittelbare Gefahr für das Leben oder die soziale Existenz der PatientIn und/oder für das Leben anderer. Eine Intervention von außen ist notwendig.

XX **Nicht beurteilbar.** Bitte notieren Sie den Grund: ____________________

Achse II: Beurteilung der sozialen Funktionseinschränkung

Achse IIa: Globaleinschätzung der sozialen Funktionseinschränkung

Achse IIb: Einschätzung der sozialen Funktionseinschränkung für den Bereich Selbstfürsorge und Alltagsbewältigung.

Achse IIc: Einschätzung der sozialen Funktionseinschränkung für den Bereich berufliche Funktionsfähigkeit

Achse IId: Einschätzung der sozialen Funktionseinschränkung für den Bereich familiäre Funktionsfähigkeit

Achse IIe: Einschätzung der sozialen Funktionseinschränkung für den Bereich Funktionsfähigkeit in anderen sozialen Rollen und Aktivitäten

Achse III: Umwelt- und situationsabhängige Einflüsse – Probleme der Lebensführung und -bewältigung

Diese Achse erlaubt die Verschlüsselung sowohl von umwelt- und situationsabhängigen Faktoren als auch von Einflüssen durch die Lebensführung und -bewältigung, wenn sie von

Relevanz für den psychischen Zustand sind. Faktoren sollen als vorhanden eingestuft werden, wenn sie Ihrer Meinung nach das Erscheinungsbild, den Verlauf, die Prognose oder die Behandlung beeinflussen oder den Zustand verursacht oder ausgelöst haben. Die Faktoren sind in zwei Klassen eingeteilt:

a) Umwelt- und situationsabhängige Einflüsse (Kategorie 1–9)

Diese schließen alle Ereignisse psychosozialer Natur ein. Sie können unterteilt werden in aktuelle Lebensereignisse in den letzten 12 Monaten und chronische – weiterhin existierende Schwierigkeiten.

b) Probleme in Bezug auf die Lebensführung und -bewältigung (Kategorie 10 und 11)

Diese schließen Probleme ein, die in Beziehung zur Persönlichkeit und zur Lebensführung und -bewältigung stehen.

In allen Fällen soll eine Verschlüsselung nur erfolgen, wenn das Problem als ausreichend schwer oder anhaltend eingeschätzt wird, um von Bedeutung für das gegenwärtige Krankheitsbild zu sein.

Ausgewählte Kategorien für die Achse III (Umwelt- und situationsabhängige Einflüsse – Probleme der Lebensführung und -bewältigung)

00 eine wesentlichen Umweltfaktoren

1. Probleme in Verbindung mit negativen Kindheitserlebnissen und der Erziehung
2. Probleme in Verbindung mit Ausbildung und Bildung
3. Probleme in der primären Bezugsgruppe, einschließlich familiärer Umstände
4. Probleme in Verbindung mit der sozialen Umgebung
5. Probleme in Verbindung mit Wohnbedingungen und finanziellen Verhältnissen
6. Probleme in Verbindung mit Berufstätigkeit und Arbeitslosigkeit
7. Probleme in Zusammenhang mit Umweltbelastungen
8. Probleme bei bestimmten psychosozialen oder juristischen Situationen
9. Probleme in Verbindung mit Hinweisen auf Krankheiten oder Behinderungen in der Familienanamnese
10. Probleme bei der Lebensführung (Nur wenn keine entsprechende Achse I Diagnose vorliegt)
11. Probleme bei der Lebensbewältigung

2.5.3 Konstruktion und Operationalisierungen der Achse V in der OPD

Ein Ziel der Arbeitsgruppe war es, das Kapitel V der ICD-10 in der jetzt vorliegenden Fassung an die Erfordernisse der Diagnostik in der Psychotherapie und Psychosomatik zu adaptieren. Dabei wurde Wert darauf gelegt, die mit diesem operationalen Ansatz erreichbare bessere Kommunizierbarkeit und Vergleichbarkeit der Diagnosen nicht durch Veränderungen zu gefährden. Daher mußten sowohl zur Diagnosenstellung und Dokumentation als auch zur Ausdifferenzierung problematischer diagnostischer Kategorien neue Konzepte erarbeitet.

2.5.3.1 Diagnosenstellung und Komorbiditätsprinzip

Die ICD-10 folgt der generellen Regel, so viele Diagnosen zu verschlüsseln, wie für die Beschreibung des klinischen Bildes notwendig sind. Als Hauptdiagnose soll dabei diejenige Kategorie verschlüsselt werden, der die größte aktuelle Bedeutung zukommt oder die als sog. «Lebenszeitdiagnose» die höchste Relevanz besitzt. Weitere Diagnosen im Sinne von Zusatz- oder Nebendiagnosen sind damit explizit erwünscht (vgl. Dilling et al. 1993).

Unter Berücksichtigung des Komorbiditätsprinzips bedeutet dies, wie breitere Anwendungsstudien zur ICD-10 zeigen (vgl. u. a. Dittmann et al. 1992, Schneider et al. 1993; Freyberger et al. 1995), daß je Patient im Mittel etwa drei bis vier, in Extremfällen sogar acht bis zehn deskriptive Diagnosen gestellt werden, ohne daß in einem theoretischen Bezugsrahmen ätiologische oder pathogenetische Vorstellungen eingehen. Als problematisch hat sich das Komorbiditätsprinzip im Bereich der Persönlichkeitsstörungen erwiesen, bei denen infolge überlappender Kriterien häufig mehrere Kategorien zutreffen bzw. zahlreiche Zusatzdiagnosen anfallen, die nach klassischen Verständnis der betreffenden Störung inhärent sind.

Zur Diagnostik in der Psychotherapie und Psychosomatik sollten vor diesem Hintergrund bei der Dokumentation von Haupt- und Zusatzdiagnosen für den *klinischen und wissenschaftlichen Gebrauch* neben einer Hauptdiagnose nicht mehr als drei weitere Diagnosen verschlüsselt werden (siehe Manual: Diagnosendokumentationsbogen). Als Hauptdiagnose sollte dabei prinzipiell die Diagnose gelten, die unter klinischen und psychodynamischen Gesichtspunkten die höchste Relevanz besitzt. Weitere Diagnosen sollten nur dann verschlüsselt werden, wenn sie zum Verständnis des Gesamtbildes entscheidend beitragen oder verlaufsmodifizierende Aspekte abbilden. Für *Forschungsfragestellungen*, bei denen eine konsequente syndromale Diagnostik sinnvoll ist, kann es u. U. notwendig sein, weitere Diagnosen zu verschlüsseln und nach streng deskriptiven Prinzipien vorzugehen. Nur in diesem Zusammenhang sollte der Einsatz von speziellen diagnostischen Instrumenten erwogen werden, wobei sich neben den oben genannten Interviews noch sog. Diagnosenchecklisten anbieten, die auch post hoc verwendbar sind (vgl. etwa Stieglitz et al. 1992; Hiller et al. 1995; Dittmann et al. 1996). Für die klinische Dokumentation und für Forschungsfragestellungen sind dabei die ICD-10-Forschungskriterien zu verwenden, die auf syndromaler Ebene zu einer Stichprobenhomogenisierung beitragen und durch striktere diagnostische Kriterien die Anzahl der zu stellenden Diagnosen begrenzen.

Für die Dokumentation körperlicher Erkrankungen steht das systematische Verzeichnis der ICD-10 zur Verfügung (DIMDI, 1994).

Die ICD-10 sieht im Gegensatz zum DSM-III-R (APA, 1987) und DSM-IV (APA, 1994) für den klinischen Gebrauch die gleichzeitige Verschlüsselung der Diagnosen psychischer und somatischer Erkrankungen auf nur einer Achse vor, während das DSM-System die Persönlichkeitsstörungen und die somatischen Störungen auf den eigenständigen Achsen II und III abbildet.

In dem vorliegenden OPD-Konzept werden die syndromalen ICD-10-Diagnosen auf Achse Va, die Persönlichkeitsstörungen nach ICD-10 auf Achse Vb und die körperlichen Erkrankungen auf Achse Vc verschlüsselt (siehe Manual), um vor allem für den wissenschaftlichen Gebrauch eine Vergleichbarkeit mit dem DSM-Ansatz zu gewährleisten.

Zu beachten ist, daß in der ICD-10 für die Persönlichkeitsstörungen restriktive und die Anzahl möglicher Diagnosen begrenzende diagnostische Eingangskriterien entwickelt wurden, die vor der Diagnosenstellung überprüft werden müssen. Dabei sollen nicht mehr als zwei Persönlichkeitsstörungen der ICD-10-Kategorien F60 und F61 abgebildet werden, wobei auch hier zwischen Haupt- und weiterer Diagnose zu differenzieren ist. Diese Vorgehensweise deckt sich mit neueren Entwicklungen im Bereich der psychiatrischen multiaxialen ICD-10-Diagnostik, da sich dort eine entsprechende Strategie bei der Klassifikation durchzusetzen scheint. Im Dokumentationsbogen (siehe Manual) ist gesondert zu spezifizieren, ob klinisch die Achse Va- oder die Achse Vb-Hauptdiagnose im Vordergrund steht.

Unser Ansatz einer operationalisierten psychodynamischen Diagnostik im Rahmen eines multiaxialen Systems impliziert allerdings, daß die diagnostizierten Persönlichkeitsstörungen nach ICD-10 rein deskriptiv verwendet werden, und daß sie parallel zu den psychodynamischen Strukturdiagnosen auf Achse IV zu erfassen sind. Mit den deskriptiven Diagnosen werden nach psychoanalytischem Verständnis im wesentlichen persistierende Störungen des Sozialverhaltens erfaßt. Inwieweit und in welchem Ausmaß die strukturdiagnostischen Einschätzungen und die deskriptive Verschlüsselung von Persönlichkeitsstörungen korrelieren, muß sich in empirischen Studien zeigen.

Um für Forschungsfragestellungen eine gleichzeitige Erfassung von DSM-IV-Diagnosen zu ermöglichen, wurde in den Dokumentationsbogen die Option aufgenommen, zusätzlich Diagnosen nach DSM IV zu verschlüsseln. Berücksichtigt wurden hierbei die psychischen Störungen (Achse I des DSM-IV) und die Persönlichkeitsstörungen (Achse II des DSM-IV). Bezüglich der Reihenfolge und Gewichtung der Diagnosen sollte dabei genauso vorgegangen werden, wie bei der Diagnostik nach ICD-10 (siehe Manual).

2.5.3.2 Ergänzungen diagnostischer Kategorien zur Klassifikation im Bereich der Psychosomatik und Psychotherapie (Vorschlag für die OPD)

In zwei Bereichen wurden für die Psychosomatik und Psychotherapie Ergänzungen der Diagnostik nach ICD-10 vorgenommen. Bei den Persönlichkeitsstörungen (F60) wurde die narzißtische Persönlichkeitsstörung auf Grund ihrer besonderen theoretischen wie klinischen Bedeutung unter der Kodierungsnummer F60.81 aufgenommen. Um die innere Konsistenz des deskriptiven Klassifikationsansatzes der ICD-10 zu wahren, wurden die diagnostischen Kriterien des ICD-10-Forschungskriterienmanuals herangezogen (vgl. Manual).

Die zweite Ergänzung bezieht sich auf die Ausdifferenzierung der Kategorie F54 (psychische Faktoren und Verhaltenseinflüsse bei andernorts klassifizierten Erkrankungen), mit denen die psychosomatischen Erkrankungen im engeren Sinne innerhalb des Kapitels V der ICD-10 abgebildet werden sollen. Die ICD-10 verfolgt dabei das Konzept, diese Erkrankungen primär in den somatischen Kapiteln zu klassifizieren. Die nicht weiter unterteilte Kategorie F54 ist als Zusatzkodierung zu verwenden, wenn psychische Störungsanteile vorliegen, die nicht die Kriterien einer anderen psychischen Störung aus dem Kapitel V erfüllen. Das von uns in Anlehnung an einen Vorschlag von v. Wietersheim und Jantschek (1994) entwickelte Konzept sieht vor, mit den ersten drei Ziffern die Kategorie F54 zu nutzen, mit der 4. Stelle die Symptomwahl zu kennzeichnen und mit der 5. Stelle die Art der psychosomatischen Wechselwirkung zu klassifizieren (siehe Manual). Auf diese Weise sollen auf deskriptivem Niveau differenziertere diagnostische Aussagen sowohl über die Symptomatik wie auch über ätiologische und pathogenetische Zusammenhänge gewonnen werden. Mit empirischen Untersuchungen könnte nachgewiesen werden, inwieweit eine Annäherung an biopsychosoziale und psychodynamische Modelle zu erreichen ist.

2.5.4 Interview-Training als Voraussetzungen für eine reliable Diagnostik auf der Achse V

Bisherige Anwendungs- und Reliabilitätsstudien haben gezeigt (vgl. etwa Freyberger et al. 1990; Dittmann et al. 1992; Schneider et al. 1993; Freyberger et al. 1995), daß für die angemessene und reliable Verwendung der deskriptiven Diagnostik nach ICD-10 ein Training notwendig ist. Dieses Interview-Training kann innerhalb von Arbeitsgruppen selbst organisiert werden. Bei genauer Kenntnis des entsprechenden Manuals sollten Patienten anhand von

Life-Interviews oder Videoaufzeichnungen diagnostischer Gespräche exemplarisch für jeden einzelnen ICD-10-Abschnitt diagnostisch eingeschätzt und diskutiert werden. Inzwischen liegen eine Reihe ergänzender Materialien vor, die innerhalb von Seminaren berücksichtigt werden können (vgl. Freyberger u. Dilling 1993; Freyberger et al. 1993 a,b; Schneider u. Freyberger 1994). Von verschiedenen Arbeitsgruppen werden spezielle ICD-10-Trainingsseminare angeboten (Ansprechpartner: siehe Kap. 6), in denen die deskriptive Diagnostik nach einem Curriculum systematisch geübt werden kann.

3. Befunderhebung: Das Interview zur Operationalisierten Psychodynamischen Diagnostik

3.1 Übersicht zu Ansätzen psychodynamischer Diagnostik

Aufgrund des Beziehungskonzepts der Psychoanalyse mit dem Paradigma von der *Wiederherstellung infantiler Objektbeziehungen in der Übertragung-Gegenübertragung* zwischen Psychotherapeut und Patient wurde dem explorativen diagnostisch-psychiatrischen Gespräch von Psychoanalytikern zunächst mit Skepsis begegnet. Auch Freud selbst entwickelte keine eigene Interviewtechnik, weil er annahm, daß in der Erstbegegnung der Keim für die Übertragungsentwicklung lag (Freud 1913 c). Er hat lediglich eine Probebehandlung von etwa 20 Stunden vorgeschlagen, um festzustellen, ob der Patient «geeignet» für die psychoanalytische Methode ist. Die ausführliche Erhebung der Lebensgeschichte verlagerte er in die erste Behandlungsphase (Freud 1909).

Diese Position, die zunächst das Verständnis des psychoanalytischen Erstgespräches prägte und noch heute gelegentlich vertreten wird, dient der Auswahl von Patienten für eine Psychoanalyse und hat weniger eine diagnostische Zielsetzung zur Ermittlung der Psychodynamik der Störung und der differentiellen Indikation für verschiedene psychoanalytisch begründete Verfahren. Das Ziel ist vielmehr, eine Beziehung zu initiieren und zu erproben und dem Patienten erste Einsichten zu vermitteln, warum das Verstehen unbewußter Zusammenhänge sinnvoll ist und inwieweit ein therapeutischer Prozeß ihm helfen kann, sein Leiden zu überwinden und zu lindern. Der Analytiker soll mit einer neutralen Haltung eine «Holding»-Situation schaffen, in der der Patient genügend Sicherheit und Geborgenheit erfahren kann, um seine Probleme darzustellen (Leupold-Löwenthal 1985). Nach dieser psychoanalytischen Erstbegegnung sollte der Analytiker Hypothesen über die Konflikte des Patienten, über seine Übertragungsbereitschaft, Reflexionsfähigkeit, seine Ich-Funktionen und Abwehrstrukturen, seine Motivation und nicht zuletzt seine Behandelbarkeit formulieren (Fenichel 1941; Leupold-Löwenthal 1985; Schumacher 1985; Tyson u. Sandler 1974; Eckstaedt 1991 u. a.).

Mehr und mehr wurden von den Psychoanalytikern schon im Erstgespräch die Persönlichkeitsmerkmale des Analytikers als bedeutsamer Faktor für das Gelingen des Prozesses, also seine Gegenübertragung im weiteren Sinn, in den Vordergrund gerückt. Übertragung und Gegenübertragung sind unlösbar miteinander verbunden. Das Konzept Freuds (1923) von der «gleichschwebenden Aufmerksamkeit» für die Äußerungen des Patienten wurde daher ergänzt durch das Konzept der «gleichschwebenden Introspektionsbereitschaft» des Analytikers für seine inneren Vorgänge (Wegner 1992) und durch das Konzept von der kontrollierten Übernahme der Rolle, die der Patient dem Analytiker zuschreibt (Sandler 1976). Im Einzelfall wurden sogar Einstellungsprobleme des Therapeuten aus seiner eigenen Person heraus als «Eigenübertragung» (Heuft 1990) diskutiert.

Diese prozeßorientierte psychoanalytische Diagnostik ist bis heute eine besondere Form der Erstuntersuchung (vgl. Janssen 1994). Grundsätzlich ist es ihr Ziel, eine Indikation für die hochfrequente Psychoanalyse oder für eine analytische Psychotherapie zu stellen. Die Entwicklung verschiedener psychoanalytisch begründeter Therapien wie analytische Psychotherapie, tiefenpsychologisch fundierte Psychotherapie, Kurztherapie, Fokaltherapie, psychoanalytische Gruppentherapie, psychoanalytische Paar- oder Familientherapie sowie stationäre Psychotherapie brachte es mit sich, daß ein verstärktes Interesse an den diagnostischen und indikativen Funktionen der Erstuntersuchung entstand (vgl. Janssen u. Schneider 1994; Mans 1994). Dieses Interesse entwickelte sich schon früh in Amerika, England und Deutschland parallel zur klinischen Anwendung der Psychoanalyse. Unter dem Einfluß der Psychoanalyse wurde z. B. in den fünfziger Jahren in Amerika ein *psychiatrisch-psychodynamisches Erstinterview* von Gill et al. (1954) und von Sullivan (1953) entwickelt. Beide Interviews stellen besonders auf die Therapeut-Patient-Beziehung ab. Nach der Interviewtechnik von Gill et al. (1954) soll im Gegensatz zur psychiatrischen Exploration angestrebt werden, eine Beziehung zum Patienten herzustellen, die Bewertung der psychosozialen Situation vorzunehmen und den Patienten zu einer Behandlung zu motivieren. Biographisches Material wurde bei dieser Interviewtechnik weniger berücksichtigt. Sullivan (1953) berücksichtigte hingegen stärker die Lebensumstände und die Biographie des Patienten. In der deutschsprachigen psychiatrischen Interviewtechnik fand seine Konzeption in einem Leitfaden zur psychiatrischen Untersuchung von Kind (1973) Eingang.

N. und E. Balint (1961) entwickelten an der Tavistock-Clinik in London ein *interaktionelles Interview* auf dem Hintergrund ihrer Objektbeziehungspsychologie. Dieses Interviewschema sollte besonders dem Nicht-Psychiater und dem Nicht-Analytiker hilfreich sein. Nach ihrem ärztlichen Selbstverständnis untersuchten sie die zeitlichen Zusammenhänge zwischen Symptomentstehung, situativen Umständen und lebensgeschichtlichen Ereignissen, ohne die Funktionseinheit von Übertragung und Gegenübertragung in den Hintergrund treten zu lassen. Das Anliegen der Balints, die Beschwerden des Patienten mit der Dynamik der auslösenden Situation einerseits und der Lebensgeschichte andererseits in Beziehung zu bringen und sogleich die sich im Interview entwickelnden Objektbeziehungen verstehen zu lernen, hat verschiedene psychotherapeutische Interviewtechniken beeinflußt.

Das *psychoanalytische Erstinterview* nach Argelander (1966, 1970) definiert das Erstgespräch als eine analytische Situation zu diagnostischen Zwekken. Der Autor ordnet die Informationen aus dem Interview nach drei Quellen: den objektiven Informationen, den subjektiven Informationen und den szenischen Informationen. Gemäß der psychoanalytischen Tradition mißt er den szenischen Informationen, d.h. dem «Erleben der Situation mit allen seinen Gefühlsregungen und Vorstellungsabläufen» (Argelander 1970, S. 14), die größte Bedeutung bei.

In der *tiefenpsychologisch-biographischen Anamnese*, wie sie von Schultz-Hencke (1951) entwickelt und von Dührssen (1952, 1981) und Rudolf (1981) weiterentwickelt wurde, werden Faktoren aus der aktuellen und biographischen Lebenswirklichkeit des Patienten stärker berücksichtigt. Voraussetzung für die Durchführung des anamnestischen Gespräches ist auch hier eine Atmosphäre, in welcher der Patient sich öffnen und mitteilen kann (Heigl-Evers et al. 1987). Ziel der tiefenpsychologischen Anamnese ist es, ein diagnostisches Bild von der psychodynamischen Situation und den strukturellen Problemen des Patienten zu gewinnen, differentialdiagnostisch primär-organische Störungen abzugrenzen und prognostisch eine Aussage über Schwere und Behandelbarkeit der Störungen machen zu können. Dabei werden das symptombewirkende, unbewußte psychodynamische Kräftespiel und die charakterologische Persönlichkeitsentwicklung besonders beachtet (Quint 1977).

Bereits seit Mitte der vierziger Jahre verwendete die Arbeitsgruppe Schultz-Henckes ein *Anamneseschema*, welches die wichtigsten anzusprechenden Themen und eine Fragetechnik enthält. Um die symptomauslösende Belastungssituation erfassen zu können, soll die aktuelle Lebensrealität (bezüglich Berufssituation, familiärer Situation, ihrer Beziehungssituation sowie Besitzverhältnissen) in das Gespräch einbezogen und auf ihre für den Patienten inhärente Problematik untersucht werden. Besondere Beachtung finden die typischen Verhaltensweisen des Patienten, welche auf die Entfaltung bzw. Verdrängung wichtiger Triebbereiche hinweisen (Verhalten in Bezug auf Besitz, Geltung, Aggression und Liebesfähigkeit) sowie auf die charakterologischen Folgeerscheinungen der neurotischen Entwicklung (z.B. Überkompensation, Ersatzbefriedigung). Das biographische Verständnis des aktuellen Erlebens wird durch die Beachtung der familiären und sozialen Lebensbedingungen in der Biographie und der Auffälligkeiten in der kindlichen und jugendlichen Entwicklung angestrebt. Der Einfluß dieser Untersuchungslogik ist insbesondere in den Psychotherapie-Richtlinien zu erkennen, nach denen der Befundbericht des Therapeuten nach den oben genannten Gesichtspunkten gegliedert werden soll.

Über die zunehmende Anwendung psychoanalytisch begründeter Therapieverfahren in der psychotherapeutischen Versorgung wurde daher die anfängliche antidiagnostische Einstellung der Psychoanalyse überwunden. Als Vorläufer einer Operationalisierten Psychodynamischen Diagnostik können *Schemata der Interviewauswertung* betrachtet werden, die das Erstinterview-Material metapsychologisch zu einer psychodynamischen Hypothese über den individuellen Fall zusammenfassen.

A. Freud (1962) hat ein solches diagnostisches Schema zur Bewertung pathologischer Kinderentwicklungen entworfen, das auch zu einem diagnostischen Profil für Erwachsene (A.Freud et al. 1965) umformuliert wurde, das *metapsychologische Persönlichkeitsprofil für Erwachsene (Hampstead-Index)*. Dieses Profil ist kein Interview-Leitfaden, die Kategorien werden vielmehr benutzt, um nach einem klinischen Interview, einer biographischen Anamnese, einer sozialen Anamnese und weiteren Untersuchungen das Gesamtmaterial der verbalen und averbalen Mitteilung des Patienten, seine Inszenierungen, seine Übertragungsreaktionen, seine biographischen und sozialen Daten unter entwicklungspsychologischen Gesichtspunkten der Triebentwicklung, Ich- und Über-Ich-Entwicklung, der Fixierungspunkte, der Konflikte usw. auszuwerten. Es ist eine methodische Anleitung zur Ordnung der Daten, die der Interviewer zu Tage gefördert, aufgenommen und verarbeitet hat.

Die Untersuchung von Krankheitsbildern mit Störungen der Ich-Entwicklung hat zu weiteren neuen Interviewtechniken geführt, wie z. B. die deskriptive Entwicklungsdiagnose und das strukturelle Interview.

Die von Blanck und Blanck (1974, 1979) entwickelte *deskriptive Entwicklungsdiagnose* dient zentral der Einschätzung der Ich-Funktionen. In der Diagnostik soll es zu einer vorläufigen Einschätzung der Fixierungen in der Triebentwicklung, der Neutralisierung von Libido und Aggression, der Entwicklung der Objektbeziehungen, dem Funktionsniveau der primär autonomen Ich-Funktionen, dem Angstniveau, dem Abwehrniveau und den Internalisierungsprozessen kommen.

Das *strukturelle Interview* von Kernberg (1977, 1984) soll aus psychodynamischer Sicht einer abgrenzenden Diagnostik zwischen Neurose, Borderline-Störung, Psychose und hirnorganischen Störungen dienen. Im deutschsprachigen Raum wurde das strukturelle Interview erstmals bekannt durch die Beschreibung von Buchheim et al. (1987). Kernberg geht es um die strukturellen Charakteristika der von ihm beschriebenen drei Haupttypen der Persönlichkeitsorganisation, dem neurotischen Funktionsniveau, dem Borderline-Funktionsniveau und dem psychotischen Funktionsniveau. Die psychische Struktur des Patienten bestimmt sein psychisches Funktionieren und ist für jedes Individuum die Matrix, auf der sich Symptome und Verhaltensmerkmale entwickeln. Kernberg unterscheidet die übergeordneten strukturellen Charakteristika der psychischen Funktionsniveaus nach dem Vorliegen von reifen oder unreifen Abwehrmechanismen, dem Vorliegen von Identitätsintegration oder pathologischer Identitätsdiffusion, der Fähigkeit bzw. dem Unvermögen des Ichs zur Realitätsprüfung, dem Grad der Differenzierung der Objektbeziehungen, der Art und Weise der Übertragung und der Reaktion des Patienten auf Interpretation (vgl. Janssen 1990).

Im strukturellen Interview wechselt die Exploration von Symptomen und Beschwerden, von biographischem Material mit der Erfassung und der Interpretation der Übertragung ab. Jedoch gilt der teilnehmenden Beobachtung, der Analyse der Übertragung und des Widerstandes wie auch der Gegenübertragung Kernbergs besondere Aufmerksamkeit.

Das von Janssen (1987, 1994) beschriebene diagnostische Konzept zur Erarbeitung einer psychodynamischen Diagnose präferiert ein ähnliches Vorgehen. Anhand eines Interviewleitfadens wird in ein bis drei Sitzungen das Material erhoben und die Ergebnisse in eine psychodynamischen Diagnose, die das Krankheitsgeschehen erklärt, eingebracht. Die psychodynamische Diagnose erfaßt Aussagen über die Symptomatik, die Triebentwicklung, die Ich-Entwicklung, die internalisierten Objektbeziehungsmuster, die Über-Ich-Konstellationen, die Selbstbilder, die interpersonalen Beziehungsmuster, die Übertragung-Gegenübertragungs-Konstellationen und über die Behandlungsmotivation.

Zusammenfassend können wir festhalten, daß psychodynamische Diagnostik «heute» als theoriegeleitetes Prozeßgeschehen aufgefaßt wird. Sie hat in der klinischen Praxis ein eigenes Profil entwickelt und ist abgrenzbar von der somatischen und psychiatrischen Diagnostik. Eine Operationalisierung der psychodynamischen Diagnostik baut auf den in der klinischen Praxis entwickelten Modellen auf.

3.2 Theorie des psychodynamischen Interviews zur OPD-Diagnostik

Voraussetzung für die Einschätzung der fünf Achsen Krankheitserleben und Behandlungsvoraussetzungen, Beziehung, Konflikt, Struktur und Syndrom (letzteres nach ICD-10) ist, daß nach Ablauf eines Interviews der Therapeut imstande ist, anhand der verbalen und nonverbalen Äußerungen der Patienten die Items der einzelnen Achsen einzuschätzen. Im Rahmen der Praktikabilitätsstudie (vgl. Freyberger et al. im Druck) machten wir beim Rating der klinischen Interviews die Erfahrung, daß einzelne Interviews zur Einschätzung der einen oder anderen Achse geeigneter waren. Daher entschlossen wir uns, einen *neuen Typ* von *psychodynamischer Erstuntersuchung* bzw. von *diagnostischer Untersuchung* zu konzipieren.

In der Darstellung der bisherigen Modelle der psychodynamischen Diagnostik ist deutlich geworden, daß der Kliniker vom beobachteten szenischen Material und den verbalen Mitteilungen der Patienten über Gegenwart und Vergangenheit zu metapsychologischen Einschätzungen kommt. In der OPD-Diagnostik erfolgt der gleiche Vorgang. Folgende Aspekte der bisherigen Modelle sollten daher auch in dem OPD-Interview gemeinsam zum Tragen kommen:

- die offene Gesprächsführung,
- die mehr strukturierenden und fragenden Anteile der tiefenpsychologisch-biographischen Anamnese,
- die Vorgehensweise der psychiatrischen Exploration zur Ermittlung der syndromalen ICD-Diagnose.

Durch die offene Gesprächsführung, die im Verlaufe des Interviews strukturierter werden kann, können zumindestens in Ansätzen die Übertragung und Gegenübertragung und die Inszenierungen untersucht werden. Dabei stützt sich der Therapeut nicht nur auf das manifeste Material, sondern beobachtet auch andere Merkmale wie Widersprüche im Material und Sequenzen in den Schilderungen, um die unbewußten Vorgänge erschließen zu können. Über die biographischen Daten und über Schilderungen der Objektbeziehungen in Gegenwart und Vergangenheit können Hypothesen über Konflikte, über die Struktur und die Beziehungsdynamik des Patienten formuliert werden. Seine initialen Beschwerdeschilderung gibt dem Therapeuten erste Informationen zur syndromalen Diagnostik, ohne daß er sie bereits systematisch exploriert hätte.

Der neue Typ psychodynamischer Erstuntersuchung sollte sowohl der Beziehungsgestaltung, der Gesprächsführung, der Beziehungsaufnahme und -entwicklung dienen als auch die besonderen Ziele der Operationalisierten Psychodynamischen Diagnostik erreichen helfen. Das Interview sollte kein reines Forschungsinterview sein, das neben einem klinischen Interview durchgeführt wird. Allerdings sollte es der Inhaltsstruktur der Operationalisierten Psychodynamischen Diagnostik gerecht werden, d. h. Krankheitserleben, Beziehung, Struktur und Konflikt erfassen.

Ein besonderes Problem stellt die Einbettung der Syndromdiagnostik (psychische und psychosomatische Störungen nach Kapitel V der ICD-10) in das OPD-Gesamtinterview dar. Die Erhebung von Struktur-, Konflikt- und Beziehungsvariablen, aber auch des Krankheitserlebens und der Behandlungserwartungen macht eine Interviewführung notwendig, die der Entwicklung charakteristischer Beziehungsmuster Raum läßt. Des weiteren muß auch unter der Prämisse einer Operationalisierten Psychodynamischen Diagnostik die Gegenübertragung zur Darstellung kommen können. Tendenziell besteht daher ein Widerspruch zwischen einem deskriptiven, explorativen Vorgehen sowie einer offenen, beziehungsfördernden, freien Interviewführung. Wir haben dieses Problem dadurch zu lösen versucht, daß wir die Beschwerdeschilderungen des Patienten im OPD-Interview vorsichtig explorativ begleiten, bis zumindest Kernsymptome nach ICD-10 erkennbar sind. Eine genauere Exploration der Kernsyndrome sollte dann zu einem späteren Zeitpunkt des gesamten Untersuchungsganges erfolgen.

Diese Überlegungen legten es nahe, die gesamte OPD-Untersuchung in Phasen einzuteilen und jede Phase möglichst offen zu beginnen, um dann im Verlaufe dieser Phase stärker durch Nachfragen zu strukturieren. Dasselbe Prinzip gilt vom Beginn der Erstuntersuchung, die möglichst offen sein sollte, wie auch für die Gesamtstruktur der Untersuchung. Sie kann unter Umständen bis zu drei einstündige Sitzungen erforderlich machen. Grundsätzlich sollte aber gemäß dem Konzept des psychoanalytischen Erstinterviews das Prinzip der Minimalstrukturierung aufrechterhalten, also dem Patienten die Gestaltung der Beziehung und der Interaktion überlassen werden. Wenn es notwendig wird, sollten Informationen zur Beurteilung der jeweiligen Achsen durch vorsichtige Fragen eingeholt werden.

Der vorgestellte Interview-Leitfaden ist daher eine Verbindung von klassischem Erstinterview, strukturellem Erstinterview, tiefenpsychologisch-biographischer Anamnese und psychiatrischer Exploration. Voraussetzung für die Durchführung solcher Interviews sind die Akzeptanz des psychodynamischen Zugangs, hinreichende Kenntnisse und Erfahrungen in der psychodynamischen Interviewtechnik wie auch in der Behandlung in psychoanalytisch begründeten Verfahren und Kenntnisse und Erfahrungen in der syndromalen operationalisierten Diagnostik nach ICD-10.

3.3 Leitfaden zur Durchführung des OPD-Interviews

Das Interview ist in fünf Phasen eingeteilt, wobei jede Phase durch eine strukturierende Frage oder Intervention eingeleitet wird. Die Strukturierung ist bei der Eröffnung am geringsten und kann im weiteren Verlauf des Interviews zunehmen. Innerhalb jeder Phase sind, falls erforderlich, strukturierende Fragen möglich. Für das erste Gespräch sollte der Therapeut sich auf eine Stunde einstellen. Sind in dieser Zeit keine hinreichenden Informationen zur klinischen Diagnosenstellung wie auch zur Beantwortung der Kriterien der fünf Achsen möglich, sind 1 bis 2 weitere Gespräche mit dem Patienten zu vereinbaren. Zwischen den Gesprächen kann sich der Therapeut vergegenwärtigen, für welche Bereiche der OPD-Diagnostik ihm noch Informationen fehlen. Wenn auch die Auswertungsschemata der einzelnen Achsen nicht Punkt für Punkt abgefragt werden können, so kann es doch für den Therapeuten nützlich sein, zur Strukturierung seiner Vorgehensweisen die später zu beurteilenden Kategorien im Hinterkopf zu haben als eine Folie, vor der die konkreten Interventionen erfolgen. Weitere Gespräche können sich auch auf einzelne Fragen des Interviews beziehen, z. B. Bereiche, die der Patient nicht angesprochen hat.

3.3.1 Die Eröffnungsphase

In der Eröffnung sind dem Patienten das Ziel des Gespräches und der Zeitrahmen mitzuteilen, z. B. in folgender Formulierung:

> «Wir haben für dieses Gespräch eine Stunde Zeit. Ziel des Gespräches ist es, mit Ihnen ein Verständnis Ihrer Erkrankung zu finden.»

Der Patient wird in der Regel mit Beschwerdeschilderungen beginnen, denn er kommt mit spezifischen psychopathologischen oder somatischen Problemen, um darüber mit dem Therapeuten in ein Gespräch zu kommen. Der Therapeut sollte in die Lage kommen, die Kernsymptome nach ICD-10 (nach Dittmann et al. 1992) zu erfassen. Ist er nicht sicher, sind hier vorsichtige Fragen möglich, ohne in eine reine Exploration einzusteigen. Der Patient sollte die Möglichkeit behalten, frei und offen über seine Symptome zu sprechen.

Der Therapeut wird in dieser Phase nach einer ersten Einschätzung den Schweregrad der psychischen und/oder somatischen Erkrankung und den Leidensdruck des Patienten beurteilen können. Er wird erste Eindrücke hinsichtlich der Beeinträchtigung der aktuellen Lebenssituation wie auch des Selbsterlebens des Patienten gewinnen.

Es geht bei der Erfassung der Beschwerden und der aktuellen Lebenssituation jedoch nicht nur um das Erleben des Patienten, sondern auch um Fakten seiner augenblicklichen psychosozialen Situation, z. B. seiner Partnerbeziehung, seiner Arbeitsfähigkeit u. a. Möglicherweise sind auch schon lebensbestimmende Konflikte in mehreren Lebensbereichen feststellbar. Sie können dann im Verlaufe des Interviews in späteren Phasen vertieft ermittelt werden. Beachten sollte der Therapeut auch, ob der Beginn der Symptomatik im Zusammenhang mit bestimmten auslösenden Situationen, z. B. mit Schwellensituationen wie Weggang aus dem Elternhaus, Aufnahme einer Berufsausbildung, Aufstieg in eine Führungsposition, Gründung einer Familie, Ruhestand u. a. in Verbindung stehen.

Patientin A. sagt nach der Eröffnung folgendes: «Nun sitze ich hier ...» Sie schildert sehr ausführlich ihre Ängste, depressive Verstimmung und Hilflosigkeit, aber auch ihr Bemühen um eigene Initiativen, insbesondere ihre inneren Spannungen nach Rückkehr aus einer stationären psychosomatischen Behandlung bei der Begegnung mit ihrem Mann. Diese Phase schließt mit der weinend vorgetragenen Zustandsbeschreibung: «Ich kann nicht mehr.»

Patientin B. schildert exakt und unbewegt die bisherigen Untersuchungen und somatischen Behandlungen wegen einer Colitis ulcerosa. Sie zeigt die vom überweisenden Arzt mitgegebenen Röntgenbilder. Sie betont ihre Heilungserwartung, indem sie sich einer neuen Form der Behandlung, einer Psychotherapie zuwendet, obwohl der bisher behandelnde Internist ihr davon abgeraten hat.

Der Patient C. kommt wegen einer krisenhaften Entwicklung während einer beruflichen Umschulungsaktivität. Er ist suicidal-depressiv, im Gespräch über das aktuelle berufliche Scheitern wird seine große Kränkbarkeit spürbar, er äußert sich enttäuscht und verärgert über die Bedingungen seiner Umschulung. Seine Schilderung der äußeren Verhältnisse ist verwirrend, sein Krankheitserleben ist von Ratlosigkeit und Verzweiflung bestimmt.

Schon in der Eröffnungsphase muß der Interviewer die szenischen Darstellungen des Patienten, wie sie bei der Beschwerdeschilderung, beim Krankheitserleben und bei der Krankheitsverarbeitung zum Ausdruck kommen, aufmerksam beachten. Er kann sich für den weiteren Verlauf des Interviews an diesen szenischen Darstellungen orientieren.

Die Patientin A. eröffnet z.B. das Interview, indem sie einen Überweisungsvordruck vorlegt, auf dem eine Diagnose vermerkt ist, die sie nicht lesen kann. Sie bittet den Untersucher, dieses Unleserliche zu entziffern und ihr zu erklären. Sie nimmt also eine Beziehung zum Untersucher auf, indem sie sich als Unwissende darstellt und vom Untersucher aufgeklärt werden möchte. Die Modalität dieser Beziehungsstruktur ist bestimmt von ihren Abhängigkeitswünschen, die auch im Interview später in der Beziehung zu ihrem Ehemann und ihrem Vater sich manifestieren.

Die Schilderungen der Patientin B. sind orientiert an einer rollenhaft normativen Anpassung an die ärztliche Untersuchungssituation. In dieser Darstellung lassen sich kaum Beziehungsfiguren entdecken.

Der Patient C. stellt sofort seine große Kränkbarkeit in den Vordergrund und bringt sie in Verbindung mit einer psychosozialen Situation (Umschulung).

3.3.2 Beziehungsepisoden

Bei der Herausarbeitung von Beziehungsepisoden muß der Therapeut zwei Perspektiven berücksichtigen. Einmal muß er die Analyse des aktuellen Übertragungs-Gegenübertragungsgeschehens nutzen können, zum anderen muß er die Analyse der aktuellen oder biographischen Beziehungserfahrungen heranziehen. Bei letzterer geht es insbesondere um die Erzählung von Episoden in der Beziehung zu signifikanten Anderen. Dabei interessieren im Rahmen der OPD-Diagnostik die *dysfunktionalen, lebensgeschichtlich ableitbaren Beziehungsmuster*. Der Therapeut wird also vor allem auf neurotische Wiederholungen, Übergeneralisierungen, auf Brüche und Widersprüche in Beziehungen sowie auf die Differenziertheit der Objekte im Erleben des Patienten achten müssen. Dazu kann er sich einmal auf konkrete erlebte Interaktionen beziehen, zum anderen auf kummulierte Interaktionserfahrungen in der Art von typisierender Zusammenschau oder repetitiven Mustern.

Um zu solchen Beziehungsepisoden zu kommen, kann der Therapeut erste Hinweise auf Objekte aufgreifen und nach der konkreten Beziehungssituation fragen, oder er kann auch überleiten von der Beschwerdeschilderung zur Schilderung von Beziehungsepisoden, indem er nach der Reaktion der anderen auf seine Erkrankung fragt, falls der Patient nicht von sich aus die Beziehungspersonen anspricht.

Bei der Patientin A. ist es die Beziehung zum Ehemann, die einen Ambivalenzkonflikt hinsichtlich Abhängigkeitswünschen und Selbständigkeitstendenzen erkennen läßt.

Bei der Patientin B. ist es die Beziehung zur Tochter. Sie ist unehelich geboren. Die Patientin bemühte sich in großer Sorge, eine gute Mutter zu sein. Die Tochter «verhinderte» bisher, daß die Patientin eine Partnerbeziehung realisieren konnte.

Der Patient C. beschreibt, wie er immer wieder Beziehungen zu idealisierten Frauen sucht und nachfolgend heftige Enttäuschungen erlebt. Dieses Muster beschränkt sich nicht auf Partnerinnen, sondern auf jegliche Objekte, z. B. auch auf Ausbildungsinstitutionen. Es ist folglich auch für die eventuelle Therapie von großer Bedeutung.

Der Therapeut soll immer an singulären Interaktionen interessiert sein, vor allem bei Patienten, die aus Abwehrgründen immer nur Zusammenschauen liefern. Deswegen ist die Frage wichtig:

«Ich kann mir die Beziehung zu X noch nicht so recht vorstellen, vielleicht können Sie sie mir an einem Beispiel deutlich machen.»

Der Therapeut kann auch mehr ins Detail gehen oder mehr am Typischen oder an der zeitlichen Entwicklung interessiert sein und entsprechend Fragen zur Beziehungsentwicklung damals oder heute stellen. Er kann sich ein Bild davon machen, ob die dargestellte Beziehung einen einmaligen Charakter hat oder ob sie mit anderen Beziehungen vergleichbar ist.

Um die motivierende Beziehungsdynamik genauer herauszuarbeiten, kann es wichtig sein, im einzelnen nach Erwartungen, Wünschen, Befürchtungen – gegebenenfalls in Bezug auf sich selbst und auch andere – und dergleichen zu fragen sowie nach äußerlich sichtbaren Verhaltensreaktionen und dem inneren Erleben, den emotionalen oder kognitiven Reaktionen auf das Beziehungsgeschehen. Dazu eignen sich z. B. folgende Fragen:

- «Können Sie mir bitte sagen, was Sie in diesem Moment von X erwarten oder befürchten?»
- «Wie fühlte sich Ihrer Meinung nach Ihr Gegenüber wohl in jenem Moment?»
- «Können Sie mir sagen, was Sie und/oder Ihr Gegenüber in jenem Moment tat oder sagte?»

Wenn auch in diesen Phasen die Herausarbeitung der Beziehungsepisoden in den Vordergrund tritt, ausgehend von den aktuellen Beziehungssituationen, und der Therapeut erstmals annäherungsweise einschätzen kann, in welche Position der Patient sich gegenüber den Objekten begibt, was er erwartet und befürchtet und wie sich andere ihm gegenüber verhalten, werden jedoch auch in den späteren Phasen, insbesondere in der dritten und vierten Phase noch weitere Möglichkeiten bestehen, Beziehungsepisoden zu ermitteln. Der Therapeut sollte also auch in späteren Phasen des Gespräches auf konkrete Beispiele von Beziehungsepisoden achten.

3.3.3 Selbsterleben und relevante Lebensbereiche

In der dritten Phase des Interviews sollte der Interviewer das Selbsterleben des Patienten in den Vordergrund stellen, wobei er zugleich die erlebten wie faktischen Lebensbereiche (Herkunftsfamilie, eigene Familie, Arbeits- und Berufswelt) einbezieht. Klare Fragen nach dem aktuellen Sozialstatus, dem im Leben Erreichten und den konkreten Zielen ergeben oft schon weitgehende Hinweise auf die Persönlichkeitsentwicklung und die Ich-Struktur.

Das Selbsterleben ist kaum zu trennen von dem Objekterleben, auf dem in der vierten Phase des Interviews der Schwerpunkt liegt. Die Erfassung der Lebensgestaltung kann aus der Perspektive des Selbst wie aus der Perspektive der Objekte geschehen. Diese Phase kann mit folgender Anregung eingeleitet werden:

> «Sie haben mir schon einiges über Ihre Beschwerden und über Ihre Beziehungen erzählt. Ich möchte allerdings noch etwas genauer verstehen, wie Sie sich jetzt sehen und wie Sie sich früher sahen.»

Folgt der Patient dieser Frage, so wird sich für den Therapeuten nicht nur darstellen, ob der Patient sich selber differenziert zu schildern in der Lage ist, sondern auch, ob er sich von den Objekten abgrenzen kann, ob er ein klares Selbstkonzept hat. Da die Patienten sich meist in bestimmten Situationen selber schildern, wird der Therapeut auch über familiäre oder berufliche Lebensbereiche erfahren. Hier ist es durch vertiefende Fragen möglich, sowohl die biographische Situation zu erfassen, z. B. die Beziehung zu den Eltern, Geschwistern, zur Partnerin oder zum Partner, zu Vorgesetzten und Kollegen, wie auch das Selbsterleben des Patienten in diesen sozialen und biographisch definierten Situationen. Dieser Teil des Interviews kann zusammen mit der vierten Phase sehr umfangreich sein und möglicherweise werden weitere Klärungen in folgenden Gesprächen notwendig.

So sind z. B. detailliertere Fragen zur Zufriedenheit des Patienten in der Familie, im Beruf in seinen früheren und augenblicklichen Tätigkeiten, zu Belastungen, Entlohnung, Verhältnis zu Vorgesetzten und Beziehungen zu Kollegen möglich. Der Therapeut soll insbesondere auf mehrere Lebensbereiche zu sprechen kommen, damit die lebensbestimmenden Konflikte sich auch in den verschiedenen Lebensbereichen darstellen können. Nur so wird eine Einschätzung der Achse Konflikt auch möglich.

Bei der Patientin A. ist das aktuelle Selbsterleben bestimmt von dem Unfähigkeitserleben, selbständige Unternehmungen zu planen und durchzuführen, und von der Gebundenheit in der Ehe. Aus der früheren Ehe, die sie nach dem Tod ihres Vaters einging, schildert sie, daß der Ehemann sie einschloß, bis er aus der Arbeit zurückkam. Er begründete das damit, daß sie doch nichts zu tun brauche und er alles für sie tun könne.

Die Patientin fand dies damals «amüsant». Sie fühlte sich wie ein «wertvolles Kleinod». In der Folgezeit gibt es nach einer agoraphobischen Symptomatik verschiedene Trennungs- und Wegbewegungsversuche, die jedoch scheitern. Besonders belastet wird die Ehebeziehung durch die Erkrankung des Mannes.

Bei der Patientin B. ist das Selbsterleben geprägt von der Anpassung im Beruf, von der Sorge um die Tochter und von Schuldgefühlen, sie sei keine gute Mutter, aber auch von ihrer Bereitwilligkeit, für die Primärfamilie zur Verfügung zu stehen. Sie opfert sich für die anderen.

Patient C. sieht sich als Opfer, das immer wieder «gelinkt» wird; seine großen Bemühungen werden nicht anerkannt. Obwohl er trotz seiner körperlichen Behinderung ein Handwerk gelernt hat, verlor er zu seiner eigenen Überraschung die Stelle. Seine berufliche Zielvorstellung ist es jetzt, einen sozialen Helferberuf zu ergreifen, «weil es in der Welt so viele Schwierigkeiten gibt». Ein aktuelles Bild seiner Person und seiner realen Situation kann der Patient nicht vermitteln.

Die Beispiele machen deutlich, daß sich in dieser Phase des Interviews schon manche Aspekte für die Einschätzung der Konflikte, der Identität, der Abwehrstruktur, aber auch der Selbstwahrnehmung und der kommunikativen Fähigkeiten für die Achse Konflikt und Struktur ergeben.

3.3.4 Objekterleben und Lebensgestaltung

Die vierte Phase des Interviews steht in Verbindung mit der dritten Phase. Wahrscheinlich wird das Selbsterleben immer auch in Bezug zu den Objekten geschildert. Dennoch sollte sich der Therapeut in dieser vierten Phase noch einmal auf die Wahrnehmung und das Erleben der Objekte konzentrieren. Er sollte herausarbeiten, wie der Patient die anderen im «Hier und Jetzt» und im «Dort und Damals» sieht. Dies bedeutet auch eine Erfassung der verschiedenen Lebensbereiche, z. B. Primärfamilie, Familie bzw. Partnerschaften, Beruf, Freunde, weiteres Sozialleben. Diese Phase kann mit der Frage eingeleitet werden:

> «Sie haben mir erzählt, wie Sie sich selber jetzt und früher sehen und erlebt haben und auch angedeutet, wie Sie andere sehen. Können Sie mir noch genauer erzählen, wie Sie X sehen?»

Der Therapeut sollte dabei an den vorausgegangenen Schilderungen über die Objekte in den ersten Phasen des Interviews anknüpfen. Er wird aber auch, falls der Patient nicht schon zuvor Lebensbereiche vertieft dargestellt hat, klärende und lenkende Fragen stellen müssen, um den Patienten anzuregen, über Objektbeziehungen und Lebensbereiche der Gegenwart und Vergangenheit zu erzählen. So können z. B. klärende Fragen zur beruflichen Vergangenheit notwendig werden, zu seiner Zufriedenheit mit seiner beruflichen Situation, zu Belastungen, zur Entlohnung, zum Verhältnis zu Vorgesetzten und zu Beziehungen zu Kollegen. Dies kann durch Fragen eingeleitet werden, die offen formuliert sind, z. B.:

> «Sie haben mir geschildert, welchen Beruf Sie erwählt haben und wie Sie in die Lehre gegangen sind. Können Sie mir noch genauer erzählen, wie es zu dieser Berufswahl kam und wie Sie sich heute im Beruf erleben?»

Manche Patienten lassen bei freiem, nicht explorativem Vorgehen Lebensbereiche weg. Zur Erfassung lebensbestimmender Konflikte ist es jedoch notwendig, mehrere Lebensbereiche zu erfassen. So kann z. B. die Frage notwendig werden:

> «Sie haben mir einen guten Eindruck von Ihrem Leben in der Familie vermittelt. Ich kann mir aber noch nicht so recht vorstellen, wie es Ihnen in Ihrem Beruf ergeht. Können Sie mir davon einen Eindruck verschaffen?»

Der Therapeut muß sich stets vergegenwärtigen, daß es nicht alleine um die Erfassung der Realität im einzelnen geht, sondern um die Erfassung des Erlebens und insbesondere des Erlebens der Objekte in diesen Lebensbereichen. In manchen Fällen ist es wahrscheinlich, daß der Patient nur Andeutungen von wichtigen Situationen macht. Diese sollte sich der Therapeut merken, jedoch nicht den Patienten unbedingt drängen, Mitteilungen zu machen, die ihm sehr unangenehm sind und die er vielleicht erst zu einem späteren Zeitpunkt mitteilen kann. Ebenso werden sicher immer wieder bedeutsame Situationen und bedeutsame Beziehungen zu signifikanten Objekten nicht erwähnt, also ausgeblendet. Der Therapeut kann dies zwar ansprechen, aber er muß sich vergegenwärtigen, daß er manchmal nur Andeutungen bekommt und einem Widerstand begegnet, die «wirklichen» Beziehungen zu den Objekten zu schildern.

Bei der Patientin A. ist das signifikante bedeutsame Objekt der Ehemann; bei der Patientin B. ist es die Tochter. Von diesen Objekten führt der Weg im Interview bei der Patientin A. zum Vater, der sehr idealisiert wird und der kurz vor der Heirat der Patientin verstorben war. Bei der Patientin B. führt der Weg von der Tochter zur Mutter, die ebenfalls sehr idealisiert wird und kurz vor Ausbruch der Erkrankung verstorben war. Die Patientin A. schildert ihren Vater als ein ideales Objekt; sie konnte sich stets an ihn wenden, er hatte für alles Verständnis. Seinen Tod hatte sie noch nicht verarbeitet. Bei der Patientin B. ist es die Mutter, die alles für die Familie tat, sich aufopferte und immer für die Kinder da war, von der sich die Patientin nur schwer trennen konnte. Die Patientin äußert heftige Schuldgefühle, da die Mutter verstorben war, als sie die Familie nicht besuchen konnte. Für den Patienten C. ist eine realitätsgerechte Wahrnehmung anderer Menschen sehr schwierig. Er schwankt zwischen den extremen Polen großer idealisierender Hoffnung und bitterer Enttäuschung. Eine innere emotionale Bindung an einzelne wichtige Personen ist kaum zu erkennen. Das gilt z.B. auch für die beiden halbwüchsigen Kinder aus einer gescheiterten Ehe.

3.3.5 Psychotherapiemotivation, Behandlungsvoraussetzungen, Einsichtsfähigkeit

Gegen Ende des Interviews sollte der Therapeut noch einmal die Szenen und Geschichten des Patienten vor seinem Auge ablaufen lassen. Er sollte für sich feststellen, wie er den Patienten bisher erlebt und welches Hauptproblem er ermitteln konnte. Auf der Basis des bisherigen Materials sollte er eine Intervention formulieren. In Abhängigkeit vom strukturellen Niveau des untersuchten Patienten kann dies auch eine Deutung sein, die unter Nutzung der Gegenübertragung auf Übertragungsaspekte Bezug nimmt.

Diese Intervention lautet bei der Patientin A.:

«Sie möchten selbständig leben können, fühlen sich aber gebunden und abhängig von ihrem Mann, aber auch, wie unser Gespräch zeigt, von mir. Sie erwarten von mir, daß ich Ihnen aus dieser schwierigen Situation heraushelfe.»

Die Intervention bei der Patientin B. kann etwa so formuliert werden:

«Sie haben jahrelang ihre Trauer und ihre Schuldgefühle nach dem Verlust der Mutter verborgen gehalten, und jetzt im Gespräch mit mir sind sie wieder aufgetaucht. Dies scheint Sie zu kränken, da Sie sich nicht genügend kontrolliert erleben.»

Auf den Patienten C kann etwa so geantwortet werden:

«Sie haben es in Ihrem Leben sehr schwer gehabt. Trotz Ihrer Bemühungen sind Sie dabei oft leer ausgegangen und oft auf die Nase gefallen. Ich meine, es könnte wichtig sein herauszufinden, was es damit auf sich hat. Vielleicht ist Ihnen hier und da etwas entgangen, haben Sie hier und da bei Ihrem Gegenüber bestimmte Seiten nicht recht wahrgenommen.»

Solche zusammenfassenden Interventionen des Therapeuten haben das Ziel, den Patienten «probeweise» an seine Problematik heranzuführen und seine Reaktionen zu untersuchen, da sie wesentlich für die Erfassung der inneren Konflikte resp. der Struktur sind – sowie für die Erfassung seiner Bereitschaft, sich auf einen klärenden Behandlungsprozeß einzulassen. Der Therapeut muß also untersuchen, ob der Patient mit solchen Interventionen arbeiten kann und inwieweit es möglich ist, mit dem Patienten auf der Grundlage einer gemeinsamen Verstehensbasis auch in der aktuellen Beziehung die erneute Aktualisierung herkömmlicher Erlebensweisen zu erkennen und zu bearbeiten. Dies ist sicher nicht bei allen Patienten der Fall.

Sollte sich der Therapeut am Ende dieser Phase in der Lage fühlen, die Struktur, die Konflikte, die Beziehungen wie auch das Krankheitserleben und die Behandlungsvoraussetzungen einzuschätzen, kann er das Interview abschließen. Ansonsten sollte er weitere Gesprächstermine vereinbaren.

Das Interview sollte aber nicht ohne einen Hinweis für den Patienten hinsichtlich des weiteren Vorgehens beendet werden. Es sollte mit ihm kurz beraten werden, was bisher geklärt ist und was noch geklärt werden sollte. Des weiteren muß, falls dies nach Abschluß der bisherigen Phasen schon möglich ist, eine Indikation für ein psychotherapeutisches Verfahren durch den Therapeuten gestellt werden und auch dem Patienten mitgeteilt werden.

3.4 Die Diagnostik von Psychischen und Psychosomatischen Störungen nach der ICD-10 (Kap. V, F) innerhalb des OPD-Interviews

Eine deskriptive Diagnose auf Achse Va (psychische Störungen nach ICD-10) und Achse Vb (Persönlichkeitsstörungen nach ICD-10) zu stellen, ist nicht möglich ohne bestimmte minimale Anforderungen an die Erhebung der psychopathologischen Zeit- und Verlaufskriterien. Die Minimalforderung für die klinische Diagnostik ist eine vollständige Erfassung bzw. Überprüfung der Kernsymptome jedes ICD-10-Abschnittes. Die Kernsymptome wurden soweit wie möglich im OPD-Interview in der ersten Phase ermittelt. Schon hierzu schlagen die ICD-10-Autoren ein symptomorientiertes Vorgehen vor; ergänzend können Symptomchecklisten benutzt werden (z. B. WHO 1994; Dittmann et al. 1995; Hiller et al. 1995). Prinzipiell können die Kernmerkmale bei jedem Patienten überprüft werden und bei einer entsprechenden Symptomatik diagnostisch in den betreffenden Abschnitt abgebildet werden. Es sollte sich jedoch daran eine vollständige Symptomexploration anschließen. Diese vollständige Symptomexploration ist nicht durchführbar, ohne die bisherige Vorgehensweise in dem Interview zur Operationalisierten Psychodynamischen Diagnostik zu verlassen.

Grundsätzliche Voraussetzung für den diagnostizierenden Therapeuten ist die Kenntnis des zu verwendenden Manuals (klinisch-diagnostische Leitlinien bzw. Forschungskriterien) und der darin enthaltenen diagnostischen Kategorien. Wie die verschiedenen Anwendungs- und Reliabilitätsstudien zur ICD-10 gezeigt haben (vgl. u. a. Freyberger et al. 1990; Dittmann et al. 1992; Schneider et al. 1993) ist zudem ein diagnostisches Training notwendig.

Im Rahmen klinischer Forschungsfragestellungen lassen sich die bereits obengenannten Symptomchecklisten einsetzen. Ihre Anwendung setzt allerdings umfassende psychopathologische Kenntnisse und die Vertrautheit mit ICD-10 voraus. Es handelt sich um Fremdbeurteilungsverfahren, die durch andere Informationsquellen (u. a. fremdanamnestische Angaben und Verhaltensbeobachtungen) zu ergänzen sind. Die relevanten Einzelsymptome oder Symptomcluster werden in diesen Symptomchecklisten zumeist diagnosenbezogen erfaßt, so daß bei genauer Kenntnis der Patienten auch post hoc Erhebungen mit ergänzenden Interviews möglich sind. Bei Forschungsfragestellungen, die eine homogene Stichprobenerhebung anstreben und/oder das Komorbiditätsprinzip als einen wesentlichen Aspekt beinhalten, muß die Verwendung strukturierter oder standardisierter diagnostischer Interviews erwogen werden.

Je nach Fragestellung ist also eine nicht-störende Einbettung der Syndromdiagnostik in das OPD-Gesamtinterview nur eingeschränkt oder nicht möglich. Es bietet sich daher an, ergänzende Interviews durchzuführen. Dieses Problem stellt sich insbesondere bei dem Einsatz strukturierter oder standardisierter diagnostischer Interviews. Sie können nicht in einem dynamischen Interview eingesetzt werden. Sollte dies auf Grund von Forschungsfragen notwendig werden, dann könnten nach Abschluß des OPD-Interviews möglicherweise auch durch einen anderen Interviewer mit Hilfe von standardisierten Verfahren die Achsen Va und b erfaßt werden. Dadurch wird die therapeutische Beziehung am wenigsten durch ein grundsätzlich anderes Vorgehen gestört.

4. Manual zu den Achsen

4.1 Achse I – Krankheitserleben und Behandlungsvoraussetzungen *Manual*

4.1.1 Schweregrad des somatischen und psychischen Befundes (Fremdbeurteilung)

Die Beurteilung des Schweregrades des somatischen und psychischen Befundes soll sowohl bei organischen als auch bei psychosomatischen und psychischen Erkrankungen vorgenommen werden. Dabei geht es ausschließlich um die *Einschätzung des Befundes* bzw. *der Beeinträchtigungen* im somatischen und psychischen Bereich, unabhängig von der Art der vorliegenden Grunderkrankung. Also: *Befund geht vor Nosologie*, auch wenn – z. B. bei unsicherer Einschätzung des Stands einer Krebserkrankung – diese Faktoren nicht völlig unabhängig sind.

4.1.2 Schweregrad des somatischen Befundes (Fremdbeurteilung)

Hier geht es um die aktuelle, körperliche Funktionsfähigkeit bzw. Behinderung. Dabei sollen *die zur Zeit vorliegenden körperlichen Beeinträchtigungen* eingeschätzt werden. Diese können dem Schweregrad der körperlichen Erkrankung entsprechen, müssen es aber nicht. So kann z. B. ein Patient an einer schweren, chronischen Krankheit (z. B. Multiple Sklerose) leiden, zum Beurteilungszeitpunkt liegen aber keine schweren Symptome vor. Bei einer hochgradigen Beeinträchtigung liegen starke körperliche Symptome vor, die Mobilität ist stark eingeschränkt, das alltägliche Leben kann nicht allein gemeistert werden. Bei einer niedrigen Beeinträchtigung des Körpers liegen, wenn überhaupt, nur leichte Symptome vor, die die körperliche Funktionsfähigkeit nicht wesentlich beeinträchtigen. Die Vorrichtungen des alltäglichen Lebens wie

Einkäufe, Haushaltsführung usw. können bewältigt werden. Andere psychogene Erkrankungen (z. B. Anorexie) oder bewußt induzierte Schäden (z. B. Artefakte) können zu schweren körperlichen Befunden führen.

4.1.3 Schweregrad des psychischen Befundes (Fremdbeurteilung)

Der Schweregrad der psychischen Erkrankung hängt ab von der Art, dem Ausmaß und dem Chronifizierungsgrad der Störung. Damit in Zusammenhang steht das Ausmaß der Integration bzw. Desintegration der Persönlichkeit und ihrer Möglichkeiten der sozialen Anpassung (Beruf, Freizeit, Familie). Zu beachten ist hier, daß viele psychische Erkrankungen in verschiedenen Krankheitsphasen den Betroffenen unterschiedlich belasten. Hier soll das *aktuelle Ausmaß der psychischen Beeinträchtigung* durch die seelische Erkrankung beim Patienten beurteilt werden. Auch hier soll der *Befund vor der Nosologie* stehen. Die früher gestellte Diagnose z. B. einer Psychose ist für diese Beurteilung ohne Relevanz.

4.1.4 Leidensdruck

Hier wird das subjektive Leiden des Patienten, dem eventuell seine Therapiemotivation entspringt, dokumentiert. Der Leidensdruck ergibt sich meist aus der Schwere der Symptomatik, Art und Folgen der Diagnose, den Behandlungsprozeduren, die angewendet werden, aber auch den individuellen und gesellschaftlichen Einstellungen zur Erkrankung (Stigmatisierung). Ein Patient mit einem hohen Leidensdruck leidet stark unter den aufgeführten Aspekten seiner Erkrankung. Wichtig ist hier die Betonung des Subjektiven. So ist ein hoher Leidensdruck auch dann festzustellen, wenn der Patient nur eine geringe Symptomatik hat, subjektiv aber ein großes Leiden angibt. Der Leidensdruck sollte entweder vom Patienten verbalisiert werden oder er ist dem Untersucher aus dessen Verhalten wahrnehmbar. Für das Rating des verbal nicht geäußerten (z. B. verleugneten, bagatellisierten) Leidensdrucks ist ein hohes Maß an Eindeutigkeit erforderlich!

4.1.5 Beeinträchtigung des Selbsterlebens (Fremdbeurteilung)

Hier geht es darum, ob und in welchem Ausmaß das Selbsterleben und die Krankheit miteinander in Einklang gebracht werden können. Das Selbsterleben ist z. B. hochgradig beeinträchtigt, wenn eine Krankheit mit dem Ich-Gefühl, dem Selbstwert eines Patienten überhaupt nicht vereinbar ist, er für sich die jeweilige Krankheit und eventuelle Folgen überhaupt nicht akzeptieren kann und sein ganzes inneres Bild nicht aufrecht erhalten werden kann. Keine oder eine geringgradige Beeinträchtigung des Selbsterlebens liegt vor, wenn der Patient die Krankheit und mögliche Folgen für sich weitestgehend akzeptieren kann, sein Selbstwert trotz Krankheit erhalten ist, er psychisch überwiegend funktionsfähig ist.

4.1.6 Ausmaß der körperlichen Behinderung (Fremdbeurteilung)

Beurteilt wird das Ausmaß an Beeinträchtigungen im körperlichen Bereich, die sowohl Funktionsstörungen einzelner Organsysteme aber auch Einschränkungen der Wahrnehmung (z. B. Sehen oder Hören), kognitiven Leistungsfähigkeit und der Mobilität betreffen können. Es geht hier um eine «objektivierende» Einschätzung.

4.1.7 Sekundärer Krankheitsgewinn

Gemeint ist ein (unbewußter oder bewußter) Gewinn sozialer Vorteile des Patienten aus seiner Krankheit oder deren Folgen. Dieser drückt sich z. B. durch häufigere Krankschreibungen, verlängerte Krankenhausaufenthalte, häufige Kuren, Schonzeiten und Vermeidung von Aspekten des normalen Arbeitsalltages aus. Patienten mit einem hohen sekundären Krankheitsgewinn tendieren im Vergleich zu anderen Patienten mit derselben Symptomatik zu einem stärkeren Vermeidungsverhalten gegenüber Anforderungen im oben genannten Sinn.

4.1.8 Einsichtsfähigkeit in psychodynamische Zusammenhänge

Mit der Einsichtsfähigkeit in psychodynamische Zusammenhänge ist gemeint, ob und in welchem Ausmaß ein Patient in der Lage ist, Zusammenhänge zwischen Konflikten oder belastenden Lebensereignissen und seiner Symptomatik herzustellen. Ein Patient mit einer hohen Einsichtsfähigkeit erkennt solche Zusammenhänge, benennt sie eventuell auch selbst und ist für Bezüge dieser Art offen. Ein Patient mit einer geringen Einsichtsfähigkeit würde diese Zusammenhänge ablehnen und vermutlich auch schon die Frage nach solchen Zusammenhängen zurückweisen. Zu achten ist auf Antworten im Sinne sozialer Erwartung, Unterwürfigkeit und Überanpassung an die Position des Untersuchers.

4.1.9 Einsichtsfähigkeit in somatopsychische Zusammenhänge

Hier geht es darum, ob und in welchem Ausmaß ein Patient erkennen kann, daß seelische Symptome Folge einer körperlichen Krankheit sein können. Ein Patient mit einer hohen Einsichtsfähigkeit erkennt solche Zusammenhänge und benennt sie eventuell auch selber. Ein Patient mit einer niedrigen Einsichtsfähigkeit wird solche Zusammenhänge nicht sehen und eventuell auch verleugnen («Das kann es doch nicht sein ... auf die Krebserkrankung habe ich mich doch prima eingestellt»).

Diese Kategorie ist nur bei eindeutig *organisch verursachten Krankheiten* anwendbar (sonst: «nicht beurteilbar»).

4.1.10/11 Einschätzung der geeigneten Behandlungsformen (Psychotherapie/ körperliche Behandlung)

Hier wird erfaßt, welche Behandlungsformen *der Patient für sich* als geeignet ansieht. *Nicht* erfaßt wird das Urteil des Diagnostikers.

4.1.12 Motivation zur Psychotherapie

Hier wird erfaßt, ob und in welchem Ausmaß *der Patient* zu einer Psychotherapie bereit und auch an dieser interessiert ist. Ein hochmotivierter Patient erwartet eine Veränderung seiner Symptomatik durch die Psychotherapie; er wird danach drängen, möglichst bald eine Psychotherapie machen zu können. Die Motivation des Patienten ist nicht selten unabhängig von der Psychotherapieindikation im betreffenden Falle; so drängen manchmal körperlich infaust

Kranke auf eine Psychotherapie im Sinne eines letzten Strohhalmes. Beurteilt wird in jedem Fall die Motivation am Ende des diagnostischen Prozesses, der zum Teil die Funktion der Motivierung des Patienten hat.

4.1.13 Motivation zur somatischen Behandlung

Hier wird erfaßt, ob und in welchem Ausmaß *der Patient* zu einer medizinisch-körperlichen Behandlung bereit ist. Ein hochmotivierter Patient erwartet eine Veränderung seiner Symptomatik durch eine medizinische Behandlung; er wird bereit sein, den Behandlungsanweisungen zu folgen. Die Behandlungserwartung wird am Ende des diagnostischen Prozesses eingeschätzt und sicherlich häufig bei der konkreten Indikationsstellung berücksichtigt werden.

4.1.14 Compliance

Hier ist die *tatsächliche Mitarbeit* des Patienten bei ärztlichen oder psychologischen Behandlungen gemeint. Ein Patient mit hoher Compliance nimmt die verschriebenen Medikamente, hält Termine ein, wechselt nur selten den Arzt oder Therapeuten und dann nur mit nachvollziehbarer Begründung und arbeitet aktiv in der Behandlung mit. Ein Patient mit niedriger Compliance lehnt innerlich die Behandlung ab, wertet die Therapeuten spürbar ab, wechselt häufig die Ärzte, folgt nicht den ärztlichen Ratschlägen.

4.1.15 Symptomdarbietung

Hier wird erfaßt, in welchem Ausmaß *der Patient* die körperliche oder die psychische Symptomatik in seinem Bericht oder im Gespräch mit dem Diagnostiker in den Vordergrund stellt. Die Rubriken schließen sich aber nicht gegenseitig aus, so kann ein Patient gleichzeitig starke körperliche und starke psychische Symptome berichten.

4.1.16 Psychosoziale Integration

Gemeint ist hiermit, wie gut jemand im privaten Bereich (Partnerschaft, Freundschaften, Bekanntschaften, Vereine usw.) und im beruflichen Bereich (Vorhandensein einer angemessenen beruflichen Tätigkeit, Akzeptiert- und Geschätzwerden am Arbeitsplatz von Kollegen und Vorgesetzten, eigene Zufriedenheit mit der Arbeit) integriert ist. Ein Patient mit schlechter psychosozialer Integration hat eher wenige soziale Kontakte, die eventuell auch unbefriedigend sind. Er ist beruflich schlecht integriert, hat gegebenenfalls keine Arbeit oder ist in keiner Ausbildung. Ein Patient mit guter psychosozialer Integration hat definierte und befriedigende soziale Kontakte. Ebenso ist er beruflich integriert, hat eine überwiegend befriedigende Arbeit oder Ausbildung und kommt mit Vorgesetzten und Kollegen gut zurecht.

Auch eine weniger befriedigende Berufssituation, die vom Patienten als notwendige vorübergehende Anpassung («Lehrjahre sind keine Herrenjahre») erlebt wird, aber in sich stabil ist,muß als «gute psychosoziale Integration» geratet werden.

4.1.17 Persönliche Ressourcen für die Krankheitsbewältigung

Hiermit sind alle Fähigkeiten oder Eigenschaften des Patienten gemeint, die ihm helfen, die Krankheit oder deren Folgen zu bewältigen. Dazu gehören z. B. die Fähigkeit, Leiden und Schmerzen zu ertragen, ein angemessenes Selbstvertrauen, Optimismus, ein stabiler Selbstwert sowie bisherige positive Erfahrungen mit Krisen und deren Bewältigung. So kann ein Patient mit hohen persönlichen Ressourcen sich aktiv mit seiner Krankheit auseinandersetzen, er wird in seinem Selbstwert nur wenig durch die Krankheit erschüttert, hat Lebensperspektiven auch mit einer (schweren) Krankheit und zeichnet sich durch eine eher optimistische Grundeinstellung aus.

4.1.18 Soziale Unterstützung

Hier wird danach gefragt, ob und in welchem Ausmaß der Patient durch Menschen seiner Umgebung im Umgang mit der Krankheit und deren Folgen unterstützt wird. Diese Unterstützung kann emotionaler Art sein, wie z. B. häufige Besuche, aufbauende, unterstützende Gespräche, Telefonate, Versicherung des Fortbestandes der Beziehung trotz der Krankheit. Sie kann auch funktioneller Art sein, wie Blumengießen bei Abwesenheit, nachbarschaftliche Unterstützung usw.

Gefragt ist auch nach einem «Netz» sozialer Beziehungen, z. B. die Stützung durch gemeinsame Überzeugungen sowie schließlich – und vielleicht vor allem – die Beziehungssicherheit im Sinne von Verläßlichkeit von Partnern, Freunden und Familie.

4.1.19 Angemessenheit der subjektiven Beeinträchtigung zum Ausmaß der Erkrankung

Hier sollte der Interviewer von dem Bild ausgehen, wie Menschen einer vergleichbaren soziokulturellen Bezugsgruppe im allgemeinen mit der jeweiligen Erkrankung umgehen. Ein Beispiel für eine nicht angemessene subjektive Beeinträchtigung wäre ein Patient, bei dem leichte Herzrhythmusstörungen festgestellt wurden und der sich dadurch stark beeinträchtigt fühlt und sich ständig innerlich mit möglichen, aber unwahrscheinlichen Folgen der Krankheit auseinandersetzt. Vom Untersucher wird hier wieder eine stärker «objektivierende» – mit anderen vergleichende – Einschätzung erwartet.

4.2 Achse II – Beziehung *Manual*

4.2.1 Einleitung

Mit dem Fragebogen werden die für einen Patienten *charakteristischen* Erlebens- und Verhaltensweisen abgebildet, wie sie sich in seinen gegenwärtigen und vergangenen sozialen Beziehungen *typischerweise* ereignen bzw. ereignet haben. Die Abbildung beschränkt sich dabei auf die *dysfunktionellen* Beziehungsgestaltungen des Patienten.

Voraussetzung für die Einschätzung der zentralen Beziehungsgestaltung eines Patienten ist ein eingehendes klinisch-diagnostisches Gespräch. Im Anschluß daran erfolgt die Formulierung des habituellen Beziehungsmusters auf der Grundlage beobachtbarer und erzählter Verhaltensmodalitäten. Dabei sollte auf Schlußfolgerungen hinsichtlich unbewußter Motive oder Absichten verzichtet werden.

In die diagnostische Beurteilung werden die folgenden zwei Informationsquellen einbezogen:

- die vom Patienten im therapeutischen Gespräch geschilderten Beziehungserfahrungen. In den Erzählungen des Patienten über tatsächlich erlebte bedeutsame Interaktionen mit 'signifikanten Anderen' erschließen sich sein subjektives Erleben und seine Beziehungserfahrungen auf anschauliche und effiziente Weise;
- die szenisch-interaktionellen Informationen aus der aktuellen Interaktion mit dem Patienten. Für den Diagnostiker ist das Beziehungsverhalten des Patienten im Erstgespräch der direkten Beobachtung zugänglich. Neben der aktuell beobachtbaren Beziehungsgestaltung des Patienten können das eigene Erleben und die eigenen Reaktionen des Diagnostikers (Gegenübertragung) als Informationen genutzt werden.

4.2.2 Die Erlebensperspektiven

Entsprechend den beiden unterschiedlichen Informationsquellen wird bei der Diagnostik des zentralen Beziehungsverhaltens zwischen den Erlebensperspektiven des Patienten und der des Untersuchers in der Interviewsituation unterschieden.

Erlebensperspektive des Patienten (Perspektive A)

Welche innere Vorstellung der Patient von seiner Beziehungsgestaltung hat, ergibt sich aus seinen Schilderungen. Ihnen kann entnommen werden, welche Beziehungsaspekte er selbst in seinem eigenen Verhalten und dem seiner Interaktionspartner erleben und benennen kann.

Erlebensperspektive des Interviewers (Perspektive B)

Der Untersucher beobachtet die aktuelle Beziehungsgestaltung des Patienten in der Erstgesprächssituation und das eigene Erleben und die eigenen Reaktionen. Er beschreibt, wie er den Patienten und sich selbst in der Interviewsituation erlebt.

Der Untersucher soll bei dieser Beschreibung darauf achten, daß seine Beurteilung eine über die Interviewsituation hinausgehende Gültigkeit besitzt: Sowohl die eigenen Gegenübertragungsreaktionen als auch die vom Patienten berichteten Beziehungsverhaltensweisen Anderer ermöglichen Schlußfolgerungen darüber, wie Interaktionspartner das Beziehungsverhalten des Patienten erleben und wie sie sich ihm gegenüber wahrscheinlich verhalten. Diese äußere Perspektive kann sich mit dem Erleben des Patienten decken, sie kann jedoch auch andere Aspekte enthalten und somit von ihr abweichen.

Es ist auch möglich (zusätzlich zum oder anstelle des Interviewers) die Perspektive eines Beobachters zu erfassen. Er gibt an, wie er das Beziehungsverhalten des Patienten (mittels Video oder Einwegscheibe) und seine Reaktionen darauf erlebt. Diese Perspektive kann bei speziellen Anwendungen des Instruments von Interesse sein (z. B. für Forschungszwecke).

4.2.3 Die interpersonellen Positionen

Dysfunktionelle interpersonelle Beziehungsmuster werden als spezifische Konstellation a) des habituellen Verhaltens des Patienten und b) der typischen

Reaktionsweisen seiner Sozialpartner beschrieben. Der Fragebogen organisiert dementsprechend die diagnostische Einschätzung der Beziehungsdynamik anhand der folgenden zwei interpersonellen Positionen, die für Perspektive A und Perspektive B unterschiedlich zu formulieren sind:

Perspektive A: Erlebensperspektive des Patienten

Der Patient erlebt sich immer wieder so, daß er ...

Hier liegt der Fokus auf den interpersonellen Verhaltensweisen des Patienten. Beschrieben wird dasjenige interpersonelle Verhalten, das im Selbsterleben des Patienten als dominant und mehr oder weniger durchgängig wirksam erscheint.

Der Patient erlebt andere immer wieder so, daß sie ...

Hier wird auf die Verhaltensweisen der Objekte gegenüber dem Patienten fokussiert. Es wird dasjenige interpersonelle Verhalten beschrieben, das andere Personen im Erleben des Patienten als Antwort auf sein eigenes Verhalten mehr oder weniger durchgängig zeigen.

Perspektive B: Erlebensperspektive des Interviewers

Der Untersucher erlebt, daß der Patient ihn immer wieder ...

Hier liegt der Fokus auf den interpersonellen Verhaltensweisen des Patienten im Interview. Beschrieben wird dasjenige Verhalten, das der Patient in der Beziehung zu dem Untersucher vor allem zeigt.

Der Untersucher erlebt sich gegenüber dem Patienten immer wieder so, daß er ...

Hier wird auf die Reaktionen und Verhaltenstendenzen fokussiert, die der Untersucher im Gespräch mit dem Patienten bei sich selbst erlebt. Es wird dasjenige interpersonelle Verhalten beschrieben, das der Patient dem Untersucher vor allem nahelegt bzw. bei ihm auslöst.

4.2.4 Psychodynamische Formulierung des Beziehungsverhaltens

In einem weiteren (optionalen) Schritt kann aus den beiden Erlebensperspektiven A und B eine psychodynamische Formulierung des dysfunktionellen Beziehungsverhaltens des Patienten abgeleitet werden, die die verschiedenen Beziehungsaspekte zu einem sinnvollen Ganzen integriert. Der Aufbau dieser Formulierung besteht aus einer sequentiellen Anordnung der erfaßten Beziehungsaspekte, so daß ihr dynamischer Zusammenhang erkennbar wird.

4.2.5 Die Items

Die Beurteilung der Erlebensperspektiven wird durch die Items des Erhebungsbogens vorgenommen, die für die verschiedenen interpersonellen Positionen und Erlebensperspektiven analog konzipiert und formuliert sind. Da nur das für den Patienten *dysfunktionelle* habituelle Beziehungsverhalten beschrieben werden soll, wurde bei der inhaltlichen Formulierung der Items die pathologische Grundorientierung hervorgehoben, und zwar:

a) bei einigen Items durch die Qualität: *Der Patient begibt sich selbst immer wieder in die Position, daß er andere mißtrauisch kontrolliert;*

b) bei anderen Items durch die Quantität: *Der Patient begibt sich selbst immer wieder in die Position, daß er anderen besonders hilft, sie versorgt und beschützt.*

Entsprechend wurden bei der Itemselektion positive Beziehungsbereiche (z. B. lieben) ausgespart.

Jedes Item des Erhebungsbogens repräsentiert eine spezifische Beziehungsqualität interpersonellen Verhaltens. Der Itemauswahl liegt das Kreismodell interpersoneller Verhaltensweisen zugrunde. Dabei werden die auf dem Kreismodell angeordneten basalen Verhaltensmodalitäten jeweils durch ein Spektrum klinisch relevanter Nuancierungen differenziert. Die Zugehörigkeit der einzelnen Items zu den Ausschnitten des Kreismodells kann wie folgt dargestellt werden (zu besseren Übersichtlichkeit werden Kurzbenennungen für die Items verwendet):

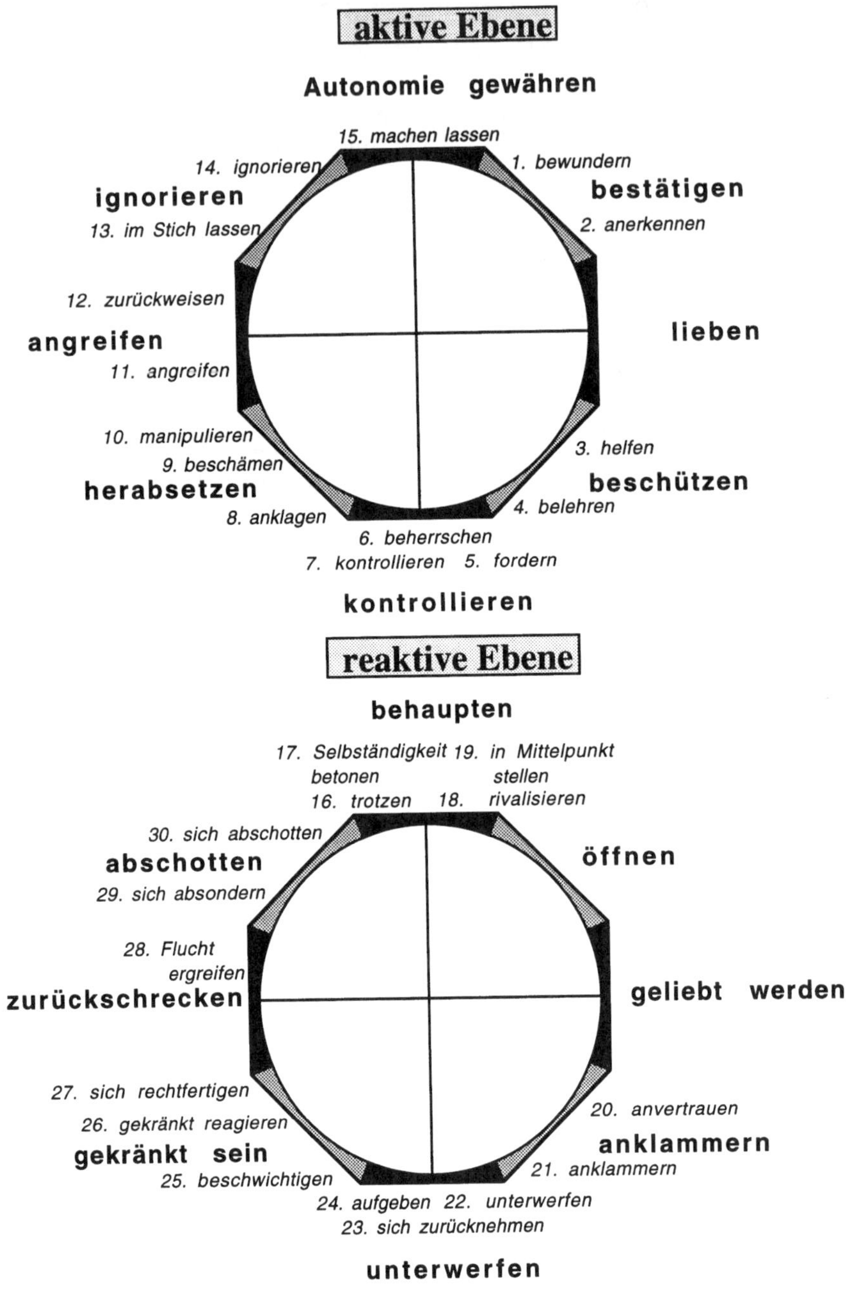

Abbildung 2: Das interpersonelle Kreismodell mit den Itemzuordnungen.

4.2.6. Praktisches Vorgehen

Die Anwendung des Erhebungsbogens erfordert vom Untersucher zwei bzw. (optional) drei Schritte:

I. Markierung zutreffender Items in den beiden Listen:

Für jede Erlebensperspektive werden alle Items in den *Listen zur Itemauswahl* (vgl. Synopsen im Anhang) markiert, die das Beziehungserleben des Patienten (entsprechend seinen Schilderungen) und das Beziehungserleben des Untersuchers (im Interview) zutreffend beschreiben. Die Zahl der auszuwählenden Items ist dabei nicht begrenzt. Bei der Markierung ist darauf zu achten, daß nur die typischen und zugleich dysfunktionellen Verhaltensweisen erfaßt werden. Es gibt zwei Itemlisten: Die erste beschreibt interpersonelle Verhaltensweisen des Patienten, die zweite die seiner Interaktionspartner (also auch des Untersuchers). Es empfiehlt sich, im Einzelnen folgendermaßen vorzugehen:

- Im ersten Schritt konzentriert sich der Diagnostiker auf die linken Auswertungsspalten. Er markiert jene Items, die aus der Erlebensperspektive des Patienten das eigene Beziehungsverhalten (erste Itemliste) und das seiner Interaktionspartner (zweite Itemliste) beschreiben.
- Im zweiten Schritt konzentriert sich der Diagnostiker auf die rechten Auswertungsspalten. Er markiert jene Items, die aus seiner Erlebensperspektive das Beziehungsverhalten des Patienten (erste Itemliste) und seine eigenen Reaktionen (zweite Itemliste) in der Untersuchungssituation beschreiben.

II. Auswahl der wichtigsten Items für den Erhebungsbogen:

In den Erhebungsbogen werden nur die wichtigsten Items aufgenommen, die Teil der abschließenden interpersonellen Diagnose sind. Dazu ist es notwendig, aus den Itemlisten für jede interpersonelle Position (Patientenverhalten bzw. Verhalten der Interaktionspartner) und für jede Erlebensperspektive (Erleben des Patienten bzw. des Untersuchers) jeweils *maximal bis zu zwei* Items auszuwählen. Damit erhält man

- maximal bis zu zwei Items für das Verhalten des Patienten aus dessen Erlebensperspektive,
- maximal bis zu zwei Items für das Verhalten der anderen aus der Erlebensperspektive des Patienten,

außerdem:

- maximal bis zu zwei Items für das Verhalten des Patienten aus der Erlebensperspektive des Untersuchers und
- maximal bis zu zwei Items für die Reaktionen des Untersuchers im Interview in dessen eigenem Erleben.

Wenn für *eine Erlebensperspektive widersprüchliche (polare) Items* zutreffen, ist im Erhebungsbogen diesen zwei polaren Items gegenüber gleichgerichteten der Vorzug zu geben.

Innerhalb dieser vier Gruppen werden die Items in eine Rangreihe gebracht und in dem Erhebungsbogen notiert. Die *Rangreihe* gibt an, wie zentral (im Hinblick auf die Dysfunktionalität) das durch das jeweilige Item beschriebene Beziehungsverhalten beurteilt wird.

III. Die (optionale) psychodynamische Formulierung des dysfunktionellen Beziehungsverhaltens:

Abschließend kann auf dem Erhebungsbogen das dysfunktionelle habituelle Beziehungsverhalten des Patienten als beziehungsdynamische Formulierung notiert werden. Diese klinische Formulierung ergibt sich aus der Summe der beiden Erlebensperspektiven, indem die einzelnen Items sequentiell zu einer klinisch sinnvollen Formulierung verbunden werden. Die Reihung der Items wird so gewählt, daß zunächst aus der Erlebensperspektive des Patienten die beiden Positionen (die des Patienten selbst und die der Anderen) in einen Zusammenhang gebracht werden. Danach wird die Erlebensperspektive des Untersuchers so in die Formulierung integriert, daß der Zusammenhang zwischen dem inneren Erleben des Patienten und der äußeren Wahrnehmung durch den Untersucher (und wahrscheinlich andere Interaktionspartner des Patienten) erkennbar wird. Diese *beziehungsdynamische Formulierung des dysfunktionellen Beziehungsverhaltens* wird als Klartext in den dritten Kasten eingetragen.

4.2.7 Klinisches Fallbeispiel

Eine 44jährige schwer depressive Patientin beklagt sich darüber, daß sie zuhause alles machen muß. Sie kümmere sich um jede Kleinigkeit, käme selbst aber zu kurz. Sie fühlt sich von ihren Kindern im Stich gelassen, weil keines der Kinder die zugeteilten Haushaltspflichten übernimmt. Sie beschwert sich auch über den Ehemann, den sie im Beruf ständig unterstützt und für den sie Entscheidungen treffen muß.

Auswertung Fallbeispiel

Bitte wählen Sie aus den Itemlisten für jede Position nur die zwei wesentlichsten Items aus. Tragen Sie die Itemnummern und die Formulierungen zunächst in den Kasten der Perspektive A und dann in B ein.

Perspektive A: Das Erleben der Patientin

Die Patientin erlebt sich immer wieder so, daß sie	Die Patientin erlebt andere immer wieder so, daß sie
1. (3) hilft, versorgt, beschützt (Nr. Text)	1. (5) Ansprüche, Forderungen (haben) (Nr. Text)
2. (8) beschuldigt, anklagt (Nr. Text)	2. (14) ignorieren (Nr. Text)

Bitte Rangreihe bilden!

Perspektive B: Das Erleben des Therapeuten

Der Therapeut erlebt, daß die Patientin (ihn) immer wieder	Der Therapeut erlebt sich gegenüber der Patientin immer wieder so, daß er
1. (6) bestimmt, beherrscht (Nr. Text)	1. (30) sich abschottet (Nr. Text)
2. (21) anklammert (Nr. Text)	2. (Nr. Text)

Bitte Rangreihe bilden!

Mögliche beziehungsdynamische Formulierung (optional)

Die Patientin erlebt sich in ihrer versorgenden, helfenden Haltung (3) überfordert. Sie beschuldigt (8) andere wegen ihrer Ansprüche (5) und ihrer Ignoranz (14). Es ist ihr wahrscheinlich unbewußt, daß sie andere dabei bestimmt (6). Die anderen Beziehungspartner ziehen sich zurück (30), was bei der Patientin möglicherweise zu anklammerndem Verhalten (21) führt.

Abbildung 3: Auswertung des Fallbeispiels.

Erlebensperspektive der Patientin:
Die Patientin ist gewohnt, der Versorger und Beschützer ihrer Familie zu sein. Sie fühlt sich in der Familie in zentraler Position. Sie fühlt sich überfordert und beklagt sich in depressiver Weise, weil sie von den anderen im Stich gelassen wird.

Erlebensperspektive des Untersuchers:
Die Patientin spricht fast ohne Pause, wobei sie sich ängstlich immer wieder vergewissert, ob sie die Aufmerksamkeit des Therapeuten besitzt. Kurz vor Ende der Stunde schaut sie erwartungsvoll auf den Therapeuten, weil sie sich jetzt einen Rat verspricht.

Die Patientin «füttert» und versorgt unbewußt den Therapeuten mit Information. Erst gegen Ende der Stunde spürt sie, daß sie womöglich zu kurz kommt, wenn sie nicht auch etwas vom Therapeuten zurückbekommt.

Nach der Stunde beschreibt der Therapeut, daß er immer wieder «abschaltete», weil ihm der Redeschwall zuviel wurde.

Die wichtigsten Beziehungsaspekte dieses Fallbeispiels werden nachfolgend im Erhebungsbogen notiert und in dem dritten Kasten im Sinne einer beziehungsdynamischen Formulierung des dysfunktionellen habituellen Beziehungsverhaltens der Patientin zusammengefaßt.

4.3 Achse III – Konflikt *Manual*

4.3.1 Einleitung

Widerstrebende innerseelische oder zwischenmenschliche Interessen sind ein Grundbestand menschlichen Lebens. Vielen Menschen gelingt es, diese Spannungen den inneren und äußeren Anforderungen entsprechend zu integrieren. *Hier wird abgehoben auf Menschen, denen eine solche Integration nicht gelingt.* Bei den im folgenden aufgeführten Konflikten handelt es sich vorwiegend um zunächst nicht erlebbare (unbewußte) Gegensätzlichkeiten und Problembereiche des Erlebens und Handelns. Konflikt als unbewußtes Geschehen muß somit von vorwiegend bewußt erlebter Spannung abgegrenzt werden.

Die nachstehend beschriebenen Konfliktmuster finden sich im Leben des Betroffenen immer wieder, ohne daß bisher eine zufriedenstellende Bewältigung möglich war. Die Konfliktmuster bleiben im Leben des Betroffenen lebendig und über lange Lebenszeiträume erlebens- und handlungsbestimmend, wir sprechen demzufolge von *«zeitlich überdauernden Konflikten»*.

In Ergänzung und Abgrenzung zu diesen *«zeitlich überdauernden Konflikten»* stehen aktuelle *«konflikthafte Lebensbelastungen»*: Einschneidende Lebensveränderungen und Belastungen führen auf dem Hintergrund einer individuellen und soziokulturellen Vulnerabilität – ohne daß aber ein sich wiederholendes Konfliktmuster vorliegt! – zu körperlichen und seelischen Belastungserscheinungen. Verlusterlebnisse, Krankheit oder aktuelle Traumata sind typische Beispiele. Oft kann eine Belastungsreaktion (ICD-10: F43.0 und F43.1) oder Anpassungsstörung (ICD-10: F43.2) diagnostiziert werden (OPD-Achse V). Die Belastungen sind begleitet von inneren Verarbeitungsprozessen, die häufig einen Widerstreit von Gefühlen, Vorstellungen, Erleben und Interessen auslösen, also «konflikthaft» erscheinen, ohne daß aber ein zeitlich überdauernder unbewußter Konflikt vorliegt.

Die zeitlich überdauernden, unbewußten Konflikte erschließen sich aus der klinischen Beschreibung wahrnehmbarer Verhaltens- und Erlebensweisen. Sie manifestieren sich sowohl auf der Subjekt- wie auch auf der Objektebene (innerpsychisch wie auch in der Interaktion mit anderen Personen), häufig stehen Konflikte in Verbindung mit leitenden Affekten (z. B. Wut bei narzißtischer Kränkung), und oft ergibt sich eine Unmittelbarkeit des Konfliktes in *Übertragung* und *Gegenübertragung*.

Die Konfliktdefinitionen beziehen sich *nicht* auf entwicklungspsychologische Annahmen. Ebensowenig beziehen sich die vorliegenden Konfliktdefinitionen explizit auf das klassische psychoanalytische Dreiinstanzenmodell (Es, Ich und Über-Ich), obwohl sowohl inter- wie auch intrasystemische Konflikte angesprochen werden. Traditionelle psychoanalytische Termini werden aufgrund schulenspezifischer Vieldeutigkeit soweit wie möglich vermieden (z. B. analer oder oraler Konflikt).

Der Kliniker ist hauptsächlich mit Affekten und Emotionen, die im Rahmen einer pathologischen Dynamik entstanden sind, konfrontiert. Gegenüber diesen Erfahrungen ist festzuhalten, daß Emotionen, wie zum Beispiel Ängste, Trauer, Zuneigung, Mitleid, Schuld und Schamgefühle oder Selbstzweifel, erst einmal und vor allen Dingen normalem menschlichen Erleben mit Signal- und Kommunikationsfunktion zugehörig sind. Alle diese Gefühle können sehr wohl durch *reale* Umstände (wie z. B. Schuldgefühle durch tatsächliches Fehlverhalten) begründet sein, und erst die Würdigung der Lebensgeschichte und des Lebenszusammenhanges erlauben letztendlich eine Zuordnung zu den Bereichen Gesundheit oder Krankheit.

Die Herausarbeitung spezieller Konflikte bedeutet nicht, daß die Wichtigkeit von traumatischen Erlebnissen in Vergangenheit und Gegenwart relativiert wird. Die Folgen extremer Traumata in der Entwicklung werden sich wahrscheinlich überwiegend als strukturelle Defizite nachweisen lassen. *Konflikt* und *Struktur* stellen nach unserem Verständnis Pole einer klinischen Ergänzungsreihe dar. Im klinischen Alltag treffen wir zahlreiche Wechselwirkungen von traumatischen und konflikthaften Bedingungen an. Ein Trauma kann unter Umständen dadurch nachhaltig wirken, daß es die integrative Lösung der aufeinanderfolgenden Entwicklungsaufgaben beeinträchtigt, also dadurch, daß es die Balance bzw. Überwindung und Integration der «normalen» Konflikte blockiert oder verunmöglicht und dadurch einseitige «Entweder-Oder»-Pseudolösungen begünstigt.

So beeinträchtigen traumatische Trennungen die Entwicklung und Bewältigung des Autonomie-Abhängigkeitskonfliktes mit der Folge, daß häufig entweder ein jeweils extrem aktiver oder passiver Modus eingenommen wird. Die Konflikt- und Strukturebene stehen in der Diagnostik – dies sei nochmals betont – in einer Ergänzungsreihe.

Die Konflikte manifestieren sich in den wesentlichen Lebensbereichen eines Menschen. Hierzu zählen wir (nach Dührssen 1981) Partnerwahl, Bindungsverhalten und Familienleben, den Bereich der Herkunftsfamilie, den gesamten Arbeits- und Berufsbereich, das Besitzverhalten, den umgebenden soziokulturellen Raum sowie das Krankheitserleben.

Wichtig ist es für den Untersucher, grundsätzlich vom Erfragten und Beobachteten auszugehen und dies anhand des Manuals einzuordnen. Voraussetzung ist die *Kenntnis der dargestellten Konfliktdefinitionen*. Probleme und Differenzen in der Beurteilung ergeben sich dadurch, daß alle tiefenpsychologisch und psychoanalytisch geschulten Untersucher ihre subjektiven inneren Konstrukte und Benennungen unbewußter Konflikte haben. Jede Beurteilung in der OPD muß jedoch unbedingt von den *Definitionen und diagnostischen Kriterien des Manuals ausgehen*!

Anhand dieser Lebensbereiche unterscheiden wir folgende zeitlich überdauernde Konflikte:
1.1 Abhängigkeit versus Autonomie
1.2 Unterwerfung versus Kontrolle
1.3 Versorgung versus Autarkie
1.4 Selbstwertkonflikte (narzißtische Konflikte, Selbst- versus Objektwert)
1.5 Über-Ich- und Schuldkonflikte (egoistische versus prosoziale Tendenzen)
1.6 Ödipal-sexuelle Konflikte
1.7 Identitätskonflikte (Identität versus Dissonanz)

2. Fehlende Konflikt- und Gefühlswahrnehmung

In jeder Konfliktebene findet sich ein *passiver* und ein *aktiver* (kontraphobischer) Modus. In der Entwicklung und im Leben des Menschen besteht eine grundsätzliche Bipolarität zwischen Passivität und Aktivität, zwischen Selbstbezogenheit und Objektbezogenheit. Auf der einen Seite steht der passive Rückzug auf das Selbst, die Selbstbezogenheit, am anderen Ende die aktive Suche des Objektes, die Objektbezogenheit bis hin zur Objektabhängigkeit. Diese gegensätzlich erscheinenden Tendenzen sind natürlich nicht voneinander unabhängig, sondern interdependent. Gerade aber die Betonung des passiven – selbstbezogen oder aktiven – objektbezogenen Modus entspricht häufig einer konflikthaften Verarbeitung, da eine integrative «Sowohl-als-auch-Lösung» nicht gefunden werden konnte. Diese grundsätzliche Bipolarität des menschlichen Lebens schlägt sich in den verschiedenen Konflikten entsprechend nieder: Abhängigkeit versus Autonomie, Selbst(un)wert versus Objektwert und so fort. Es muß jedoch berücksichtigt werden, daß die aktive und passive Auseinandersetzung Grundelemente menschlichen Erlebens und Handelns sind und wir hier von aktivem Modus nur sprechen, wenn eine z. B. deutlich *kontraphobische* Abwehr vorliegt und eine *Reaktionsbildung* überwiegt. Von einem passivem Modus sprechen wir beim Überwiegen *regressiver Abwehrhaltungen.* Die Erarbeitung eines aktiven bzw. passiven Modus stellen

Prototypen dar, in der klinischen Realität finden sich häufig auch «Mischtypen».

Die Konflikthypothese bildet sich im anamnestischen Gespräch *anhand des biographischen Materials, der Szene und der Übertragung/Gegenübertragung ab.* Hilfreich ist die Orientierung an iterativen Mustern von Konflikten und die Frage nach dem Selbstbild («Was sind Sie für ein Mensch, Sie kennen sich schon lange?»). Alle Konflikte sollen bezüglich ihres Vorhandenseins und ihrer Wertigkeit beurteilt werden. Der Untersucher soll bei der Gesamtbeurteilung *zwei* Konfliktmuster aufnehmen, die als bedeutsam und sicher vorhanden eingestuft werden können. Werden mehr als zwei Konfliktbereiche diagnostiziert, sind die beiden wichtigsten und bedeutsamsten Konfliktebenen in einer Rangfolge aufzuführen.

Wichtig und bedeutsam sind jene Konflikte, welche die größte klinische Bedeutung besitzen und vorrangig für die therapeutischen Bearbeitung (Focus) sind.

Es handelt sich in der Klassifikation um idealtypische Ausarbeitungen der Konflikte, entsprechend finden sich in der klinischen Realität selten völlige Übereinstimmungen mit den Konfliktmustern. Wie in vergleichbaren Klassifikationen ist es somit weder möglich noch erforderlich, daß alle *sechs* Kriterien eines Konfliktmodus erfüllt sind, *in der Regel sind zumindest zwei bis drei von sechs möglichen Kriterien hinreichend für eine positive Diagnostik.*

4.3.2 Zeitlich überdauernde Konflikte

4.3.2.1 Abhängigkeit versus Autonomie

Es geht hierbei um die existentielle Bedeutung von Bindung und Beziehung. Die gegensätzlichen Pole sind einerseits die Suche nach Beziehung sowie andererseits das Streben nach Autonomie und die Ängste um Selbständigkeit und Verantwortung. Beides entspricht der grundlegenden Bedeutung, die Bindung und Autonomie im Leben eines jeden Menschen besitzen.

Abhängigkeit und Autonomie resp. Versorgung versus Autarkie sind von Anbeginn des Lebens grundlegende Motivationssysteme. In der Entwicklung zeigen beide Motivationssysteme vielfältige Überschneidungen. Der Bereich Abhängigkeit/Autonomie zeigt nahe Verwandtschaft zur Bindung (Bowlby), während bei der Versorgung/Autarkie der Akzent auf dem Bekommen, etwas Haben, Verlieren oder im Gegensatz dazu keiner Versorgung zu bedürfen (Selbstversorger) liegt.

Abhängigkeit und Autonomie sind Grundkategorien im menschlichen Erleben und in allen Konfliktbereichen enthalten. Ein Autonomie-Abhängigkeitskonflikt liegt nicht vor, wenn die Menschen zu flexiblen und wechselseitigen Beziehungen in der Lage sind und diese vertiefen können. Hier ist jedoch nicht diese grundlegende Bipolarität des menschlichen Lebens gemeint, sondern die konflikthafte Polarisierung.

Ein Autonomie-Abhängigkeitskonflikt als lebensbestimmendes Thema zeigt sich in der existentiellen Bedrohung, die sich im Leben eines Betroffenen immer wieder findet und die alle anderen Konflikte überragt. Klinisches Beispiel sind schizoide Charakterstrukturen (als Beispiel für die aktive Verarbeitung) oder auf die Autonomie verzichtende, verschmelzende Beziehungsaufnahmen (passiver Modus). *Leitaffekt* ist die durch Nähe und oder Distanz ausgelöste Angst. Gerade bei jüngeren Menschen besteht damit die Gefahr, diesen Konflikt diagnostisch immer anzunehmen («Loslösung»). Es muß daher überprüft werden, ob die Kriterien klar erfüllt sind! In dem Bereich Abhängigkeit versus Autonomie sind Konflikte angesprochen, die um den Grundbestand der Selbständigkeit kreisen. Überwiegen in der «Loslösung» andere Aspekte, wie z. B. die Frage der Versorgung, so ist hierin zwar auch das Grundelement Autonomie und Abhängigkeit enthalten, der Konflikt jedoch im Bereich der Versorgung (1.3) zu sehen.

Passiver Modus:

Eigene Autonomiewünsche werden unzureichend wahrgenommen und den Wünschen bedeutsamer Beziehungspersonen untergeordnet, um die Bindung nicht zu gefährden oder die Selbstverantwortung nicht zu forcieren. Es besteht eine ausgeprägte Abhängigkeit, verbunden mit einer Selbstwahrnehmung in Richtung von Hilflosigkeit und Schwäche. Konflikte in Beziehungen werden demzufolge verleugnet, bagatellisiert und rationalisiert. Ziel dieses Modus ist es, die Beziehung nicht zu gefährden. Diese Menschen erscheinen abhängig, was in der Untersuchungssituation charakteristischerweise durchgängig erlebt werden kann. In der *Gegenübertragung* entstehen Gefühle von Sorge und Verantwortung. Den Patienten spürbar ist eine starke Angst, Bindungen zu verlieren.

Kriterien:

1. Der Patient nimmt in *Familie* und *Partnerschaft* freiwillig einen nachgeordneten, nicht aktiven Part in Beziehungen ein und bleibt in dieser Stellung sowohl regelhaft als auch in besonderen Konfliktsituationen. Änderungsvorschlägen wird ein charakteristischer Widerstand oft mit Hinweis auf die Bedürftigkeit des anderen entgegengesetzt («Ich kann meinen Mann nicht

alleine lassen» – CAVE: hier sind nicht die Schuldgefühle, sondern die Bedürfnisse angesprochen!).

2. Es besteht ein psychisches *«Nicht-Erwachsen-Werden»*. Dieses kann sich ausdrücken in real verlängerter Wohnzeit im Elternhaus bis hin zu einem «Muttersohn»-Bleiben. Der familiäre Kontext wird auch unter Inkaufnahme schwerer Nachteile erhalten. Durch das passive Zur-Verfügung-Stellen werden Probleme auf die nächste Generation übertragen.

3. Die Patienten üben *im Beruf* meist eine nachgeordnete Tätigkeit aus. Sie sind bestrebt, Verantwortlichkeit zu vermeiden (der ideale zweite Mann; CAVE: Hier ist nicht die Vermeidung von Konkurrenz durch Unterwürfigkeit angesprochen), ohne daß dieses mit beruflicher Insuffizienz einhergeht. Ein passives *Arbeits- und Leistungsverhalten* überwiegt.

4. Die *Besitzverhältnisse* werden der Beziehungssetzung untergeordnet und dienen – wenn überhaupt – der Erhaltung der eigenen passiven abhängigen Position. Oft besteht Bedürfnislosigkeit, weil Eigentum eher zu Verantwortung verpflichtet.

5. Im *gesellschaftlichen Umfeld* werden Gruppenzugehörigkeiten mit Ein- und Unterordnung bevorzugt. Wichtig ist das Gefühl des «Dazugehörens».

6. *Erkrankungen* schaffen die Möglichkeit, die Abhängigkeit nun verstärkt «zurecht» auszuleben, z. B. gegenüber den nächsten Angehörigen oder Ärzten. Die Patienten erscheinen ihrem Krankheitsschicksal ergeben.

Aktiver Modus:

Vorrangiges Lebensziel ist der Aufbau einer übersteigerten emotionalen und existentiellen Unabhängigkeit. Es besteht ein ständiges Ringen mit anderen Menschen um Autonomie. Eigene Bedürfnisse, sich anzulehnen und sich zu binden, werden entsprechend unterdrückt («pseudounabhängiges» bis hin zu «schizoidem» Verhalten).

Menschen mit diesem Modus sind selten in psychotherapeutischen Institutionen oder Praxen zu finden, da sie Abhängigkeiten (in diesem Falle vom Psychotherapeuten) vermeiden. Ähnliche Erlebens- und Verhaltenseinstellungen sind beschrieben in der Persönlichkeitstypologie des Herzinfarktpatienten, Typ A nach Rosenman (1981) und in der Persönlichkeit des Herzneurotikers, Typ B nach Richter und Beckmann (1969). In der *Gegenübertragung* entwikkelt sich trotz massiver Symptomatik wenig Verantwortungs- und Versorgungsgefühl, man ist bereit, den Patienten «ziehen» zu lassen, da starke abgewehrte Wünsche spürbar werden.

Kriterien:

1. In der *Partnerwahl* wird eine ausgeprägte Unabhängigkeitsposition angestrebt, abgewehrte Abhängigkeitswünsche sind jedoch spürbar. Durch diese Haltung sind Familie und Partnerschaft in der Regel konfliktreich. Im Extremen werden Beziehungen als gefährlich, verschlingend und übermächtig erlebt und vermieden. Die Umwelt leidet nicht selten unter der ständigen Aktivität solcher Personen.
2. Häufig findet sich eine *forcierte Loslösung* unter Mitnahme der inneren Werte der Ursprungsfamilie. Auch eigene Kinder werden forciert verselbständigt und in die Unabhängigkeit entlassen.
3. Unabhängig von der hierarchischen Position werden *Berufs*nischen mit Autarkie angestrebt. Konflikte entstehen insbesondere in Kooperations- und Abhängigkeitsbeziehungen. Das Lern- und Leistungsverhalten ist in der Regel dem Wunsch nach Unabhängigkeit nachgeordnet.
4. Es werden sichere finanzielle Verhältnisse als Basis der Eigenständigkeit bevorzugt. Manchmal aber wird auch die *Besitz*losigkeit zum Ideal der völligen Unabhängigkeit («mea propria mecum porto»).
5. *Gruppenzugehörigkeiten* werden eher selten gesucht. Es werden Weltanschauungen und Ideologien mit dem Ideal der Unabhängigkeit bevorzugt; manchmal sind zynische Haltungen zur Entlastung von sozialen Bindungen beobachtbar.
6. *Krankheit* ist eine zentrale Bedrohung der Möglichkeit zur Unabhängigkeit, dementsprechend wird die Arzt-Patient-Beziehung versachlicht und distanziert (bis hin zum häufigen Wechsel von Behandlern) gestaltet. Formal sind diese Menschen «mündige Patienten».

4.3.2.2 Unterwerfung versus Kontrolle

Selbst- und Fremdkontrolle sind ein Grundbedürfnis. *Hier* wird abgehoben auf Menschen, bei denen dieser Bereich erlebens- und verhaltensbestimmend ist. Es gibt Überschneidungsbereiche zum Persönlichkeitsmodell des «zwanghaften» Charakters. Der Konflikt «Gehorsam/Unterwerfung versus Kontrolle (Machtausübung)/Sich-Auflehnen» ist jedoch darüber hinaus – dies sei an dieser Stelle noch einmal betont – auch bei anderen Persönlichkeits- und psychopathologischen Mustern zu finden. Die Internalisierung von Verhaltensnormen (Selbstkontrolle) ist ausgeprägt, persönliche und gesellschaftliche Regeln besitzen einen hohen Stellenwert (CAVE: Abgrenzung von Über-Ich- und

Schuldkonflikten). Spannungen können demzufolge interpersonell auftreten (Unterwerfung versus Auflehnung) oder sich intrapsychisch (Spontanität versus strenge Regeln) manifestieren. Entsprechend finden sich in Konfliktsituationen *unterschiedliche Leitaffekte:* Ärger, Wut und Furcht bei interpersonalen Konflikten sowie Scham, Schuld und Angst bei internalen Konflikten.

Passiver Modus:

Diese Menschen besitzen eine hohe Selbstkontrolle und Beherrschung und wehren ihre Bedürfnisse zur Kontrolle ab. Sie beanspruchen keine eigenen Rechte und stellen keine Forderungen, sie ordnen sich unter und wirken pflicht- und weisungsgebunden. («Hochmut der Demütigen»). Widerstand wird in Fehlhandlungen deutlich, z. B. Vergeßlichkeit oder Trödeln. Der Untersucher fühlt sich in der *Gegenübertragung* jedoch hintergründig besonderer Überprüfung ausgesetzt. In Beziehungen und Partnerschaften ordnen sich die Menschen unter, erscheinen unauffällig, Gefühl und Handeln erfolgen weniger aus eigener Initiative.

Kriterien:

1. Es besteht in *Beziehungen* eine Unfähigkeit, «nein» zu sagen, sich gegen die Ansichten der Bezugspersonen durchzusetzen. Regeln haben eine große Bedeutung, das ganze Familienleben erscheint festgelegt und geplant. Der Status wird streng beachtet, Beziehungen wirken damit manchmal konventionell und förmlich. Diese Menschen sind in Beziehungen bescheiden, zufrieden mit ihrer untergeordneten Stellung. Widerstand wird indirekt durch Zögern, Trödeln, Eigensinn usw. passiv ausgelebt und ist unbewußt. Dieses Verhalten wird von den sozialen Beziehungspersonen jedoch sehr wohl als Widerstand wahrgenommen, es entsteht Verärgerung.
2. Es besteht eine *Familientradition* der geordneten Ruhe und strengen hierarchischen Beziehungen. Die Familienbeziehungen bestehen meist über Generationen fort und werden selten gelöst, so daß die unterschiedlichen Generationen durch Verpflichtungen und Aufgaben aneinander gebunden sind.
3. In der Regel finden Menschen, die sich so verhalten, *im Beruf* in nachgeordneten Positionen. Selbständigkeit und Entscheidungen werden vermieden (vor allem aus der unbewußten Angst vor Machtausübung). Andererseits werden viele Anforderungen passiv unterlaufen (zum Beispiel übergenaues Ausführen), so daß oft der Eindruck einer beruflichen Leistungsminderung entsteht.

4. Das Geld- und *Besitzverhalten* ist geprägt durch eine scheinbar gefügige Hergabebereitschaft, gleichzeitig ist jedoch spürbar, daß Besitz und Geld eine zentrale Rolle im Leben einnehmen.
5. Es bestehen meistens feste *Gruppenzugehörigkeiten*, wobei wiederum nachgeordnete Positionen eingenommen werden. Weltanschauliche, religiöse oder politische Ideologien werden gefügig übernommen, auch wenn sie eigentlich eigenen Vorstellungen widersprechen.
6. *Krankheit* ist ein Schicksal, dem man sich «unterordnen» muß. In der Arzt-Patient-Beziehung erscheinen die Patienten fügsam, Anordnungen und Kooperation werden nicht selten passiv unterlaufen.

Aktiver Modus:

Menschen, die ein stetes Aufbegehren gegen Pflichten, Verpflichtung und Kontrolle zeigen. Sie erleben dies als Eingriff in ihre Rechte und rebellieren dagegen. Gleichzeitig werden andere Menschen als untergeordnet angesehen, sollen sich den eigenen Wünschen fügen und ihr Verhalten kontrollieren lassen. Solche Menschen sind in charakteristischer Weise unfähig, ihre Kontrollbedürfnisse, die sie als begründet und berechtigt erleben, mit denen anderer Menschen auf eine Stufe zu stellen.

Kriterien:

1. In *Beziehungen* überwiegen Eigenwilligkeit, manchmal trotzige Aggressivität und der Wunsch, alles nach den persönlichen Interessen und Vorstellungen zu gestalten. Es besteht ein Protest gegen fremdbestimmte Regulierung und das Einfügen in von anderen gestaltete Ordnungen. Aufgrund ihres Verhaltens wirken die Menschen in Beziehungen meisten störend, unruhig, bis hin zu ständiger Besserwisserei. Die Beziehung folgt in selbst gesetzten Regeln, die nicht problematisiert werden («Willst Du nicht mein Bruder sein ...») Es werden Partner gesucht, die reziprok-komplementär diesem Verhalten entsprechen. Manche Menschen üben ihre Tyrannis allerdings mit großer, scheinbar effektiver Sanftheit und Klugheit aus, so daß diese auf den ersten Blick sogar übersehen werden kann.
2. In den *Familien* herrschen generationsübergreifend rigide Regeln; bestehen zwischen den Generationen Bande, so folgen sie diesen Regeln; nicht selten wird jedoch der Kontakt mit dem Erwachsenwerden radikal abgebrochen («Ich laß mir doch nichts mehr sagen»). Ein Aufeinanderzugehen erscheint dann von beiden Generationen unmöglich.

3. Im *Berufsleben* wird hartnäckig darauf geachtet, daß die eigene Art das Maß aller Dinge ist; den Anregungen und der Autorität anderer widersetzen sich diese Menschen. Arbeit und Beruf haben einen hohen Stellenwert, obwohl sie aufgrund des Verhaltens besonders konfliktträchtig sind. Es werden in der Hierarchie leitende Positionen angestrebt.

4. *Besitz* und Geld wird als ein wichtiges Mittel angesehen, eigene Vorstellungen zu verwirklichen («Geld ist Macht»).

5. Die Zugehörigkeit zu sozialen *Gruppen* wird dahingehend bewertet, ob sie Möglichkeit bietet, Macht und Einfluß auszuüben.

6. Auch in der *Erkrankung* überwiegt der «Kampf gegen die Krankheit» nach der Devise: «Ich lasse mich nicht unterkriegen». Dies überschreitet die grundsätzlich positive aktive Krankheitsbewältigung bei weitem. In der Arzt-Patient-Beziehung geht es in der Auseinandersetzung um «Selbstbestimmung» versus «rechthaberische (mächtige) und kontrollierende» Ärzte.

4.3.2.3 Versorgung versus Autarkie

Hierbei handelt es sich um Menschen, die grundsätzlich zu einer Beziehungsaufnahme in der Lage sind. Die Gestaltung und das Erleben von Beziehung folgt jedoch den spezifischen Wünschen nach Versorgung und Geborgenheit bzw. deren Abwehr. Selbstverständlich handelt es sich auch bei den Wünschen nach Versorgung und Geborgenheit um eine Grundthematik der menschlichen Existenz. Im folgenden interessiert die besondere konflikthafte Ausgestaltung dieser Grundthematik. Der Grundkonflikt bewegt sich zwischen dem kaptativen Pol (bis hin zur Ausbeutung anderer Menschen) und dem retentiven Pol (völliger Selbstgenügsamkeit) i. S. von Schultz-Hencke (1951). Der Umgang mit Versorgungs- und Geborgenheitswünschen konstituiert nicht die Objektbeziehung, sondern gestaltet eine etablierte Beziehung.

Bei Versorgung versus Autarkie geht es darum, etwas zu bekommen oder zu verlieren, einer Zuwendung sicher zu sein oder zu geben, im Gegensatz zu keiner Versorgung bedürfen. Auch dies führt zu starker Abhängigkeit, wobei diese sich grundlegend von der stärkeren Seins-Abhängigkeit des Autonomie-Abhängigkeitskonfliktes (Verschmelzung) unterscheidet. Da sich beide Motivationssysteme in der Entwicklung vielfältig überschneiden, kann die Abgrenzung oft schwierig sein.

Das psychoanalytische Konzept der Oralität berührt diese Thematik, ohne mit ihr identisch zu sein. Der zugehörige *Leitaffekt* ist (prolongierte) Trauer und Depression, weil die Bedeutung des versagenden Objektes ständig wahrgenommen wird. Die Thematik des Verlustes spielt hierbei oft eine wichtige Rolle.

Passiver Modus:

Es handelt sich um Menschen, die an einen anderen gefühlsmäßig stark gebunden sind und Wünsche nach Geborgenheit und Versorgung äußern. Jede Art von Trennung, Zurückweisung oder Alleingelassenwerden wird mit depressiver Verstimmung oder/und Angst beantwortet. Diese Menschen sind ausgeprägt abhängig, anklammernd oder fordernd. Die Beziehung hat nur wenige Freiheitsgrade. Die Beziehungsgestalt wird im angelsächsischen Sprachraum mit den Begriffen «dependent and demanding» beschrieben. Alternativ erscheint der «Kontakthunger». Diesen zeigen auch Menschen, die ihre depressive innere Leere mit möglichst vielen und häufigen Kontakten zu füllen versuchen (CAVE: Überschneidung zum Selbstwertkonflikt, wobei dort das Werterleben im Zentrum steht). Hieraus erwachsen vorübergehende und kurzzeitige (z. T. geradezu parasitäre) Beziehungen. Der Untersucher erlebt folglich oft Gefühle von Sorge, Kontrolle, Anklammerung, Erpressung und Ohnmacht in der Beziehung.

Kriterien:

1. In der *Partnerschaft* dominiert der Wunsch nach Versorgung. Partnerschaften werden häufig so gestaltet, daß Trennungen «unmöglich» scheinen (z. B. über finanzielle Verflechtungen und Verpflichtungen; beruflich ist man aufeinander angewiesen). Darüber wird die enorme, teilweise quälende Enge der Beziehung rationalisiert. Die Partner reagieren auf den anspruchlichen, oft «erpresserisch» erlebten Modus entweder (latent) aggressiv oder überfürsorglich oder entwickeln ihrerseits Symptome, mit denen sie zu Recht eine Trennung und eigenes Versorgtwerden begründen können. Trennungsphantasien oder Trennungsabsichten des Partners lösen Niedergeschlagenheit und Gefühle von Ungenügen bzw. Angst vor dem Alleinsein sowie reaktive Anklammerungs- und Kontrollimpulse aus. Diese können sich bis zu Wutanfällen und heftigen Vorwürfen an den Partner steigern. Die Anklammerungstendenzen können reaktiv abgewehrt werden durch häufig wechselnde Beziehungen (auch Promiskuität) («Ich habe den anderen in der Hand»).
2. Die genannten Versorgungswünsche (oder deren radikale Abwehr) können über die Generationsgrenzen hinweg auch innerhalb der *Herkunftsfamilie* auftreten. Junge Erwachsene verbleiben dann über Gebühr lange und überloyal im engen Familienverbund (z. B. auch in der Freizeit). Begründet wird dies oft vordergründig mit vielfältigen Notwendigkeiten.
3. Im *Arbeitsleben* bleiben die Menschen oft deutlich dadurch hinter ihren Möglichkeiten zurück, daß sie keine eigenen Entscheidungen tragen kön-

nen. Sie schwimmen aber auch nicht einfach im Strom mit, sondern suchen sich Verbündete und Helfer. So vermeiden sie manchmal Aufstiegsbemühungen, um die soziale Geborgenheit nicht zu gefährden. Anforderungen werden unter Umständen als Entzug von Unterstützung erlebt und mit Niedergeschlagenheit und/oder Verweigerung beantwortet.

4. Im *Besitzverhalten* zentriert sich der gesamte Konflikt: Menschen und Sachen sollen «besessen» werden. Ängstlich wird jedes «Abgeben» vermieden. Eigentlich ist alle Zuwendung und aller Besitz zur Erlangung des Gefühles von Versorgung und Geborgenheit nie genug. Die Reaktionsbildung kann in seltenen Fällen auch eine Art von Bedürfnislosigkeit bewirken, die im sozialen Feld einen kaum zu unterdrückenden Anreiz zum Betreuen/Versorgen «der/des Armen» auslöst.

5. *Gesellschaftlich* sind diese Menschen nicht expansiv. Eher sind sie auf versorgende Beziehungen ausgerichtet. Von anderen werden sie leicht als fordernd und anstrengend abgelehnt.

6. Im Umgang mit *Krankheiten* zeigen diese Menschen eine passive, anklammernde Erwartungshaltung an den Arzt. Von den Pflegekräften werden sie oft als «anstrengend» in ihrem Wunsch nach Betreuung erlebt. Folglich ist es in der Regel mühsam, diese Menschen in einen rehabilitativen Prozeß hinein zu mobilisieren.

Aktiver Modus:

Es handelt sich um Menschen, die ihre Bedürfnisse durch Selbstgenügsamkeit, Anspruchslosigkeit und Bescheidenheit kompensieren. Das Verhalten läßt sich als «altruistische Grundhaltung» oder als retentives Antriebserleben i. S. von Schultz-Hencke kennzeichnen (differentialdiagnostisch abzugrenzen sind die Sühne bewußter oder unbewußter Schuldgefühle und selbstquälerische, masochistische Tendenzen). Auch wenn diese Haltung vehement vorgetragen wird, spürt der Untersucher in seiner *Gegenübertragung* bei Identifikation mit dem Selbstanteil des Patienten Gefühle von Traurigkeit oder Sehnsucht nach Versorgung.

Kriterien:

1. Das Bedürfnis nach Geborgenheit kann ganz verleugnet werden bis hin zur asketischen Verzichtshaltung. Diese Menschen zeigen in *Beziehungen* eine Art «Selbstgenügsamkeit». In den Phantasien spielt dann häufig eine später

in Aussicht stehende Vergeltung und Verwöhnung («Vielleicht hat das alles einen Sinn und ich bekomme es vergolten») für die geleisteten Verzichte eine große Rolle (im Gegensatz zu einer genuinen Selbstgenügsamkeit bleibt somit eine innere «Rechnung» offen).

2. Gegenüber der *Herkunftsfamilie* kann sich die in der Hoffnung auf weiteres Geborgenheitserleben fortgesetzte Bindung dadurch kaschieren, daß eine nach außen hin aktiv sorgende Rolle z. B. um die Eltern eingenommen wird. Der eigene Dienst an der Familie erscheint unersetzbar; andere potentielle Helfer zur Entlastung werden ausgeschlossen bzw. in ihren Möglichkeiten abgewehrt. Auch das programmatische Sich-Absetzen von der Herkunftsfamilie («Nestflüchter») kann Hinweis auf die aktive Bewältigungsmöglichkeit sein.

3. Im *Arbeitsleben* imponieren diese Menschen mit einem aktiven Modus ebenfalls als unersetzbare Mitarbeiter, die sich selbst nicht schonen, dafür jedoch auch den exklusiven Schutz permanenten Wohlwollens erwarten. Bleibt diese Belohnung auf die permanente Selbstausbeutung einmal aus, droht rasch Niedergeschlagenheit mit depressiven Symptomen bis hin zu tiefen Selbstwertzweifeln. In Zeiten wirtschaftlicher Schwäche (Arbeitslosigkeit, betriebliche Konkurse) sind solche Patienten psychisch erheblich gefährdet.

4. Die im *Besitzverhalten* nach außen gezeigte Attitüde der Selbstlosigkeit enthält oft eine Komponente der unbewußten Berechnung. Der abgegebene Besitz wird innerlich nicht wirklich freigegeben, hat eher Charakter eines Darlehens, auf das neben der Rückzahlung zusätzliche Zinsen anfallen.

5. Im *gesellschaftlichen Umfeld* erscheinen die Betreffenden mit einem aktiven Modus als eher für andere sorgend. Dabei entwickeln sich jedoch keine tragfähigen Beziehungen, da sie offen oder heimlich die Versorgten zugleich verachten oder beneiden, was oft von den anderen wahrgenommen wird. Häufig erfahren sie gerade nicht den Respekt, der aufgrund ihres Einsatzes zu erwarten wäre, sondern Abwertung oder zynische Ausnutzung. Wenn soziales Engagement gezeigt wird, geschieht dies oft wiederum im Dienste der altruistischen Abtretung («Wie ich dir, so du mir»).

6. Im Umgang mit *Krankheiten* zeigen diese Menschen ihre Unfähigkeit zu adäquat-regressivem Verhalten, so wehren sie meist Hilfestellungen ab. Gleichzeitig haben sie jedoch unbewußte Wünsche nach Versorgung, diese manifestieren sich oft in Unzufriedenheit mit der realen Betreuung. Der Vorwurf an die Helfer kann auch kaschiert werden dadurch, daß die Betreffenden im Krankenhaus ihren Mitpatienten demonstrative Hilfestellung geben (unbewußte Kritik an der versorgenden Funktion des Pflegepersonals).

4.3.2.4 Selbstwertkonflikte (narzißtische Konflikte, Selbst- versus Objektwert)

Mehr noch als für die anderen Konfliktebenen gilt bei den Selbstwertkonflikten, daß sie generell sind: Jeder Mensch ist auf die befriedigende Regulation seines Selbstwertgefühls bedacht. Unter theoretischem Bezug geht es hierbei um die Regulierung sogen. intrasystemischer Spannungen und weniger um die Folgen intersystemischer Konflikte. Treten Konflikte im engeren Sinne auf, beziehen sich diese auf die Selbst- vs. Objektwertigkeit. Im Zusammenhang dieser Erfassung geht es demzufolge um Personen, bei denen die Anstrengungen zur Regulierung des Selbstwertgefühls übermäßig stark, in besonderer Weise erfolglos oder anamnestisch und/oder aktuell in der Untersuchungssituation deutlich konflikthaft sind. Die *Selbstwertkonflikte* der Patienten *überragen* auch eindeutig in ihrem Ausmaß *die anderen beschreibbaren Konfliktebenen* (Hoffmann u. Hochapfel 1995). Der Symptombildung, welcher Art auch immer, kommt psychodynamisch stimmig ein restitutiver Charakter für das Selbstbild zu. Dem Symptom wird eine einmalige, weit über das klinisch nachvollziehbare Ausmaß hinausgehende Wirkung zugeschrieben, die mit einer diesbezüglich eher unauffälligen medizinischen Vorgeschichte kontrastiert. Das ganze Leben des Patienten kann um das Symptom herum «organisiert» werden. Die krankhafte Veränderung tritt fast regelhaft *schlagartig* ein, oft durch ein äußeres Ereignis, häufig einen banalen Unfall. Die mögliche Beseitigung des Symptoms auf psychotherapeutischem Wege wird nicht als Entlastung, sondern als narzißtische Bloßstellung phantasiert. Möglicherweise handelt es sich bei diesen Selbstwertkonflikten um ein an Bedeutung zunehmendes Phänomen unserer Zeit, in der der Körper immer mehr zum Träger narzißtischer Bedürfnisse zu werden scheint.

Passiver Modus:

Beim Vorherrschen des passiven Modus ist es zu einem vom Patienten auch so erlebten kritischen Einbruch des Selbstwertgefühls gekommen («Ich bin nichts mehr»). Meist wird die aufgetretene Symptomatik direkt dafür verantwortlich gemacht; offen und versteckt erfolgen Schuldzuweisungen an andere, vor allem Ärzte und öffentliche Institutionen. Narzißtische Ansprüche werden eher zurückgenommen, Bedürfnislosigkeit und Unwichtigkeit der eigenen Person eher betont. Der *Leitaffekt* des Patienten ist eine deutlich wahrnehmbare Scham. Der Modus kann sich auch als eine chronische Haltung der Abwehr vermitteln, in der die manifeste Selbstherabsetzung der unbewußten Selbstaufrichtung dient (CAVE: Die Selbstherabsetzung kann auch der Entlastung von Schuldgefühlen, Verantwortlichkeit und anderem dienen!).

Kriterien:

1. In Beziehung und *Partnerschaft* gehen solche Menschen nicht selten feste Partnerbindungen ein, in denen gemeinsam eine Vorgeschichte von Kränkungen, Demütigungen und anderen für das Selbstwertgefühl problematischen Belastungen, insbesondere im Felde der sozialen Geltung («immer benachteiligt»), verarbeitet wird. Zu beobachten ist aber auch, daß die Partnerschaft oder eine Abfolge von Beziehungen Teil der sich wiederholenden Demütigungserlebnisse sind.

2. In der *Familientradition* sowohl der früheren Familie als auch der aktuellen Familie dominiert ein negatives Selbstbild («Mit uns kann man's ja machen»). Die Patienten sind oft Träger kompensatorischer Erwartungen, in denen sie sich mühen oder sogar versagen. Sie sollten es im Leben zu etwas bringen und haben es genausowenig geschafft wie die Eltern. In den Familien fehlen entweder erfolgreiche soziale Vorbilder, mit denen eine Identifizierung möglich gewesen wäre, oder die Distanz der eigenen Leistung zu solchen Modellen ist Ursache neuer Verletzungen.

3. Die Patienten zeigen im *Beruf* eine ausgeprägte Arbeits- und Leistungsbereitschaft und waren im Rahmen ihrer Möglichkeiten oft durchaus erfolgreich. Der Symptombeginn steht nicht selten in direktem Zusammenhang mit beruflichen Zurücksetzungen oder Kränkungen.

4. Der durch Beständigkeit gesicherte *Besitz*, das Eigenheim und dergleichen stellt keine Basis einer narzißtischen Zufriedenheit dar, sondern bestätigt sogar manchmal subjektiv eher das Gefühl des Zukurzgekommen-Seins.

5. In *sozialen Gruppierungen* finden sich die Patienten in ihrer defizitären Selbstsicht wieder, sei es, daß sie nachgeordnet bleiben, sei es, daß die Gruppierung selbst bereits Ansprüche Benachteiligter als Programm vertritt. Oft ziehen sich die Patienten aber auch schon früh resigniert zurück und stützen sich nur auf sich selbst oder wenige vertraute Bezugspersonen. Neue soziale Erfahrungen werden eher gemieden.

6. Wenn ein Unfallereignis oder Trauma für die *Erkrankung* symptomauslösend ist, dann läßt sich oft ein Hintergrund sichern, der eine Verletzung des Selbstwertgefühls (Ohnmachtsgefühle, Erlebnisse von Ungerechtigkeit und kränkendem Desinteresse) beinhaltet, oder der Vorgang wird unbewußt, manchmal auch bewußt, als Äquivalent einer ungerechten, willkürlichen oder bösartigen Schädigungsintention erlebt. In der Krankheitsverarbeitung bestehen deutliche Vorwürfe an Ärzte und Autoritäten mit dem Gefühl, benachteiligt zu sein, chronischem Ärger und gereizter Forderungshaltung.

Aktiver Modus:

Beim Vorherrschen dieses Modus dominieren Reaktionsbildungen (Überkompensationen) als Versuche zur Bewältigung einer befürchteten oder realen Selbstwertkrise. Die Patienten können auf den ersten Blick selbstsicher wirken, die hintergründige Unsicherheit wird jedoch bald wahrnehmbar (pseudoselbstsicher). Bei Infragestellung des positiv-narzißtischen Selbstbildes oder bestimmter Symptomcharakteristika können *heftige Affekte* von Gereiztheit und Verärgerung («narzißtische Wut») auftreten. Der Untersucher fühlt sich in der *Gegenübertragung* nicht selten durch die Patienten gekränkt und abgewertet und in seiner Kompetenz in Frage gestellt.

Kriterien:

1. *Beziehungen* und Partnerwahl folgen meist dem Muster sogenannter Selbstobjekte. Letztlich werden alle Beziehungen im Sinne einer positiven Regulierung des Selbstwertgefühls funktionalisiert. Menschen, die nach diesem Modus leben, haben eine Neigung, die Welt in Freunde und Feinde zu scheiden. In der Interaktion mit anderen Menschen – auch in der Untersuchungssituation – besteht oft eine Überregulation der Selbstwertunsicherheit in der Form von Arroganz, «naß-forschem» Auftreten, Jovialität oder prononcierter Kameraderie.
2. Die Dynamik in den *Familien* ordnet sich dem genannten Beziehungsmuster unter: Entweder wird die Herkunftsfamilie idealisiert, und der Patient fühlt sich selbst als ihr würdiger Sproß, oder sie ist praktisch im Bericht des Patienten kaum existent, er kann sich an nichts erinnern, möchte das ganze Thema umgehen (Scham!).
3. Es besteht *im Beruf* eine Neigung zu Überschätzung und Glorifizierung der Leistungsfähigkeit und der erreichten Leistungen. Probleme am Arbeitsplatz werden eher bagatellisiert oder anderen als Verursachern zugeschrieben. Die beruflichen Positionen sind real oft nicht gut, da die Patienten wegen ihrer Kränkbarkeit zu Beziehungsabbrüchen und Leistungseinbrüchen neigen, die sie jedoch wenig verbalisieren.
4. *Geld und Besitz* heben in erster Funktion für die Patienten das Selbstwertgefühl, werden in repräsentative Attribute des Selbstwertgefühls umgesetzt («Wohlstands-Fetische»). Nicht selten sind diese Attribute aber mehr in den Wünschen und der Phantasie des Patienten vorhanden als tatsächlich.
5. Es werden in besonderem Maße *soziale Gruppierungen* gesucht, in denen sich narzißtische Bedürfnisse als Beweise für sich selbst oder für die anderen umsetzen lassen (z. B. Medienbekanntheit, Extrem-Sport u. a.). Im Zu-

sammenhang mit Sport, Körperpflegeritualen, Körperkult, Schönheitsbewußtsein und weiteren Phänomenen ergeben sich Hinweise auf phantasierte körperliche Unverletzlichkeitsvorstellungen und eine ausgeprägte libidinöse Besetzung des Körpers. (CAVE: Extrem-Sportarten können z. B. auch der Angstabwehr und anderen Motiven dienen. Wenn es aber eher um die Ausfüllung von «inneren Vakuen» geht, spricht dies für die aktive Selbstwertregulation). Auch ohne solche markanten Merkmale finden sich bei praktisch allen Patienten dieses Typs Hinweise auf latente oder abgewehrte Größenphantasien.

6. Körperliche *Erkrankungen*, auch bagatellhafte, führen häufig zum Zusammenbruch des aktiven Modus und lassen ihn im Extrem in den passiven umschlagen. In jedem Fall erfordern sie starke Abwehr- und Kompensationsbemühungen, weit über den eigentlichen Anlaß hinaus (CAVE: Natürliche Einbrüche des Selbstwertgefühls bei schwerer körperlicher Erkrankung sind hier nicht angesprochen!)

4.3.2.5 Über-Ich- und Schuldkonflikte (egoistische versus prosoziale Tendenzen)

Schuldgefühl signalisiert die tatsächliche oder vermeintliche Verletzung und Vernachlässigung der Rechte und Bedürfnisse des anderen, des sozialen Objektes. Intrapsychisch betrachtet bedeutet dies: Schuldgefühl taucht bei tatsächlicher oder vermeintlicher Verletzung bzw. Vernachlässigung prosozialer, «Pro-Objekt»-Tendenzen auf. Letztere stammen entweder aus genuinen stammesgeschichtlichen, schon bei Tieren nachweisbaren «altruistischen» Tendenzen und/oder aus dem Über-Ich im engeren Sinne, das heißt aus der Summe der internalisierten Gebote und Verbote der Eltern und der Gesellschaft. Diese Gebote und Verbote sind auch dort, wo sie nicht (wie üblich) direkt den Interessen des Objektes dienen, doch als «Pro Objekt»-Tendenzen zu verstehen, weil sie dem Objekt zuliebe oder aus Angst vor dem Objekt internalisiert wurden. Die dritte Möglichkeit der Entstehung oft (hyper-)altruistischer Haltungen wäre der Weg der charakterlichen Reaktionsbildung gegen aggressive und antisoziale Tendenzen. Auch dieser Weg kann angepaßt verlaufen, wird aber eher konflikthaft. Das Über-Ich stellt also subjektiv den Vertreter der Objektinteressen im Menschen dar. Jeder Verstoß, jedes (durch Selbstbezogenheit, Egoismus, aber auch Autonomie- oder Autarkiebestrebungen motivierte) Zuwiderhandeln gegen die prosozialen Tendenzen wird durch Schuldgefühl signalisiert. Dies zwingt zur Korrektur (der Phantasie oder der Handlung) oder zu einer Abwehr des Schuldgefühls durch Verdrängung, Verschiebung, Umdeutung der Realität usw. Dadurch wird vielfach die Schuld dem anderen gegeben, so daß sich schließlich der Konflikt, rein pragmatisch gesehen, in dem konkreten Gegensatz manifestiert: «die Schuld bei sich versus die Schuld bei dem anderen zu sehen». Dieser Konflikt ist ein alltäglicher und banaler. Was hier interessiert, sind nicht die realitätsorientierte Bewältigung, auch nicht die dialektischen und integrierenden Lösungen, sondern die unrealistischen Entweder-Oder- bzw. einseitigen Fixierungen und Festlegungen im Sinne einer konstanten Tendenz zur Schuldabweisung oder umgekehrt zur unterwürfigen konstanten Schuldannahme.

Die Abgrenzung von den *Selbstwertkonflikten* (Überschneidung von Über-Ich und Ich-Ideal) kann schwierig sein. Hierbei ist aber die Berücksichtigung des *herrschenden Affekts* von großem Nutzen: Während es bei dem Über-Ich-Konflikt vorwiegend um *Schuldgefühle* geht, bezieht sich die Selbstwertproblematik vorwiegend auf *Scham* (bzw. auf ihre Abwehr). Die Signalfunktion der Schuld wurde oben geschildert. Dagegen ist Scham der emotionale Indikator im Bezug auf die Selbstwertregulation. Hier geht es also nicht so sehr (wie bei der Schuld) um «gut» und «böse», sondern um stark und schwach, groß und klein, narzißtisch ausgeglichen oder labilisiert.

Passiver Modus

Diese Menschen nehmen in übertriebener Weise (und als konstante Haltung) die Schuld auf sich. Der Patient hat für die anderen immer eine Entschuldigung parat, neigt zu Selbstvorwürfen, ist bereit, auch angebotene Entschuldigungen nicht anzunehmen. Auf tröstenden Zuspruch reagieren diese Menschen oft paradox. Eine häufige und intensive Variation stellt der «masochistische» Modus dar: Ausgleich der Schuld durch selbsterzeugte oder auf jeden Fall angenommene Strafe oder Schuld. Extremste Variante dieses Modus ist der Versündigungswahn in der Melancholie.

Kriterien:

1. In den *Partnerschaften* besteht die Neigung, die Schuld auf sich zu nehmen und den anderen leicht zu entschuldigen, sich selbst dagegen anzuklagen oder sogar (bei der masochistischen Variation) Situationen herbeizuführen, bei denen man zwangsläufig als der Schuldige erscheinen muß. Das Verhalten imponiert oft auch als Unterwürfigkeit und übertriebene Demut («Verzeih, daß ich geboren bin!»).
2. Auch in der *Familie* besteht die Tendenz, für alles Schiefgegangene Verantwortung und Schuld zu übernehmen und oft in die Rolle des gruppendynamisch verfestigten «schwarzen Schafes» zu geraten.

3. Im *Berufs- und Arbeitsleben* überwiegt die Tendenz, eigene Fehler zu schnell zuzugeben, Fehler der anderen zu entschuldigen, Nachlassen von Leistung auf eigene Fahrlässigkeit, Faulheit, überhaupt auf sündhafte Untugenden zurückzuführen. Die Patienten werden deshalb wohl häufig gehänselt, finden sich in nachgeordneten Positionen. Letztlich hält man nichts von ihnen und vermißt nur ihre Arbeitsleistung, wenn sie krank werden, was selten der Fall ist.

4. Das Geben und Nehmen sowie das *Besitzverhalten* sind hochkonflikthaft. Diese Menschen können Geschenke und Aufmerksamkeiten nur sehr schwer annehmen. Wenn sie ein Geschenk erhalten, ohne sofort dafür «zurückzahlen» zu können, fühlen sie sich nicht wohl, sind verunsichert, weil gewissermaßen ihr «Über-Ich-Konto» rote Zahlen aufweist! Sie neigen auch dazu, viel zu schenken, um auch vorwegnehmend eine mögliche Verschuldung zu vermeiden.

5. Diese Menschen bevorzugen im *sozialen Gefüge* allenfalls die zweite, aber nach Möglichkeit nie die erste Rolle oder die Führungsposition, auch wenn sie hierzu die Fähigkeiten und Kompetenzen besitzen: Sie dürfen nicht die besten, oder auf jeden Fall nicht besser als die Guten sein. Oft taucht die hier implizierte Schuldproblematik bei sozialen Aufsteigern auf, die das Gefühl haben, nicht besser als die Eltern/der Vater sein zu dürfen. Durch alle diese «Maßnahmen» bekämpfen sie das antizipierte Schuldgefühl sozusagen in statu nascendi.

6. Im *Krankheitsverhalten* besteht die Tendenz, auch offensichtliche ärztliche Vernachlässigungen oder Kunstfehler zu übersehen oder zu entschuldigen. In der masochistischen Variation besteht sogar die Neigung, die Krankheit selbst als eine verdiente Strafe zu betrachten. Wegen der oft zahlreichen medizinischen Eingriffe wirken diese Patienten manchmal als «Opfer der modernen Medizin», worüber sie aber kaum klagen. (Krasses Beispiel: Eine zu «rücksichtsvolle» junge Mutter verliert ihr Kind im diabetischen Koma, weil sie nicht wagte, die Ärzte nachts zu stören!)

Aktiver Modus

Im Vordergrund steht die Verdrängung oder Verleugnung von Schuldgefühlen, die Abwälzung von Schuld und Verantwortung auf andere (im Gegensatz also zu der ausgewogenen Akzeptanz der von Fall zu Fall anders ausfallenden Relationen zwischen eigener und fremder Schuld). In der *Gegenübertragung* besteht die Gefahr, daß man solche Menschen moralisch verurteilt, indem man vergißt, daß eine solche Haltung aus einer bestimmten Psychodynamik und

Psychogenese hervorgeht und daß sie auf bestimmten Erfahrungen und daraus folgenden Reaktionsbildungen sowie Abwehrvorgängen basiert. Man könnte den aktiven Modus auch als systematische Blockierung des Über-Ichs definieren. Bei oberflächlicher Betrachtung wirken diese Patientin prononciert «kaltschnäuzig», sie scheinen bereit, «über Leichen zu gehen» (CAVE: Hiervon abzugrenzen ist der «asoziale Psychopath» im engeren Sinne, der nicht nur die Über-Ich-Gebote und -Verbote verleugnet, sondern bewußt eine Anti-Über-Ich-Position einnimmt und somit das Antisoziale als das für ihn Gebotene umdefiniert!).

Kriterien:

1. In allen familiären, beruflichen und sonstigen *Beziehungen* besteht die Tendenz, die Schuld bei den anderen zu suchen. Es werden negative Punkte gegen die anderen gesammelt und bei passender oder unpassender Gelegenheit vorgebracht. Damit in Zusammenhang steht auch die Tendenz, dem anderen Schuldgefühle zu machen. Eigenes Verschulden wird nur selten, und dann nur kurzfristig zugegeben, meistens mit dem Zusatz «aber ...», dem sich entlastende Ausführungen anschließen.
2. *Herkunftsfamilie* und Generationskonflikte werden immer unter dem Gesichtspunkt der Selbstgerechtigkeit beurteilt und dargestellt («in unserer Familie ist so etwas nicht üblich ...»). Es besteht keine Bereitschaft, Schuld wenigstens anteilmäßig zu übernehmen.
3. Im *Berufs- und Arbeitsleben* besteht die Tendenz, eigene Minderleistungen oder Versagen auf das fehlerhafte und schuldhafte Verhalten der anderen zurückzuführen. Eigenes Schuldverhalten, Pflichtversäumnisse und Verantwortungslosigkeit werden selten und widerstrebend zugegeben.
4. Im Geben und Nehmen sowie im *Besitzverhalten* besteht die Tendenz, sich übervorteilt, vernachlässigt und betrogen zu fühlen. Eigennütziges, besitzergreifendes Verhalten wird als gerechtfertigt empfunden.
5. Überhebliches, egoistisches Verhalten, Privilegien und herrschende Rollen werden ohne Bedenken vertreten bzw. übernommen.
6. Für das eigene *Kranksein* werden die anderen verantwortlich gemacht. Häufig wird auch von ärztlichen Fehlern, falschen Diagnosen gesprochen. Man stellt sich als Opfer der Fahrlässigkeit von anderen dar. Die tatsächlichen negativen Seiten und die Nachteile der modernen technisierten Medizin werden in diesem Sinne auch argumentativ ausgenutzt, um diese Anklagen zu stützen.

4.3.2.6 Ödipal-sexuelle Konflikte

Im Rahmen menschlicher Grundbedürfnisse und Motivationen gehört der sinnliche Genuß bzw. die sexuelle Erregung zu den zentralen Erlebensbereichen. Hierunter ist nicht nur reduktionistisch das genital-sexuelle, sondern die Gesamtheit der erotischen und zärtlichen Gefühle, die auf einen anderen Menschen gerichtet sind, zu verstehen. Dieses Bedürfnis muß abgegrenzt werden von dem Motivationsbereich Bindung und Zuneigung (Bischof 1985). Hier angesprochen sind die in der Beziehung zum anderen entstehenden *erotisch-sexuellen Konflikte im eigentlichen Sinne.* «Ödipal» beschreibt die grundsätzliche Konstellation im Leben eines jeden Menschen, in der die Auseinandersetzung mit der Sexualität der Eltern stattfindet und entsprechende Konflikte auftreten.

Es muß berücksichtigt werden, daß die Sexualität sich für eine Vielfalt anderer Motivations- und Erlebensbereiche «mißbrauchen» läßt, d. h., daß z. B. eine Störung im Rahmen der Autonomieentwicklung zu einer gestörten Sexualität führen kann. Hierbei handelt es sich jedoch nicht um eine primäre sexuelle Konfliktstörung. Ebenso kann Sexualität eingesetzt werden, um eine narzißtische Dysregulation zu überdecken usw. Es sind hier also *nicht* allgemeine sexuelle Störungen gemeint, wie sie infolge anderer Konflikte wie Verschmelzungsängsten, Kontrollverlustängsten, Bedrohungserlebnissen, Infektionsängsten und anderen auftreten.

Der *hier* angesprochene sexuelle Konflikt kreist um die Befriedigung erotischer und sexueller Wünsche und diesen entgegenstehende Strebungen und Hemmungen verschiedensten Ursprungs: Über-Ich-Verbote, Inzest-Tabu, Ich-Ängste vor Triebüberwältigung (Selbstsicherheit und Kohärenz versus triebbedingte Gefährdung und Lockerung der Kohärenz), ödipale Identifizierungskonflikte (Konkurrenz versus Rollenübernahme), phantasierte sexuelle Konkurrenz und gleichzeitiger Erhalt der primären Objektbeziehung. Trotz einer sozialen Liberalisierung haben diese Konflikte auch heute noch breite klinische Bedeutung.

Passiver Modus:

Im Vordergrund steht die Verdrängung der Sexualität aus Wahrnehmung, Kognition und Affekt. Es dominieren damit Züge von «Harmlosigkeit», «Naivität», «Kindlichkeit» und «Unschuld». Das Selbstbild ist das eines Menschen, der nicht um die sexuellen Hintergründe des Lebens weiß. Dieses Nichtwissen wird begleitet von untergründig spürbarer Koketterie, Fehlhandlungen und in der *Gegenübertragung* wahrnehmbarem Interesse an sexuellen Dingen. Das passive Vermeiden von sexueller Konkurrenz kann auch zu Unattraktivtät und der Intention von Geschlechtslosigkeit führen.

Kriterien:

1. In den meist stabilen *Partnerbindungen* geht es vorrangig um Liebe, Schutz und Geborgenheit unter Aussparung sexuellen Lebens (Extrem: sog. Josefs-Ehe). Meist werden demzufolge ältere Partner/innen gewählt. Krisenhafte Entwicklungen ergeben sich bei Rollenänderungen mit den durch das fortschreitende Alter erforderlichen Rollenwechseln.
2. Die *Familienbeziehungen* werden idealisiert und enterotisiert. Familiäre Konflikte und Rivalitäten werden verleugnet.
3. Das *Arbeitsleben* gleicht den Familienbeziehungen mit unauffälligen, teilweise guten Beziehungen, vorrangig ist die Vermeidung von Rivalitäten mit einer eher untergeordneten Position.
4. *Besitz* wird nicht benutzt, um sexuelle Attraktivität herzustellen. Bei Rivalität wird auf Besitz auch verzichtet. Besitz dient eher als stiller und unbewußter Ersatz der sexuellen Befriedigung.
5. *In sozialen Gruppen* werden unauffällige Beziehungen unter Zurückstellung des sexuellen Momentes (geschwisterähnliche Beziehungen) bevorzugt. Wenn auf Rivalität verzichtet wird, sind diese Menschen manchmal allseits beliebt.
6. Die Menschen wirken schwach und pseudoregressiv. Manchmal dient die *Erkrankung* als stiller Ersatz für sexuelle Befriedigung.

Aktiver Modus:

Das Verhalten und Erleben dieser Menschen deckt sich in vielem mit dem, was in der Literatur als «phallisch-hysterisch» bezeichnet wird. Leitdynamik ist eine forcierte Sexualisierung aller Lebensbereiche bei gleichzeitiger Hemmung des sexuellen Bezuges und der Befriedigungsmöglichkeiten. Hierzu zählende Phänomene sind Don-Juanismus, Nymphomanie, prononciertes Interesse an sexuellen Fragen wie Anspielung, Zoten und Angeberei usw. Unvermittelt stehen oft daneben Prüderie und Triebfeindlichkeit. *Leitaffekt* ist die in der Gegenübertragung wahrnehmbare Erotisierung. Zusätzlich bestehen stark wechselnde Affekte («Launen»).

Kriterien:

1. Durch das widersprüchliche Verhalten («locken-blocken») sind *Partnerschaften* regelhaft konflikthaft oder unbefriedigend. Es entsteht dadurch viel

Leid aller Beteiligten in den Beziehungen. Die Partnerwahl ist oft an den Primärobjekten orientiert, der gewählte Partner enttäuscht jedoch durch seinen Kontrast zu diesen Primärobjekten.

2. Es bestehen enge Bindungen an die *Familie* überhaupt und insbesondere an den gegengeschlechtlichen Elternteil. Diese können auch ganz unbewußt und abgewehrt sein. Geschwisterrivalitäten werden meist verleugnet, obwohl sie oft ausgeprägt sind.

3. Das *Arbeitsleben* ist ebenfalls durch Sexualisierung und kaum abgewehrtes Konkurrenzverhalten problematisch. Offene Konflikte und Anfeindungen können auftreten, zum Beispiel Eifersucht auf die Vorgesetzten. Große reale Erfolge finden sich genauso wie völliges Versagen.

4. *Besitzverhältnisse* unterstreichen und ermöglichen den Ausdruck sexueller Potenz, können aber auch ein vollständiger Ersatz hierfür sein.

5. Das *soziale Feld* ist geprägt durch vielfältige und wechselnde Aktivitäten («Partylöwen»).

6. *Krankheiten* führen in der Arzt-Patient-Beziehung oft zu Erotisieren und Konkurrieren. Die Patienten/innen können in gleicher Weise verführend wie bedrohend erlebt werden, in der Regel überwiegt eine Dimension. Die Krankenrolle bietet weiterhin Anlaß zu vielfältigen Identifizierungen.

4.3.2.7 Identitäts-(Selbst-)Konflikte (Identität versus Dissonanz)

Als Selbst verstehen wir die Gesamtheit der inneren Bilder eines Menschen von sich selbst. Dieses «Selbst»-Identitäts-System muß qualitativ unterschieden werden in den Bereich der Regulation des *Selbstwertgefühls* (Narzißmus) und in den Bereich der *Selbst-Identität.* In beiden Bereichen sind spannungsfreie Zustände mit Wohlbefinden und Sicherheitsgefühl verbunden (Joffe und Sandler 1967). Eine gelungene Identitätsbildung mit hinreichender Kontinuität und Kohäsion führt zu einem Gefühl des Wohlbefindens und der Sicherheit. Konflikte gehen aus von widersprüchlichen Selbstrepräsentanzen mit Unsicherheit- und Unlustgefühlen. Diese konflikthafte *Dissonanz* der Selbstbereiche muß streng abgegrenzt werden von der *Identitätsdiffusion.* Die *Diffusion* wird als *strukturelles Problem* in der OPD-Achse Struktur erfaßt und abgebildet. Treten *Dissonanz-Konflikte* im engeren Sinne auf, beziehen sich diese auf die eigene Identität, wobei diese Konflikte nicht ausschließlich unbewußt sind, sondern häufig bewußt/vorbewußt. Es geht demzufolge um Menschen, bei denen der Aufbau eines eigenen Identitätsgefühls mit entsprechendem Wohlbefinden nicht gelungen ist. *Nicht* angesprochen sind hier jedoch zunehmend verbreitete innere und äußere Konflikte, wie sie allen Menschen z. B. im Rahmen einer Migration widerfahren (etwa ein Mohammedaner in einer westlichen Gesellschaft) und auf überwiegend realen Widersprüchen im sozialen Lebensgefüge beruhen.

Wir gehen von der Grundannahme aus, daß alle Störungen des Selbstsystems entwicklungsgeschichtlich konfliktbedingt sind. In ihrem Endbild ist jedoch die Unterscheidung in strukturelle sowie Konfliktstörungen (d. h. eingefrorene, starre versus noch bewegliche, labile Pseudolösungen des Konfliktes) hilfreich. Patienten mit strukturellen Ich- und Selbststörungen (z. B. Borderline, Persönlichkeitsstörungen) werden in der Struktur-Achse abgebildet, dagegen wird im Bereich der Identitäts- (Selbst)-Konflikte abgehoben auf Menschen, bei denen Selbst- und Objektrepräsentanzen *mit hinreichend intakten Ich-Funktionen vorliegen, deren Bild von sich selbst jedoch zu Konflikten führt.*

Die Identitätsbildung ist ein lebenslanger Prozeß. Sie findet auf jeder Entwicklungsstufe ihren Niederschlag in einem subjektiven Identitäts- und Kontinuitätsgefühl. Identität ist immer verbunden mit der Beziehung zu unterschiedlichen Objekten, d. h. es gibt zahlreiche, verschiedene Identitäten, die im konfliktfreien Falle als kohärente und kontinuierliche Selbstidentität erscheinen (z. B. Geschlechtsidentität, Identität als Vater, religiöse Identität, soziale Identität, Familienidentität, nationale und ethnische usw.).

Da Menschen im Laufe ihrer Entwicklung in oft unterschiedlichen Identitäten sozialisiert werden, ergeben sich hieraus sowohl bewußte als auch – oft noch viel ausgeprägter – unbewußte Selbstrepräsentanzen (Schüßler 1995). Besonders seien Störungen u. a. im Bereich der folgenden Teilidentitäten angesprochen: Körper-, Geschlechts-, Familienidentität, ethnische, religiöse, soziale, politische, emotionale und berufliche Identität. In Konflikt geraten können so zum Beispiel die Identität als Vater eines Kindes und als Sohn seines Vaters oder die Herkunft aus einer auswärtigen Familie und der Wunsch integriert zu sein (national dazugehören) oder der Wunsch auf (männliche Weise) erfolgreich zu sein und weiblich zu bleiben oder ein sozialer Aufstieg mit Übernahme neuer Identität in Widerstreit zur Loyalität mit sozialer Herkunft und Verbundenheit. Weitere Identitätskonflikte umfassen Konflikte von verschiedenen Körperbildidentitäten: Sportlerin versus weiblicher Körper, behinderter Körper versus körperliche Integrität, ewiger Jüngling versus Altern, aber auch postoperative Zustände wie z. B. nach Brustamputation.

Identitätskonflikte sind dann zu diagnostizieren, wenn ein Hauptteil der psychodynamischen Phänomenologie in diesem Bereich und nicht bei den anderen dargestellten Konflikten erscheint (wie zum Beispiel im Rahmen eines Schuld- oder Über-Ich-Konflikts).

Passiver Modus:

Bei diesen Menschen besteht ein erlebtes Gefühl des chronischen oder immer wiederkehrenden Identitätsmangels. Pathoplastisch ist auch hier der Modus der Verarbeitung. Beim passiven Modus überwiegt die Bagatellisierung, Rationalisierung bis hin zur Verleugnung von Identitätsdissonanzen, was im extremen Fall als völliges Gefühl des Identitätsmangels erscheint. Hiervon müssen jedoch Menschen abgegrenzt werden, die aus bewußten Gründen ihre Identität verbergen.

Kriterien:

1. Es werden *Partner* vermieden, die aufgrund ihrer klaren und bewunderten Eigenschaften dem Patienten Identität und Unterstützung geben könnten. Diese Diskrepanz wäre schwer auszuhalten.
2. In der gesamten *Familie* herrschen unklare Identitäten vor. Es gibt in der Familie wenig attraktive und tragende Rollenangebote, mit denen eine Identität akzeptabel wäre.
3. In ihren Lern- und Leistungserfolgen und in ihrer *Arbeitswelt* erscheinen die Menschen häufig sehr widersprüchlich. Zum Erfolg fehlt ihnen die Konstanz und Rollensicherheit.
4. Vorbestehende *Besitzverhältnisse* können dazu dienen, das Sicherheitsgefühl, das in der gesamten Selbstorganisation fehlt, zu ersetzen (Haben statt Sein).
5. Im *sozialen Umfeld* erscheinen diese Menschen oft wegen ihrer Anpassungsversuche als Chamäleon, wirken dabei jedoch meist farblos («angepaßt»).
6. Aufgrund der Passivität gelingt es bei *Erkrankungen* nicht, eine neue adäquate Krankenrolle zu finden und zu akzeptieren.

Aktiver Modus:

Es handelt sich hierbei um Menschen, die ihre Unsicherheit und Identität aktiv überspielen. Diese aktive Bewältigungsleistung einer basalen Unsicherheit in den verschiedensten Rollen zieht sich als entscheidender Zug durch das ganze Leben. Durchgängiges Element ist immer der kompensatorische Umgang und die Vermeidung von Dissonanzen mit dem eigenen Identitätsdefizit (zum Beispiel die Konstruktion eines Familienromans, phantasierte Abstammung und geliehene Identitäten). Das vorherrschende Grundgefühl ist Furcht und Angst, das eigene Identitätssystem könne gefährdet werden.

Kriterien:

1. Es werden *Partner, Beziehungen* oder Familien gesucht, die aufgrund ihrer Eigenschaften dem Patienten Identität und Unterstützung geben können. Dies kann eine stabile Beziehung bedeuten. Beispielsweise kann der Einheiratende zum neuen Familienhistoriker werden.
2. Liegt der Schwerpunkt der Identitätsstörungen im *Familienbereich*, wird oft eine fiktive und idealisierte Familiengeschichte rekonstruiert. Denkbar ist auch der unbewußte Wunsch, sich abzusetzen von einer als bedeutungslos erlebten eigenen Herkunftsfamilie (Dynastie-Begründer).
3. Der *Arbeitswelt* kommt eine unangemessen identitätsstiftende Rolle zu («immer im Dienst»), dadurch erscheinen Arbeits- und Leistungsverhalten der Menschen häufig als sehr problematisch, da sie eigene Werte und Eigenschaften oft im Sinne überwertiger Ideen verfolgen (Fanatiker und Erfinder).
4. *Besitzverhältnisse* dienen im wesentlichen der Stabilisierung der Identität («Ich *bin* der, dem dieses einzigartige Haus gehört») und werden in dieser identitätsbegründenden Funktion angestrebt.
5. *Gruppenzugehörigkeiten* werden hinsichtlich ihrer identitätsstiftenden Funktion gesucht und gepflegt («Wir Künstler»).
6. Diese Menschen neigen dazu, *Krankenrollen* aktiv aufzugreifen und auszugestalten – im anderen Extrem jedoch völlig zu verweigern. Sie sind damit sowohl durch die Krankheitsverleugnung als auch durch die drohende Chronifizierung gefährdet.

4.3.3 Fehlende Konflikt- und Gefühlswahrnehmung

Mit dieser Bezeichnung sind Menschen gemeint, die große Schwierigkeiten haben, Gefühle und Bedürfnisse bei sich und anderen wahrzunehmen, und die bestrebt sind, innere Konflikte in sich und zwischenmenschliche Konflikte zu übersehen. Ihre inneren Bestrebungen gegenüber anderen können sie im allgemeinen nicht ausdrücken und Wünsche anderer an sie kaum erkennen. Ihr Leben und ihre Beziehungen zu anderen Menschen erscheinen unkonturiert, farblos und stark von Konventionen bestimmt (dazu kann auch «unkonventionelles» Verhalten gehören!). Ihr Inneres wirkt eher gefühlsarm und ihre Lebenssituation harmonisch. Eigenes Erleben und äußere Lebensumstände werden oft pauschal mit «Alles ist normal» beschrieben. Das Leiden dieser Menschen besteht vor allem in körperlichen Beschwerden. Zusammenhänge zwischen ihrer inneren Verfassung oder ihrer Lebenssituation und ihren Beschwerden gibt es für sie nicht. Typisch ist hier das *Fehlen oder Zurückdrängen von Affekten*; einen Leitaffekt gibt es deshalb nicht. Der Unterschied zu der bei allen anderen Modi der Verarbeitung des Konfliktes implizierten Abwehr besteht darin, daß hier *nicht nur der Inhalt des Konfliktes verdrängt wird, sondern überhaupt die dazugehörige Spannung nicht erlebt wird.* Diese besondere Umgangsweise mit Gefühlen und Konflikten hat die Funktion, intrapsychische und interpersonelle Schwierigkeiten zu vermeiden und zu bewältigen; sie kann auch eine kreative Leistung der Person sein. Für diese Definition ist das Konstrukt der «Alexithymie» nicht vorrangig, obwohl zweifelsohne breite Überschneidungen zu deren Beschreibungen bestehen.

Passiver Modus:

Hierbei handelt es sich um Menschen, die eigene Gefühle und die anderer nicht wahrnehmen und denen das Bewußtsein für ihre inneren Konflikte wie Konflikte mit anderen fehlt. Eigene emotionale Regungen werden nicht beschrieben, auch Gefühlsreaktionen von Mitmenschen sind in ihren Schilderungen nicht enthalten. Affektive Qualifizierungen sind allenfalls undifferenziert positiv («Es ist alles schön, mir geht es gut.»). Ebenso gibt es in den Berichten keine Konflikte mit anderen Menschen; widerstreitende Interessen in den interpersonellen Beziehungen werden nicht als konfliktträchtig wahrgenommen («Wir verstehen uns gut, es gibt keine Probleme.»). Äußere Veränderungen der Lebenssituation, schwierige Lebensumstände oder belastende Ereignisse wie etwa Verluste werden ohne affektive Kommentierung und als normale und kaum erwähnenswerte Tatsachen berichtet; dabei ist nicht etwa Resignation charakteristisch, sondern eine letztlich positive Grundstimmung. Durch die affektiv gleichförmig positive Schilderung fällt es dem Untersucher oft schwer, ein konturiertes Bild des Gesprächspartners zu gewinnen; es entwickeln sich leicht Gefühle von Desinteresse und Langweile. In der Gegenübertragung entstehen wenig konkrete Affekte, was den Hauptunterschied zum aktiven Typ darstellt. Wahrscheinlich ist diese Erscheinung in der sozialen Unterschicht überrepräsentiert. Psychotherapeutisch wird der Patient oft als unergiebig eingeschätzt und mißverstanden.

Kriterien

1. *Partner und Familienangehörige* erscheinen als bloß präsent wie ein Teil der Umgebung. Der Umgang miteinander ist auf die Regelung von Alltagsdingen beschränkt. Normalität und Harmonie des Familienlebens werden hervorgehoben. Veränderungen der Beziehung und vor allem Trennungen werden als Fakten berichtet; das Scheitern einer Ehe z. B. kommt plötzlich und bleibt rätselhaft. Partnerbeziehungen werden oft aus äußeren Gründen eingegangen; zu einem normalen Leben gehören eben Mann/Frau/Kinder. Es werden eher Partner gewählt, die ebenfalls wenig gefühlsbetont sind.
2. Auch mit *Eltern und Kindern* herrschen gleichförmige und affektarme Beziehungen vor. Der Umgang miteinander ist durch Konventionen bestimmt und kann sehr eng sein. Die Trennung von der Herkunftsfamilie und der Weggang eigener Kinder verlaufen wie selbstverständlich und ohne Reibungen.
3. Im *Arbeitsleben* werden oft technische oder Verwaltungsberufe gesucht. Wegen ihrer sachbezogenen Einstellung werden diese Menschen den beruflichen Anforderungen gerecht. Für sie selbst ist Leistung als sachliche Lösung von Arbeitsaufgaben wichtig. Sie üben oft mittlere oder untergeordnete Tätigkeiten aus, da sie die Konflikte des Konkurrenzkampfes nicht erkennen und sich nicht durchsetzen können.
4. Am *Sozialleben* nehmen diese Menschen eher eingeschränkt teil, da sie immer dann, wenn gefühlsmäßige Beziehungen wichtig sind, diese übersehen und dadurch von anderen zurückgewiesen werden. Sie ziehen sich aus Gruppen zurück, wenn ihre Versuche, Konflikte zu vermeiden oder durch Sachorientierung, Bagatellisierung oder Harmonisierung zu beseitigen, scheitern.
5. *Besitz* ist für diese Menschen manchmal ohne große gefühlsmäßige Bedeutung, häufig besteht aber auch zu materiellen Dingen eine gefühlshaftere Beziehung als zu lebenden Objekten. Die Patienten vermeiden handelnd Situationen von Neid oder Konkurrenz.
6. Für diese Menschen ist die *Erkrankung* ein schicksalhaftes Ereignis, das ihr emotionales Leben kaum beeinträchtigt. Behandlungsmaßnahmen werden geduldig hingenommen, weder Ärger noch Enttäuschung werden sichtbar.

Aktiver Modus:

Gemeint sind Menschen, die die Wahrnehmung eigener Gefühle und die anderer Menschen unterdrücken und Konflikte in ihrem Inneren wie mit anderen Menschen aus ihrem Bewußtsein fernhalten. Sie ersetzen ihre eigenen emotionalen Regungen und die Gefühlsreaktionen anderer durch sachlich-technische Beschreibungen von Vorgängen oder Zuständen und haben logisch-rationale Erklärungen für konflikthafte Interaktionen mit anderen Menschen. Ihr eigenes Gefühlsleben und ihre interpersonellen Beziehungen sind in ihren Schilderungen dadurch von emotionalen und konflikthaften Momenten gereinigt, scheinen von äußeren Einwirkungen abhängig und sachlichen Gesetzmäßigkeiten zu folgen. Gefühle sind störend und unwichtig und werden als zu vernachlässigende Größen abgetan; sind sie nicht zu übersehen, werden sie bagatellisiert («Man muß doch vernünftig sein»). Konflikte werden technisch gelöst und aktiv harmonisiert («Wir sprechen über alles und regeln das dann vernünftig»). Belastende Lebensumstände oder Ereignisse werden naturgesetzlich dargestellt und durch Aktivität bewältigt. Bei konfliktträchtigen Konstellationen stellen diese Menschen für sich und andere einen unmittelbaren Handlungsbedarf her, der Schwierigkeiten sofort beseitigt und kein Bewußtsein von Konflikten aufkommen läßt. In ihren Schilderungen setzen diese Menschen bei gefühlsmäßig belastenden und konfliktträchtigen Ereignissen technisch-rationale Erklärungen an die Stellen, an denen emotionale Auswirkungen erscheinen könnten. In der *Gegenübertragung* entstehen oft die Gefühle, die diese Menschen aus ihrer Darstellung aussparen oder durch Sachliches überdecken, zusammen mit Ärger darüber, im Erleben dieser Gefühle und Spannungen durch die rationalisierende und harmonisierende Beschreibung eingeschränkt und kontrolliert zu werden. Der konstanteste Hinweis auf diesen Verarbeitungsmodus sind solche in der Gegenübertragung entstehenden und situativ nicht zu erklärenden Gefühle. Wahrscheinlich findet sich dieser Modus gehäuft bei Menschen in Berufen mit einer erhöhten Anforderung an Rationalität und Sachbezogenheit.

Kriterien:

1. Als *Partner* wählen sich diese Menschen nicht selten eher gefühlsbetonte Personen. In der Partnerbeziehung sind sie dann aktiv ausgleichend, versuchen aufkommende Konflikte zu verleugnen, zu verdrängen oder zu bagatellisieren und durch Bezug auf Sachfragen aus der Welt zu schaffen. Eigene Wünsche an den Partner können als von untergeordneter Bedeutung erlebt und rasch aufgegeben werden, wenn sie Konflikte auslösen. Sexualität ist solchen Menschen wichtig als ein Mittel und ein Nachweis einer harmonischen Partnerbeziehung. Die Aufnahme einer Partnerbeziehung wie die Trennung begründen sie am ehesten mit sachlichen Notwendigkeiten.
2. In den Beziehungen zu *Eltern und Kindern* versuchen diese Menschen, eigene emotionale Reaktionen zu unterdrücken und allfällige Generationenkonflikte auf einer sachlichen Ebene mit großem Einsatz zu lösen; dabei ist

ihnen wichtig, zu jedem Zeitpunkt ein gutes Verhältnis zu den Familienmitgliedern zu haben. Eigene Wünsche an Eltern oder Kinder verfolgen sie nur dann, wenn dadurch keine Schwierigkeiten entstehen. Versorgungswünsche der Eltern oder Ablösungen der Kinder werden gelegentlich sogar unterstützt und als sachliche Notwendigkeit befürwortet.

3. Auch diese Menschen tendieren im *Arbeitsleben* zu eher technischen oder Berufen mit ausgeprägter Sachbezogenheit und sind darin dann überdurchschnittlich erfolgreich, wenn die Beziehungen zu anderen Menschen funktionaler Ordnung unterliegt. Von Kollegen und Vorgesetzten werden sie wegen ihrer Kompetenz und Sachorientierung geschätzt, geraten jedoch gelegentlich in für sie unverständliche Konflikte, da sie die emotionalen Beziehungen nicht berücksichtigen.

4. Am *Sozialleben* nehmen diese Menschen teil. Dabei überwiegt ein funktionaler Umgang (zum Beispiel Karriere) unter aktiver Vermeidung emotionaler und konflikthafter Bereiche. Im gleichen Sinne sind Freundschaften eher funktionalisiert.

5. Der *Besitz* hat für diese Menschen die Bedeutung einer Kompensation all dessen, was ihnen durch emotionale Nicht-Einlassung entgeht («Man gönnt sich ja sonst nichts»). CAVE: Überschneidung zur narzißtischen Kompensation von Selbstwertdefiziten durch Wohlstandsattribute.

6. Eine *Erkrankung* versuchen diese Menschen aktiv zu bewältigen und schnell zu beseitigen. Krankheit erleben sie als ein Problem, das technisch zu lösen ist. Bei dementsprechender Behandlung ist ihre Mitarbeit gut.

4.3.4 Konflikthafte äußere Lebensbelastung

Unter konflikthaften äußeren Lebensbelastungen verstehen wir ausgeprägte äußere Belastungen, deren Ausmaß und konflikthafte Verarbeitung zur Erklärung der seelischen und körperlichen Symptomatik des Patienten ausreichen. In der Regel liegt eine erhebliche bis schwerste Belastung vor, die nicht auf wiederholte Konfliktmuster reduziert werden kann, sondern an und für sich bei der Mehrzahl der Menschen als Belastungssituation zu entsprechenden inneren Verarbeitungsprozessen mit oft ungelösten und widerstreitenden Gefühlen, Vorstellungen und Erlebensmustern einhergeht. Gemeinsam mit den zeitlich überdauernden Konflikten besteht ein ausgeprägter konflikthafter Motivationswiderspruch. Im Unterschied zu den dauerhaften, repetitiven Konflikten kann die existentielle Spannung aber ganz überwiegend als Folge der aktuellen Belastungsreaktion erklärt werden.

CAVE: Nicht jede Lebensbelastung, wie z. B. eine Belastung durch Ehescheidung, hat in diesem Sinne konflikthaften Charakter! Schwerste Traumen führen bei allen Menschen zu körperlichen und seelischen Folgezuständen und sind hier nicht angesprochen.

Konflikthafte Erscheinung oder «Einfärbung» meint, daß hierbei Grundmuster wie Abhängigkeit versus Autonomie oder Versorgung versus Autarkie das innere Erleben bestimmen, ohne daß aber ein Konflikt im vorhergenannten Sinne als zeitlich überdauerndes unbewußtes Muster vorliegt. Die Anzeichen sind unterschiedlich und umfassen grundlegende Aspekte der Emotionalität des Menschen: Trauer, Angst, Scham, Ärger bis hin zur Aggression. Das soziale Verhalten ist meist gestört, oft sind diese Symptome aber nicht schwer genug, um eine spezifische seelische Störung zu rechtfertigen.

Der individuelle und soziokulturelle Rahmen muß hierbei natürlich berücksichtigt werden, da in diesem Rahmen Belastungen ihre Gewichtung erfahren (Vulnerabilität). Diese individuelle Vulnerabilität kann zu klinischen Bildern führen, als ob z. B. ein Selbstwertkonflikt vorliegt; eine Wiederholung – und dies sei nochmals betont – der oben beschriebenen Konflikte im Sinne eines repetitiven lebensbestimmenden Musters liegt jedoch mit hoher Wahrscheinlichkeit nicht vor. Zu beachten ist ebenfalls die psychische Struktur als zugrunde liegende Fähigkeit (Ich-Funktion), Lebensbelastungen zu bewältigen. Im Bereich der konflikthaften äußeren Lebensbelastungen geht es um Menschen, die in der Regel über ein gut integriertes Strukturniveau verfügen. Bei Patienten mit mäßig integriertem bzw. gering integriertem Strukturniveau sind oft banale Alltagsereignisse (die von der Mehrzahl der Menschen nicht als belastende Lebensereignisse gesehen werden) hinreichend, um seelische und körperliche Symptomatik hervorzurufen.

Grundsätzlich ist auch hier wieder ein passiver oder aktiver Modus der Verarbeitung möglich. Die nachstehenden Fallskizzen zeigen die beiden Verarbeitungsmodi eines Aktual-Konfliktes exemplarisch auf. Die Beispiele verdeutlichen das aktuelle Konfliktgeschehen – ohne daß ein vorbestehendes Konfliktmuster vorhanden war.

Bei gegebenem Ausmaß einer psychischen Störung ist in der Achse V eine entsprechende Störung nach ICD-10 (F43 Reaktion auf schwere Belastung und Anpassungsstörung) zu kodieren.

Passiver Modus:

Bei schwerwiegenden Belastungen und Traumata überwiegt in der Bewältigung und Abwehr die passive Verarbeitung in Form von Selbstrücknahme, Anpassung und Resignation. Die Erlebens-, Verhaltens- und Handlungsmuster sind gekennzeichnet durch den Rückzug auf das Selbst (Selbstbezogenheit).

Fallbeispiel:
Bei einem schweren Autounfall erleidet der Fahrer, der eindeutig den Unfall verschuldet hat, keine körperlichen Verletzungen, während sein als Beifahrer mitfahrender Vorgesetzter sofort tot ist. Einige Minuten nach der Feststellung des Todes fällt der Fahrer um und wirkt von da an wie ein Bewußtloser: Er reagiert kaum auf Schmerzreize, Pupillen und Cornealreflexe sind jedoch erhalten, die Augen werden aktiv zugekniffen, das EEG entspricht dem Wachzustand. Bei der organischen Untersuchung besteht kein Zweifel, daß es sich um ein psychogenes Bild handelt und fünf Tage später «wacht der Patient auf». In der Folgezeit verhält er sich kleinkindhaft und spricht wie ein kleines erschrokkenes Kind mit leiser, hoher Stimme. Er hat die wichtigsten Daten seines Lebens vergessen, er denkt und verhält sich wie ein «abgebauter» Mann. In der Fremdanamnese zeigten sich bis zu dem Unfall keine psychischen Auffälligkeiten und wiederkehrende Konfliktmuster. Mittels des völligen Rückzuges entzieht sich der Patient der für ihn unerträglichen Konfrontation mit seinen heftigen Schuldgefühlen (Mentzos 1980).

Aktiver Modus:

Beim aktiven Modus der Bewältigung und Abwehr von schwerwiegenden Belastungen und Traumata herrschen aktive, abwehrbetonte und kontraphobische Erlebens-, Verhaltens- und Handlungsmuster vor. Die Konfliktverarbeitung und Kompensation ist auf das Objekt ausgerichtet (Objektbezogenheit).

Fallbeispiel:
Die siebzigjährige Patientin wurde von der Universitätsaugenklinik wegen einer chronischen Bindehautentzündung und Hornhauttrübung bei nachgewiesenem Ausfall der Tränensekretion ohne organische Erklärung des Befundes überwiesen. Durch die konsekutive Visusbeeinträchtigung war die Patientin gezwungen, auf ihr Auto zu verzichten. Gleichzeitig war sie aufgrund einer mittelschweren Arthrose erheblich gehbehindert und fühlte sich so in ihrer Wohnung am Stadtrand von den wenigen tragenden Beziehungspersonen (die sie nur mit dem Auto erreichen konnte) abgeschnitten. Psychopathologisch bestand eine ausgeprägte depressive Verstimmung mit Zeichen von Ratlosigkeit und Verzweiflung. Sie wirkte im Gespräch hilfesuchend und ohne Zukunftsperspektive, war jedoch nicht akut suizidal. In der Biographie zeigten sich bisher keinerlei seelische Störungen oder lebensbestimmende konflikthafte Verhaltensmuster. Vor drei Jahren hatte die Patientin ihren Mann plötzlich durch einen Herzinfarkt verloren. Sie hatte sich mit ihrem Mann längere Zeit bewußt auf die mögliche wechselseitige Verwitwung einzustellen versucht, und sich nach seinem Tode bemüht, ihr stets geordnetes Leben weiter so wie gewohnt

zu führen (aktiver Modus). Demzufolge war sie psychosozial gut eingebunden. Die zusätzliche massive Einschränkung durch die Augenerkrankung überforderte nun die Bewältigungsmöglichkeiten der Patientin völlig und ließ die depressive Symptomatik entstehen. In einer ambulanten Kurzpsychotherapie gelang es der Patientin, sich zu stabilisieren. Der augenärztliche Befund besserte sich ebenfalls nachhaltig. Gleichzeitig war die Patientin durch die Klärung dieser konflikthaften Belastung (Versorgung versus Autarkie) motiviert, auch in ihrer näheren Wohnumgebung eine Freundschaft zu einer Nachbarin aufzubauen (Heuft 1993).

4.4 Achse IV – Struktur *Manual*

4.4.1 Einleitung

Das Manual bietet eine allgemeine Kennzeichnung der vier Integrationsniveaus und eine ausführliche operationalisierte Beschreibung der sechs strukturellen Beurteilungsdimensionen mit klinischen Beispielen.

An welchen Beobachtungen und für welchen Beobachtungszeitraum erfolgt die Einschätzung der Struktur?

Die vom Patienten in der diagnostischen Beziehung inszenierte Interaktion und die von ihm berichteten Interaktionen seines Lebens stellen das «Material» dar, das es unter strukturellen Gesichtspunkte zu untersuchen gilt. Dabei orientiert sich die diagnostische Einschätzung der Struktur nicht notwendigerweise an der aktuellen krankheitswertigen Störung, sondern vor allem an der zugrundeliegenden strukturellen Bereitschaft, wie sie im interaktionellen Handeln der letzten ein bis zwei Jahre sichtbar wurde. Aktuelle Störungen, insbesondere auch regressive Zustände und Krisen bestimmen nicht für sich allein genommen das strukturelle Niveau, sondern stellen Indikatoren für die strukturelle Bereitschaft dar.

4.4.2 Operationalisierung

4.4.2.1 Allgemeine Charakteristik der Integrationsniveaus

Niveau: Gute Integration

Das gut integrierte Niveau der Struktur ist dadurch gekennzeichnet, daß die intrapsychisch und interpersonell regulierenden Funktionen für den Patienten prinzipiell verfügbar sind, d. h. daß sie über längere Lebensperioden hinweg und unabhängig von inneren und äußeren Belastungssituationen erhalten oder rasch wiedergewonnen werden können.

Die vorhandene, gut integrierte psychische Struktur stellt einen psychischen Innenraum zur Verfügung, in dem *intrapsychische Konflikte* ausgetragen werden können. Diese ereignen sich zwischen unterschiedlichen Bedürfnissen sowie zwischen Bedürfnisregungen einerseits und internalisierten Normen (in Gestalt eines ausgereiften Über-Ichs) und Idealen andererseits.

Die *zentrale Angst* gilt dem Verlust der Liebe des Objekts.

Die *Gegenübertragung* solchen Patientinnen und Patienten gegenüber ist gekennzeichnet durch das Gewahrwerden modulierter, untereinander in Beziehung stehender Gefühlsregungen, die sich auf die Wiederbelebung biographisch relevanter Konflikte mit historisch erlebten Personen beziehen.

Niveau: Mäßige Integration

Zur Charakteristik des mäßig integrierten Niveaus gehört es, daß die Verfügbarkeit über die unten beschriebenen Fähigkeiten und Funktionen prinzipiell erhalten, zugleich aber situativ herabgesetzt ist. Auch hier herrschen *intrapsychische Konflikte* vor, die nun aber andere Inhalte und einen anderen Umgang damit als die beim integrierten Niveau aufweisen: Auf der Bedürfnisseite stehen unbewußte Regungen der gierigen Bedürftigkeit, der Bemächtigung, der Unterwerfung; auf der steuernden Gegenseite finden sich strenge, rigide und strafende Normen («unreifes Über-Ich») sowie überzogene Ideale.

Die *zentrale Angst* gilt dem Verlust oder der Zerstörung des stützenden, steuernden Objekts.

Dem entspricht in der *Gegenübertragung* ein punktuell gelegentlich schwer aushaltbares Erleben, das aber durch konsequente Gegenübertragungsanalyse immer wieder auf die für den Patienten relevanten Beziehungserfahrungen zurückgeführt werden kann.

Niveau: Gering integriert

Im Gegensatz zu den vorher beschriebenen Strukturniveaus ist hier die Verfügbarkeit über die intrapsychisch und interpersonell regulierenden Funktionen deutlich reduziert und zwar entweder dauerhaft (im Sinne eines Entwicklungsdefizits) oder immer wieder im Zusammenhang mit Belastungssituationen (im Sinne einer strukturellen Vulnerabilität). Ausgeschlossen sind kurzfristige Desintegrationen z. B. im Rahmen posttraumatischer Belastungsstörungen. Im Gegensatz zu den vorgenannten Strukturniveaus ist der seelische Binnenraum wenig entwickelt; die Idealstruktur ist wenig differenziert; die normative

Struktur (im Sinne des Über-Ichs) ist dissoziiert. Unbewußte Bedürfnisregungen werden nicht intrapsychisch gebunden, sondern richten sich direkt nach außen. So kommt es weniger zu intrapsychischen Konflikten als zu einem *Vorherrschen interpersoneller Konflikte* (in Partnerschaft, Beruf und sozialem Umfeld).

Die *zentrale Angst* gilt der Vernichtung des Selbst durch das böse Objekt oder durch den Verlust des guten Objekts.

Der Tendenz zur Realisierung intrapsychischer Konflikte in den jeweiligen Interaktionen entspricht auch die *Gegenübertragung:* Sie ist durch Heftigkeit gekennzeichnet, durch abrupte Veränderungen des Erlebens; gelegentlich wirken aufgewühlte Gefühlsregungen über die Realpräsenz des Patienten nach. Diese Patienten wiederholen nicht an ihrem Gegenüber biographisch relevante Konflikte, sondern mobilisieren im Anderen Teil-Ich-Funktionen, über die sie selbst nicht verfügen.

Niveau: Desintegration

Da keine kohärente Selbststruktur ausgebildet ist, besteht bei Belastungen die Gefahr der Desintegration oder Fragmentierung. Dem psychotischen Zusammenbruch kann eine psychotische Restituierung folgen.

Eine Stabilität der fragilen Struktur wird dadurch zu erreichen versucht, daß wesentliche Triebimpulse und narzißtische Bedürfnisse abgespalten oder verleugnet werden. Diese sind dann langfristig einer bewußten Wahrnehmung nicht mehr zugänglich. Wenn das bisherige labile Gleichgewicht nicht mehr aufrecht erhalten werden kann, kommt es im Rahmen der psychotischen Dekompensation zu einer projektiven Verarbeitung. Die bislang unbewußten Bedürfnisregungen werden nun als von außen kommend und nicht der eigenen Person entstammend erlebt. (Die Gedanken werden gemacht oder eingegeben, spontane sexuelle Erregung wird durch Manipulation von Außen erzeugt, nur die anderen sind aggressiv und bedrohlich).

Falls ein umschriebener Konflikt auszumachen ist, betrifft er die Gefahr einer Fusion mit dem Objekt versus einer isolierenden Abgrenzung oder die narzißtische Selbstüberhöhung als Kompensation schwerster Selbstwertzweifel.

4.4.2.2 Die strukturellen Beurteilungsdimensionen im einzelnen

1. Selbstwahrnehmung

Die Dimension Selbstwahrnehmung beschreibt die Fähigkeit, ein Bild des eigenen Selbst gewinnen zu können *(Selbstreflexion).* Ferner gehört dazu die

Fähigkeit, dieses *Selbstbild* hinsichtlich seiner psychosexuellen und sozialen Aspekte kohärent und über die Zeit konstant erhalten zu können *(Identität)*. Ferner bezieht sich diese Dimension auf die Fähigkeit, innerseelische Vorgänge, vor allem Affekte bei sich selbst differenziert wahrnehmen zu können *(Introspektion)*.

Niveau: Gute Integration

Eine differenzierte, reflektierte Wahrnehmung des Selbst ist möglich; das Bild des Selbst ist in seinen Grundzügen über die Zeit konstant und kohärent (Identität und speziell psychosexuelle Identität). Innerseelische Vorgänge können mit einigem Interesse beobachtet und hinsichtlich der zugehörigen Affekte differenziert wahrgenommen werden; zu den erlebten Affekten gehören Freude, Angst, Ärger, Schuld, Scham und Trauer. Die genannten Fähigkeiten können durch Konflikte eingeschränkt, nicht jedoch grundsätzlich außer Kraft gesetzt werden.

Klinisches Beispiel:
Der Patient kann spontan oder auf Nachfrage Eigenschaften und Fähigkeiten benennen, die illustrieren, welches Bild er von sich selbst hat, «was er für ein Mensch ist und ggfs. was ihn von anderen Menschen unterscheidet». Er kann unterschiedliche Facetten seines emotionalen Erlebens wahrnehmen und mitteilen. Beim Untersucher entsteht der Eindruck, daß der Patient ein selbstreflexives Interesse an sich entwickelt hat und es für sich nutzen kann.

Niveau: Mäßige Integration

Die reflexive Wahrnehmung des Selbst ist eingeschränkt, sie richtet sich vor allem auf das handelnde Ich. Die Kohärenz des Selbstbildes wird durch situative Belastungen in Frage gestellt. Die Introspektion bezüglich eigener Affekte (vor allem zärtliche und aggressive) ist neurotisch eingeengt. Im affektiven Erleben herrschen Angst, Wut, Enttäuschung, Selbstentwertung, Ambivalenz und depressive Affektlage vor.

Klinisches Beispiel:
Patient kann auf Befragen weniger schildern, wer er selbst ist, sondern eher was er in bestimmten Situationen getan oder gesagt hat. Das gewonnene Selbstbild wirkt oft instabil, flach oder vergröbert, es ist situations- und stimmungsabhängig, der Patient wird offenbar von Situationen und Stimmungen mitgerissen oder versucht sich durch Affektvermeidung stabil zu halten.

Niveau: Geringe Integration

Eine reflexive Selbstwahrnehmung ist nicht möglich; ein Gefühl der psychosexuellen und sozialen Identität wurde nicht entwickelt, es stehen widersprüchliche Selbstaspekte dissoziiert nebeneinander; eigene Affekte können wenig differenziert wahrgenommen werden; das affektive Erleben ist von chronischer Angst, Wut, Depression oder Entfremdung oder Affektleere gekennzeichnet; Innen- und Außenattribuierung beim Zustandekommen der Affekte kann nicht klar unterschieden werden.

Klinisches Beispiel:
Der Patient ist auch mit Unterstützung nicht imstande, ein geschlossenes Bild seiner Person zu zeichnen oder für den Untersucher nachvollziehbar zu schildern, was in ihm an Affekten, Vorstellungen und Phantasien lebendig ist. Die Selbstschilderungen sind in Abhängigkeit von äußeren Situationen und Konflikten sehr unterschiedlich und widersprüchlich, so daß kein kohärentes Bild dessen entsteht, was in ihm vorgeht. «Ich selbst bin vieles gleichzeitig und nichts richtig.» Das Selbstbild wirkt verzerrt, u. U. großartig überzeichnet oder entwertet; manchmal bleibt das Selbstbild diffus, da es sich mit dem Bild wichtiger Bezugspersonen vermischt. Die inneren Präferenzen, einschließlich der sexuellen, bleiben unklar. Es kommt zu widersprüchlichen sozialen Rollenübernahmen. Im Untersucher kann der Eindruck entstehen, daß bei einem weiteren Termin wenige Tage später ein völlig anderer Mensch mit einem anderen Selbstbild vor ihm sitzt, der wieder ganz andere Erwartungen an ihn richtet. Im Erleben des Untersuchers kann es sein, daß der Patient nicht «haftet», vergessen wird.

Niveau: Desintegration

Es besteht die Unmöglichkeit, sich selbst zu charakterisieren; je nach Art der Psychose weitgehend fehlende soziale und sexuelle Identität (Schizophrenie) oder Überidentifikation mit der sozialen Rolle (manisch-depressive Psychose). Außerhalb der Psychose gibt es evtl. eine kompensatorische narzißtische Überschätzung der eigenen Person. In der Psychose kann eine neue wahnhafte Identität entstehen (Größenwahn, Schuldwahn, Liebeswahn usw.).

Klinisches Beispiel:
Ein Patient schwankt in seiner Selbsteinschätzung zwischen völliger Ratlosigkeit bezüglich des Berufsziels und einer grandiosen Vorstellung von seinen beruflichen Möglichkeiten. Aufgrund einer fehlenden sachbezogenen Motivation meint er z. B. Leiter einer großen therapeutischen Organisation werden zu können.

2. Selbststeuerung

Die Dimension Selbststeuerung beschreibt einen integrierenden Aspekt des Selbstbezugs und zwar vor allem die Fähigkeit, steuernd mit den eigenen Triebimpulsen und Affekten und dem Selbstwertgefühl umzugehen. Es resultiert daraus die Fähigkeit, sich selbst verantwortlich als Urheber eigenen kompetenten Handelns erleben zu können und dabei Selbstvertrauen zu empfinden. Selbststeuerung ist ein bipolares Konzept: ist sie übermäßig vorhanden (Übersteuerung), so kann die Handlungsfähigkeit und die Kommunikationsmöglichkeit mit anderen eingeschränkt sein; ist sie zu schwach ausgeprägt, so daß die Integration von Affekten und Impulsen beeinträchtigt ist, kommt es zum ungewollten oder impulsiven «Agieren» von Affekten und Triebregungen.

Zur Selbststeuerung gehören Kreativität und Toleranz für Variationsbreite der Affekte, insbesondere für negative und widersprüchliche Affekte (Ambivalenztoleranz) sowie die Fähigkeit zur Antizipation von Affekten.

Auch die Regulation des Selbstwertgefühls gehört zur Selbststeuerung.

Die Fähigkeit zur Selbststeuerung ist an die Möglichkeit der intrapsychischen Konfliktverarbeitung gebunden, die unter dem Stichwort der «Abwehr» im folgenden gesondert beschrieben wird.

Niveau: Gute Integration

Triebwünsche machen nicht dauerhaft Angst und können versuchsweise beschrieben werden. Diskrepanzen zwischen den eigenen Wünschen, den Interessen der Anderen und den eigenen Wertvorstellungen können potentiell reflektiert und eine kompromißhafte Konfliktlösung angestrebt werden. Ambivalenzen können toleriert werden. Triebbefriedigungen werden gesucht, lassen sich aber auch aufschieben oder verlagern. Die Reaktion der Umwelt kann handlungssteuernd antizipiert werden. Ein positives Selbstwertgefühl kann – mit konfliktbedingten Einschränkungen – aufrecht erhalten werden.

Die Möglichkeit, unangenehme Affekte zu tolerieren, ist vorhanden. Eingeschränkt ist am ehesten die Akzeptanz positiver Affekte.

Affekte werden als das Gesamtverhalten steuernde Signale wahrgenommen und sind handlungsleitend.

Klinisches Beispiel:
Der Patient kann im Gespräch auf die Beschreibung reagieren, die der Untersucher von der Diskrepanz zwischen Wünschen des Patienten, seinen Werten und den Interessen der Anderen sieht. Er kann die Diskrepanzen reflektieren, ohne sich gekränkt zu fühlen und sich im Gespräch zurückzuziehen, und kann an der Auflösung der inneren Widersprüche arbeiten.

Niveau: Mäßige Integration

Die Möglichkeit, sich Triebwünsche sozial adäquat und gemäß den eigenen Wertvorstellungen zu erfüllen, ist deutlich herabgesetzt; die Tendenz zur Übersteuerung überwiegt, d. h. Affekte und Triebwünsche werden nur schlecht bewußt toleriert, deshalb werden sie verstärkt abgewehrt, können daher weder als Signale wahrgenommen werden noch handlungsleitend sein. Die Folge ist eine verstärkte Selbstkontrolle und Einschränkung der emotionalen Flexibilität. Neben der Übersteuerung sind gelegentlich auch Impulsdurchbrüche möglich.

Zugleich sind die Möglichkeiten eines flexibleren Umganges mit Triebwünschen und Affekten eingeengt, da die Fixierung an bestimmte, verdrängte Wünsche groß ist; die Möglichkeit, Triebbefriedigungen aufzuschieben oder zu verlagern, ist dementsprechend verringert. Ungelebte Aggressivität kann intrapsychisch zu selbstentwertenden, selbstbestrafenden, autoaggressiven Tendenzen führen, die «masochistisch» wirken. In Zuständen versagender Steuerung können autoaggressive Tendenzen hervortreten. Die Möglichkeit, die Folgen des Auslebens eigener Gestimmtheiten vorwegnehmen zu können, also die Reaktion der Umwelt einbeziehen zu können, ist insofern verringert, als die negative Reaktion der Umwelt übertrieben vorgestellt wird. Die Regulation des Selbstwertgefühls ist deutlich störbar, was sich als Kränkbarkeit, Selbstüberhöhung oder Selbstentwertung äußert.

Klinisches Beispiel:
Der Patient vermag es gegebenenfalls nur indirekt, Aufmerksamkeit und Fürsorge für sich zu fordern; er steht immer zurück, hilft anderen (altruistische Abtretung), läßt sich seinen Hunger nach Zuwendung nicht anmerken. Das Gespräch mit ihm bleibt zäh, der Patient ist sehr kontrolliert, zwar äußerlich zuvorkommend, aber doch wortkarg und unlebendig. Der Untersucher hat immerfort das Gefühl, er müsse mehr für den Patienten tun, sich besser für ihn einsetzen, ihn mehr versorgen. Eher nebenbei erfährt er, daß der Patient gelegentlich zuhause zu Alkoholexzessen neigt, wenn er allein ist.

Niveau: Geringe Integration

Die Möglichkeit, sich Triebwünsche sozial adäquat und gemäß den eigenen Wertvorstellungen zu erfüllen, ist gering, ebenso die Möglichkeit, Triebbefriedigungen aufzuschieben oder zu verlagern; es resultiert also ein impulsives Verhalten, das vom Betroffenen selbst zeitweise als dyston, überwältigend und leidvoll erlebt wird oder das von der Umwelt als inadäquat, feindselig oder überwältigend zurückgewiesen wird. Diese Umweltreaktionen können aber nicht antizipiert werden oder zur Verhaltenskontrolle eingesetzt werden. Die mangelnde Einfühlung in die Reaktion der Objekte, d. h. auch: mangelndes Mitgefühl, kann zum Überwiegen aggressiver Impulse führen. Steuerungsversuche erweisen sich meist als abrupt und ineffektiv. Die selbst- und fremddestruktiven Tendenzen sind in Phantasien oder Handlungen offensichtlich. Schuldgefühle werden nicht intrapsychisch bearbeitet, sondern führen zu Selbstbestrafungen, u. U. in Form autodestruktiver Tendenzen. Im Unterschied zum mäßig integrierten Niveau überwiegt die Untersteuerung. Das impulsive Verhalten wird oft ausgelöst durch unangenehme Affekte, die nicht intrapsychisch verkraftet werden und deshalb zu abrupten Verhaltensänderungen führen.

Die sehr fragile Selbstwertregulation äußert sich in großer Kränkbarkeit bzw. unrealistischen Größenvorstellungen.

Klinisches Beispiel:
Der Patient grimassiert im Erstgespräch sehr stark, wenn emotional belastende Themen berührt werden; als der (männliche) Untersucher ihn darauf anspricht, herrscht er ihn unvermittelt an, er solle schweigen, er wolle nicht mehr weiter reden, er (Pat.) könne mit Männern sowieso nicht reden. Nur mit Mühe kann das Gespräch weitergeführt werden, in dem der Patient plötzlich sehr detailliert über sein Intimleben berichtet. – Sein größter Leidensdruck ist mit einem durchbruchsartigen, imperativ empfundenen zwanghaften Onanieren verbunden; zwar hat der Patient eine Freundin, aber er kann nicht auf sie warten, wenn er sexuelle Lust verspürt.

Niveau: Desintegration

Das Erleben der Urheberschaft des eigenen Handelns ist unzureichend; außerhalb der Psychose basiert die Motivation auf einer phantasierten Grandiosität.

Kommt es bei Lockerung der Abwehr zur Wahrnehmung dieser Triebwünsche, treten grobe Störungen der Selbststeuerung (distanzloses, schamloses Verhalten) ein. Sie äußern sich in einer dem Patienten und den Partner überfordernden Inadäquatheit oder Heftigkeit. In präpsychotischen Zuständen nimmt die Intensität dieser Bedürfnisse noch zu, was zu einem weiteren Steuerungsverlust führt. In der akuten Psychose kann es zu heftigen aggressiven Triebdurchbrüchen bis zur psychotischen Erregung kommen. Libidinöse Impulse äußern sich oft ungeschminkt.

Klinisches Beispiel:
Wegen der unklaren Motivation ist der Patient unfähig, längerfristig ein sachbezogenes Ziel zu verfolgen; er bricht ein begonnenes Studium immer wieder ab und wendet sich dann willkürlich einem völlig anderen Studium zu.

3. Abwehr

Die Dimension Abwehr läßt sich dadurch kennzeichnen, daß der Patient, ohne bewußte Absicht, Aspekte der Wahrnehmung seiner selbst oder der Umwelt einengt (unterdrückt, ausklammert, ausgeblendet, entstellt, verzerrt oder gar zerstört), um so diese Wahrnehmungsinhalte für seine Person akzeptabler zu gestalten. Es handelt sich dabei auch um einen Versuch des *Selbstschutzes* auf Kosten der Wahrnehmung der Realität mit Konsequenzen auf der Verhaltensebene (Moore 1990).

Die Dimension Abwehr beschreibt einen spezifischen Aspekt psychischer Leistungen des Patienten, nämlich die besonderen Mittel, deren sich das Ich bedient *(Abwehrmechanismen),* um das seelische Gleichgewicht in inneren und äußeren Belastungs und Konfliktsituationen aufrecht zu erhalten. Diese Vorgänge können nicht mit Absicht eingesetzt werden, sie laufen meist unbewußt ab; sie zielen darauf ab, bestimmte Erinnerungen und Vorstellungen und die damit verbundenen kognitiven Inhalte und Affekte vom Bewußtsein fernzuhalten, wenn sie belastende, unlustvolle, unerlaubte oder unerträgliche Qualitäten mit sich bringen wie Lust, Freude, Angst, seelischen Schmerz, Trauer bzw. depressive Affekte, Scham, Schuldgefühle, Wut bzw. aggressive Impulse. Die Dimension Abwehr hat Beziehungen zu anderen Dimensionen der Struktur wie Selbststeuerung (Dimension 2.2) und Bindung (Dimension 2.5); sofern Abwehr intrapsychisch erfolgt und eine Regulation von Impulsen, Wünschen und Affekten bewirkt, ist sie ein Aspekt der Selbststeuerung. Sofern Abwehr interpersonell erfolgt, also andere Menschen im Sinne von psychosozialen Arrangements (Mentzos 1976, 1993) oder Kollusionen (Willi 1975) in die Regulation der seelischen Homöostase einbezieht, wirkt sie sich auf die Bindungen oder Objektbeziehungen aus. Davon nicht immer einfach abzugrenzen sind Coping-Mechanismen, deren Einsatz eher bewußt und im Sinne von adaptiven Bewältigungsmechanismen erfolgt (Beutel 1990).

Mit den sog. Abwehrmechanismen werden die einzelnen Regulationsfunktionen beschrieben; sie lassen sich idealtypisch verschiedenen Abwehrniveaus zuordnen, so daß sich eine Hierarchie von Abwehrstrukturen, von reifer Abwehr (gut integriertes Niveau) bis zu unreifer Abwehr (desintegriertes Niveau) definieren läßt (vgl. Vaillant 1971, 1976). Das bedeutet jedoch nicht, daß z. B. beim Vorliegen von Projektion immer auf ein mäßig integriertes Strukturniveau geschlossen werden muß.

Kriterien für die Bestimmung des Abwehrniveaus sind:

- **Gegenstand der Abwehr:** Richtet sie sich gegen innere Triebwünsche und Affekte oder ist das Ziel, die inneren Bilder des Selbst und wichtiger Bezugspersonen (Selbst bzw. Objektrepräsentanzen) zu modifizieren?

- **Erfolg der Abwehr:** Ermöglicht die Abwehr eine gute Abgrenzung des Selbst bzw. ein Aufrechterhalten der Bezogenheit zum Anderen? Ermöglicht sie eine angemessene Erfüllung von Zielen und Wünschen (Möglichkeit zur Triebbefriedigung, zum Triebaufschub usw.)?
- **Stabilität der Abwehr:** Ist die Abwehr zu schwach oder ist sie zu stark? Sind Abwehrfunktionen dauerhaft verfügbar oder z. B. in Krisen suspendiert?
- **Flexibilität der Abwehr:** Werden situationsangemessen und variabel verschiedene Abwehrmechanismen eingesetzt oder verfügt die Person über ein stark eingeschränktes, d. h. rigides und stereotypes Abwehrmuster auf Kosten anderer Lebensbereiche?
- **Form der Abwehr:** Welche typischen Abwehrmechanismen werden verwendet? Handelt es sich eher um Muster, deren Hauptfunktion überwiegend in der Steuerung und Hemmung von manifesten Impulsen oder Affekten liegt (reife Abwehr, gut integriertes Niveau) oder liegen Abwehrformationen vor, denen die Hemmung nicht mehr gelingt, so daß erhebliche Anteile der Impulse oder Affekte unkontrolliert freigesetzt werden (unreife Abwehr, schlecht integriertes bzw. desintegriertes Niveau).

Niveau: Gute Integration

Die Abwehr richtet sich gegen innere Triebwünsche und Affekte. Die inneren Bilder des Patienten von sich selbst und Anderen (Selbst-bzw. Objektrepräsentanzen) werden nicht verändert und bleiben stabil. Die Abwehr führt dazu, daß bestimmte und umschriebene konfliktbelastete Triebbefriedigungen eingeschränkt und verunmöglicht sind, aber dabei auch seelische Funktionen und kognitive Leistungen eingeschränkt werden. Die Abgrenzung von bzw. Bezogenheit auf andere Personen bleibt von der Abwehr im wesentlichen unberührt. Die Abwehr ist stabil und dauerhaft verfügbar. Die Flexibilität der Abwehr ist in umschriebenen Konfliktsituationen eingeschränkt.

Typische Abwehrmechanismen: Verdrängung – Rationalisierung – Verschiebung.

- **Verdrängung:** Der Patient ist unfähig, bestimmte Wünsche, Gedanken und Erfahrungen zu erinnern, so daß die kognitive Vorstellung außerhalb des Bewußtseins bleibt. Verdrängung manifestiert sich darin, daß bestimmte konflikthaltige Inhalte ausgeblendet, vergessen oder übersehen werden und sie auch nicht durch bewußtes Bemühen das Bewußtsein erreichen können. Der

Gedanke kann später unfreiwillig wieder ins Bewußtsein treten, ohne daß die Person für sich den Zusammenhang bewußt herstellen kann.

Klinisches Beispiel:
Der Pat. vergißt ein peinliches Erlebnis, wobei erkennbar ein verbotener erotischer Wunsch aus dem Bewußtsein ausgeblendet wird.

- **Rationalisierung:** Im Zentrum der Abwehraktivität stehen zweckdienliche, Sicherheit verleihende, logisch und moralisch akzeptable Erklärungen und Rechtfertigungen für eigenes oder fremdes Verhalten.
  Dem Untersucher stellt sich die Rationalisierung beim Patienten als «vorgeschobener Grund», nachträgliche Rechtfertigung oder Erklärung für ein bestimmtes Verhalten im Sinne eines «Scheinmotivs» bzw. als eine Art «Selbsttäuschungsversuch» über inakzeptable Verhaltens- oder Handlungshintergründe dar.

Klinisches Beispiel:
Patient kontrolliert «wegen Gefahr der Überfüllung» den Briefkasten seiner Partnerin, während er offensichtlich unter seiner Eifersucht leidet.

- **Verschiebung:** Die emotionale Bedeutung wird von einer Vorstellung gelöst und geht auf eine andere, ursprünglich weniger intensive Vorstellung über, die aber mit dem ersten inhaltlich verbunden ist.
  In seinen Äußerungen gibt der Patient dem zugrundeliegenden konflikthaften Impuls einen kompromißhaften Ausdruck, indem er sich einem für ihn akzeptableren Themenbereich zuwendet, der für den Untersucher erkennbare Verbindungen mit dem konflikthaften Thema ausdrückt.

Klinisches Beispiel:
Der Patient spricht nicht von seinen Ängsten, mit seiner Ehefrau zu streiten, sondern von den Nachteilen ärgerlicher Ausbrüche im Straßenverkehr.

Niveau: Mäßige Integration

Die Abwehr richtet sich gegen innere Triebwünsche und Affekte; die inneren Bilder des Selbst und des Anderen (Selbst- bzw. Objektrepräsentanzen) bleiben stabil. Die Abwehr führt dazu, daß Triebbefriedigungen stärker eingeschränkt oder verunmöglicht sind. Da die Abwehr auf dieser Stufe auch auf die Gefahren gerichtet ist, die aus zu starken Objektabhängigkeiten resultieren, wirkt sich die Abwehr auf die Abgrenzung bzw. Bezogenheit zu Anderen aus.

Die Abwehr ist einerseits zu stark, d. h. überschießend und hemmend ausgeprägt, andererseits kann sie in Krisen auch temporär versagen und auf Abwehrmechanismen wie Spaltung, Idealisierung und Entwertung der nächstunteren Stufe (schlecht integriertes Niveau) zurückgehen.

Das Abwehrmuster ist in seiner Flexibilität stark eingeschränkt und kann situativ nicht variiert werden. Der hemmende Charakter reicht oft nicht mehr aus, daher kommt es teilweise zu umschriebenen Durchbrüchen von zugrundeliegenden Impulsen.

Typische Abwehrmechanismen: Verleugnung – Wendung gegen die eigene Person, Reaktionsbildung, Isolierung, Projektion.

- **Verleugnung:** Bestimmte Aspekte der externen Realität bzw. des eigenen Erlebens werden gegenüber sich selbst oder anderen nicht anerkannt, auch wenn diese Aspekte für andere offensichtlich sind.
  Dem Untersucher fällt auf, daß der Patient bestimmte Bereiche der Anerkennung seines eigenen Erlebens, seiner Vorstellungen über sich und Andere und dazugehörige gefühlsmäßige Bedeutungen vermeidet, spontan oder auf Nachfragen auch verneint und dabei versucht, sich von bestimmten konflikthaften Themen fernzuhalten. Gegenüber Gefahren in der Realität verhält er sich zeitweise, wider besseres Wissen und Wahrnehmung, als wären sie nicht existent.

Klinisches Beispiel:
Eine Patientin, die offenkundig unter einer Trennung leidet, betont vehement, keineswegs schmerzliche Gefühle darüber zu empfinden; im weiteren Gespräch spart sie diese zentrale Thematik völlig aus.

- **Wendung gegen die eigene Person:** Ein Impuls oder eine Vorstellung, oft mit aggressiven Inhalten, wird nicht auf einen Anderen gerichtet, sondern auf sich selbst zurückgewendet; handelt es sich um aggressive Impulse, resultiert daraus ein Angriff gegen sich selbst (Selbstherabsetzung, Autoaggressivität usw.). Ängstigende aggressive Impulse oder Vorstellungen finden keine Äußerung in Worten oder Handlungen des Patienten, sondern manifestieren sich in depressiven Verstimmungen, Selbstentwertungen bis zum Selbsthaß oder in autodestruktiven Impulsen (und Handlungen), auch im Sinne einer masochistischen Leidensbereitschaft.

Klinisches Beispiel:
Der in Auseinandersetzung mit seinem Vorgesetzten befindliche Patient berichtet äußerlich ruhig, aber unter erkennbarer Anspannung, selbst immer wieder an seinen Leistungen und Fähigkeiten zu zweifeln, genau wie der Chef; er könne nichts Gutes an sich finden und habe sich kürzlich bei einem vermeidbaren Arbeitsunfall verletzt.

- **Reaktionsbildung:** Wenn der Patient aufgrund von Schuldgefühlen eigene Impulse oder Affekte nicht zum Ausdruck zu bringen vermag, können diese durch entgegengesetzte Gedanken und Gefühle ersetzt werden.
  Ein eigenes Bedürfnis wird zugunsten sozial akzeptabler Verhaltensweisen unterdrückt, was den Charakter einer Unterwerfung haben kann (Mentzos).

Klinisches Beispiel:
Eine Patientin beschreibt zunächst einen sie kränkenden und schmerzlichen Abgrenzungskonflikt mit ihrer jüngeren Schwester. Daran anschließend betont sie die Hilflosigkeit und Schutzbedürftigkeit der ansonsten selbständig lebenden Schwester mit besonderer Besorgnis für deren Wohlergehen, wobei sie sich aber als ihr «moralisch überlegen» darstellt.

- **Isolierung:** Kognitive und affektive Bestandteile eines Ereignisses werden nicht gleichzeitig bewußt erlebt; die emotionale Komponente wird von der Vorstellung abgetrennt und vom Bewußtsein ferngehalten. Die Gedanken erscheinen ohne den ihrem Inhalt angemessenen Affekt, die motivationalen Kräfte für Gedanken und Handlungen scheinen zu fehlen. Der Patient «entkoppelt» die Verbindung seiner Gedanken und Gefühle im Rahmen eines konflikthaften Erlebnisses, er beschäftigt sich vorwiegend mit der kognitiven, rationalen Verarbeitung des Problems und kann nur zeitlich versetzt oder situativ auch den emotionalen Gehalt empfinden und benennen.

Klinisches Beispiel:
Der Patient berichtet ohne erkennbare affektive Beteiligung, daß ihn seine Ehefrau kürzlich verlassen habe. Er überlege nun, wie er den Mietvertrag der gemeinsamen Wohnung beibehalten könne. Erst später im Gespräch berichtet er über ihm selbst unerklärliche Weinanfälle.

- **Projektion:** Gefühle und Wünsche werden nicht in der eigenen Person gesehen und anerkannt, sondern aus dem Selbsterleben ausgeschlossen und einem Anderen zugeschrieben. Der Patient kann inakzeptable Gedanken / Gefühle / Wünsche / Impulse nicht als zu sich selbst gehörig erleben, sondern weist sie weit von sich, ebenso wie er sie empört bei Anderen wiedererkennt; von diesen fühlt er sich dann auffällig stark beeinträchtigt.

Klinisches Beispiel:
In den Schilderungen einer Patientin fallen dem Untersucher überzogen erscheinende Entwertungen im Rahmen eines belastenden Dauerkonflikts mit einem Nachbarn auf, dem sie moralische Fehler und offen aggressive Akte unterstellt. Sie selbst kenne weder diese «Laster» noch diese Wut bei sich.

Niveau: Geringe Integration

Auf dieser Stufe reicht die Abwehr gegen innere Triebwünsche und Affekte nicht aus; kennzeichnend ist hier die Veränderung, d.h. verzerrte, überhöhte oder entwertete Ausformung der inneren Bilder des Selbst und des Anderen (Selbst- bzw. Objektrepräsentanzen) durch die Abwehrmechanismen. Die Abwehr wird hier wie auf der nächsttieferen Stufe (desintegriertes Niveau) interpersonal.

Abgrenzung bzw. Bezogenheit zum Anderen werden durch die Abwehr nicht mehr ausreichend ermöglicht, da die Abwehr die Selbst-Objekt-Grenzen verändert. Die Abwehr kann auch auf diesem Niveau stabil sein. Die Flexibilität der Abwehr ist stark herabgesetzt.

Typische Abwehrmechanismen: Der kennzeichnende Abwehrvorgang dieser Stufe ist die Spaltung der Selbst- und Objektimagines; aus der Spaltung leiten sich andere Abwehrmechanismen dieser Stufe ab, z. B. die projektive Identifizierung und die Idealisierung bzw. Entwertung äußerer Objekte.

- **Spaltung:** Das Selbst und äußere Objekte werden nicht ambivalent, mit guten und schlechten Merkmalen, erlebt, sondern einseitig als nur gut oder nur böse, wobei die Zuordnung zum «Gut/Böse-Schema» von Person zu Person hin- und herwechseln kann und auch bei der gleichen Person zeitlich rasch wechseln kann. Widersprüchliche, oft in Bezug auf dieselbe Person geäußerte Gefühle (wie Idealisierung und Entwertung) stehen unverbunden nebeneinander, das Wissen um diese Widersprüchlichkeit löst nicht die zugehörigen Affekte bzw. eine Konfliktspannung aus, und führt nicht zu einer Korrektur der völligen Umkehrung aller bisher geäußerten Gefühle oder Vorstellungen.

Klinisches Beispiel:
Der Patient schildert seine Freundin in einer für den Untersucher äußerst widersprüchlichen Darstellung, wobei er «mit ihr permanent auf Kriegsfuß» stehe, ohne daß er selbst ihr etwas zuleide getan habe. Ein anderes Mal betont er, sie über alles zu schätzen, sie sei die Einzige, die ihn noch verstehen könne.

Projektive Identifizierung: Projektion und Identifizierung finden sich hier verknüpft. Das Subjekt erlebt abgespaltene Selbstanteile beim Anderen wieder; anders als bei der Projektion kann damit jedoch keine Distanz vom Anderen geschaffen werden. Vielmehr wirkt der Andere, der die – bedrohlichen – Selbstanteile «enthält», seinerseits bedrohlich, er muß daher ständig überwacht, kontrolliert usw. werden. In dieser Bedrohlichkeit «rechtfertigt» er gegen ihn gerichtete Aggressivität. Projektive Identifizierung entspricht einer unvollständigen Projektion, vom Standpunkt der Selbst-Objekt-Differenzierung aus gesehen. Der Untersucher bemerkt, daß er vom Patienten in eine Szenerie nach einem «Täter-Opfer-Schema» einbezogen worden ist, indem er stellvertretend für den Patienten dessen inakzeptable Impulse ausdrückt und dafür vom Patienten kontrolliert und gefürchtet wird. Der Untersucher fühlt sich immer wieder veranlaßt, gegen seinen Willen in ein bestimmtes, ihm sonst fremdes Rollenmuster zu geraten.

Klinisches Beispiel:
Die Patientin wirft dem Therapeuten ständig vor, er interessiere sich nicht für sie, sei gleichgültig und zugleich unfähig. Der Therapeut spürt in sich eine zunehmende, heftige Wut auf die Patientin, er registriert zugleich, daß Vorwurf und Angriff die Patientin nicht daran hindern, zuverlässig zur Therapiestunde zu kommen und auf jede Regung und Bemerkung des Therapeuten zu achten. Er bemerkt auch, daß die Patientin sich entspannt, wenn er seine Wut beherrschen und integrieren kann.

Niveau: Desintegration

Auf dieser Stufe werden die primitivsten Abwehrmechanismen wirksam. Die Abwehr erfolgt um den Preis einer noch weitergehenden Einschränkung der Realitätsprüfung. Die Abwehr kann auch auf diesem Niveau stabil sein, d. h. das psychische Gleichgewicht kann auf einem regressiven Niveau längerfristig aufrechterhalten werden, die Flexibilität der Abwehr ist jedoch weitgehend aufgehoben.

Typische Abwehrmechanismen: Die typischen Abwehrmechanismen sind Spaltung, Verleugnung, Projektion und projektive Identifizierung.

- **Spaltung:** Im Unterschied zum gering integrierten Niveau, auf dem eine Spaltung in gute und böse Selbst- und Objektrepräsentanzen erfolgt, ist die psychotische Spaltung infolge des ausgeprägten Realitätsverlustes weiterreichend. Auf diesem Strukturniveau werden z. B. ganze Erlebnisbereiche wie die Sexualität abgespalten, es wird ihnen die affektive Besetzung entzogen oder Wahninhalte stehen dem Anschein nach beziehungslos neben realistischen Ich-Anteilen. Auf diese Weise werden unvereinbare Persönlichkeitsanteile auseinandergehalten, so daß diese Art von Spaltung auch einen stabilisierenden Abwehrcharakter hat. Beim Zusammenbruch dieser Abwehr kommt es zur psychotischen Fragmentierung oder Zersplitterung z. B. in Form mehrerer wahnhafter Identitäten.
- **Verleugnung:** Während diese Art von Spaltung typisch für schizophrene Psychosen ist, die nach dem Spaltungsprozeß benannt wurden, ist die Ver-

leugnung auch ein typischer Abwehrmechanismus bei affektiven Psychosen, z. B. bei der Manie. Die psychotische Verleugnung ist dadurch gekennzeichnet, daß offenkundige Aspekte der Realität nicht wahrgenommen werden (z. B. soziale Realitäten verschiedenster Art, wie die partnerschaftliche, familiäre, berufliche und finanzielle Situation).

- **Psychotische Projektion:** Bei der psychotischen Projektion werden eigene Impulse in wahnhafter Weise nach außen verlagert und anderen Personen zugeschrieben. Aggressive oder sexuelle Tendenzen werden von anderen ausgehend und von außen verursacht erlebt. Der projizierte Persönlichkeitsanteil wird nicht aus Gefühlen von Scham oder Schuld heraus abgewehrt, sondern ist strikt tabuisiert, kann nicht als eigenes Motiv usw. anerkannt werden.

Klinisches Beispiel:
Der Patient vertraut dem Untersucher im Erstgespräch – möglicherweise erstmals einem anderen Menschen gegenüber – viele persönlichen Erfahrungen an; als er am Ende des Gesprächs einen zweiten Termin erhält, springt er erregt auf. Er wisse, daß der Untersucher mit der Polizei kooperiere, daß ein verdecktes Verhör stattgefunden habe, daß Wanzen installiert worden seien. Der Untersucher spricht die Kränkung an, die der Patient durch die Beendigung des Gesprächs massiv empfunden haben muß. Der Patient kann diese Deutung nicht aufgreifen und sieht die eigene Erregung als adäquate Empörung in einer kriminellen Situation.

4. Objektwahrnehmung

Die Dimension beschreibt die Fähigkeit, ein Bild vom Gegenüber zu entwikkeln und dabei das Bild des Selbst von dem der anderen Person zu unterscheiden (die Fähigkeit, zwischen innerer und äußerer Realität unterscheiden zu können als Ausdruck gelungener *Selbst-Objekt-Differenzierung*.) Dazu gehört auch die Fähigkeit, das Bild des anderen ganzheitlich, d. h. mit unterschiedlichen Facetten und mit eigenen Absichten und Rechten ausgestattet wahrzunehmen *(ganzheitliche Objektwahrnehmung)* und dieses Bild kohärent und konstant zu halten. Ferner geht es um die Fähigkeit, innerseelische Vorgänge des Gegenübers, vor allem deren affektive Seite empathisch wahrnehmen und differenzieren zu können *(Empathie, Intuition, Verstehen).*

Niveau: Gute Integration

Auf der Grundlage der internalisierten Beziehungen ist eine differenzierte Fremdwahrnehmung des Gegenübers möglich. Das Bild vom Gegenüber ist in seinen Grundzügen über die Zeit konstant und kohärent. Auch in konflikthaften Situationen und unter dem Druck triebhafter Interessen bleibt es in seinen Grundzügen stabil. Seelische Vorgänge beim Gegenüber können mit Interesse erfaßt werden. Eine empathische Erfassung der Affekte beim Anderen ist differenziert möglich. Affektiv sind Sorge, Anteilnahme, Freude, Schuld, Scham, Trauer bedeutsam. Konflikthaft kann das Bild vom Gegenüber verändert werden, ohne daß aber die Beziehung zu ihm als solche in Frage gestellt wird.

Klinisches Beispiel:
Auf die Aufforderung hin, ein Bild bestimmter wichtiger Beziehungspersonen so zu zeichnen, daß der Untersucher seinerseits sich vorstellen kann, um was für einen Menschen es sich handelt, kann der Patient wichtige, ihm nahestehende Personen lebendig werden lassen. Es entsteht ein einfühlsames Bild einer wichtigen Beziehungsperson mit ihren Grenzen und Möglichkeiten, mit ihren Schwächen und Stärken. Der Patient kann deutlich machen, was er mit diesem konkreten Gegenüber beispielsweise nicht besprechen kann, weil ein bestimmtes Thema über die Grenzen des Gegenübers hinausgehen würde, er kann aber auch deutlich machen, welches Geschenk eine bestimmte Person beispielsweise besonders erfreuen würde. Auch hat der Patient Vorstellungen davon, welche lebensgeschichtlichen Ereignisse diese wichtige Beziehungsperson wohl so und nicht anders hat werden lassen.

Niveau: Mäßige Integration

Unter Belastung und/oder unter dem Druck eigener Wünsche an das Gegenüber oder unter dem Druck von dessen Wünschen wird die Empathie in das Gegenüber eingeschränkt. Während in konfliktfreien Zeiten das Bild des Gegenübers aufrechterhalten wird, ist es in konflikthaften Beziehungsepisoden ängstigend, es wird entwertet, punktuell wird die Beziehung zu ihm basal infrage gestellt. Danach kann aber über Versöhnung wieder eine Beziehung aufgebaut werden, und es ist die Anknüpfung an vorher bestehende Gemeinsamkeiten möglich. In konflikthaften Situationen ist statt der Entwertung ein depressives Anklammern möglich, das allerdings nicht eskalierend zu einem Beziehungsabbruch führt, sondern danach kann die vorherbestehende Nähe zum Anderen wiederherstellt werden.

Klinisches Beispiel:
Der Patient kann ein auf Empathie beruhendes und Einfühlung des Untersuchers ermöglichendes Bild einer anderen Person zeichnen. Auf Befragen gibt er an, daß er sich mitunter, wenn starke Wünsche an ihn herangetragen würden, sehr bedrängt fühle und dann beispielsweise seine Freundin «nur noch schlecht

machen» müsse. Das täte ihm dann hinterher leid, und es komme wieder zur Versöhnung. Über längere Zeit könne die Beziehung auch stabil weiterlaufen. Wenn er selber mit eigenen Wünschen beispielsweise an seine Freundin herantrete und sie nicht so wolle, wie er es sich vorgestellt habe, frage er sich allerdings schon, ob sie denn wirklich zu ihm passe, und er überlege sich, Schluß zu machen. In der Regel gelinge es ihm aber, wieder Abstand zu seinen heftigen Reaktionen zu gewinnen, und es komme zu einer versöhnlichen Aussprache. Er bedaure dann, daß er beispielsweise seiner Freundin damit Angst gemacht habe, daß sie hätte glauben müssen, er wolle Schluß machen, wo er doch wisse, daß solche Äußerungen von ihm sie sehr beunruhigten.

Niveau: Geringe Integration

Die Schilderung anderer Menschen rufen beim Untersucher das Gefühl hervor, solche Menschen könne es doch gar nicht geben. Jeder müßte doch starke und schwache Seiten haben, aber gerade die sind in den Schilderungen des Patienten über andere Menschen nicht zu erkennen. Dem Patienten fehlt ein Verständnis dafür, daß sein jeweiliges Gegenüber eine eigene Geschichte hat, mit der Folge persönlicher Schwächen und Stärken. Jemand muß ihm entweder ganz entsprechen, oder mit einer anderen Person kann er nichts anfangen. Die Fremdschilderungen wirken flächig, tupferhaft, nicht «dreidimensional», gestalthaft-abgegrenzt. Auf Befragen nach dem «idealen Partner» kennzeichnet der Patient einen Supermenschen, mit dem alles möglich ist, der aber seinerseits keine eigenen Ansprüche stellen darf und keine Unzulänglichkeiten aufweisen darf.

Klinisches Beispiel:
In den Schilderungen anderer Menschen durch den Patienten fällt auf, daß sie nicht vorstellbar werden. Der Patient hat keine Möglichkeit, sich in sie hineinzuversetzen. Aus der Außenperspektive erscheinen Reaktionen wichtiger Beziehungspersonen plausibel; auf Befragen ist dem Patienten aber nicht einfühlbar, warum beispielsweise seine Freundin sich auf eine heftige Äußerung von ihm hin so und nicht anders verhalten hat.

Niveau: Desintegration

Es besteht die Schwierigkeit, zwischen Selbst- und Objektaspekten zu unterscheiden oder das Objekt als vom Selbst getrennt wahrzunehmen. Selbst- und Objektdifferenzierung sind nicht genügend ausgebildet, bei Belastung kann es zur Konfusion von Selbst- und Objektbildern kommen. Aufgrund einer Symbolisierungsstörung stehen einzelne Eigenschaften des Objekts für das ganze Objekt (blaue Augen stehen für die Reinheit der Seele).

Klinisches Beispiel:
Der Patient nimmt sein Gegenüber (z. B. Ehepartner, Geschäftspartner) in seiner Individualität nicht richtig wahr, sondern gebraucht ihn zum öffentlichen Vorzeigen. Der Partner wird also nicht für kommunikative Bedürfnisse, sondern zur öffentlichen Etikettierung wahrgenommen. Dabei kann der Patient z. B. in einer Partnerbeziehung nicht zwischen den eigenen und den Bedürfnissen des Partners unterscheiden. So kann es vorkommen, daß er sich unreflektiert nach den Bedürfnissen des Partners richtet, was sich z. B. in sexuellen Beziehungen oder in der Feststellung: «Wir sind jetzt müde» manifestieren kann. In der Psychose nimmt der Patient seine Bedürfnisse überhaupt nicht mehr wahr und erlebt sie als vom anderen induziert, eingegeben oder gesteuert.

5. Kommunikation

Die Dimension beschreibt die Fähigkeit, sich emotional auf andere auszurichten, sich ihnen in eigenen Wünschen, Phantasien, Affekten und anderen Inhalten mitteilen zu können; ferner die Fähigkeit, seelische Vorgänge des Gegenübers wahrzunehmen, zu differenzieren und die Mitteilungen des anderen emotional entschlüsseln zu können; dabei ist Empathie ebenso notwendig wie die Fähigkeit, Nähe und Distanz zu regulieren.

Niveau: Gute Integration

Fähigkeit zur Kommunikation ist prinzipiell gegeben, es treten in der Regel keine massiven Kommunikationsabrisse auf. Durch neurotische Konflikte und zugehörige Angst-, Scham-, Schuldgefühle kann die Kommunikationsbereitschaft beeinträchtigt und der Inhalt der Kommunikation gefärbt werden.

Klinisches Beispiel:
Eine Patientin schildert, daß sie sich hinsichtlich bestimmter Konfliktthemen (Eifersucht) von ihrem Partner nicht verstanden fühlt und endlos mit ihm darüber streitet. Beim Untersucher entsteht der Eindruck, daß die Partner sich über die Bedeutung bestimmter Beziehungsaspekte uneins sind, unabhängig davon aber in der Lage sind, sich zu verständigen.

Niveau: Mäßige Integration

Die Fähigkeit zur Kommunikation ist prinzipiell gegeben, es treten in der Regel keine massiven Kommunikationsabrisse auf. Jedoch machen die reduzierte Fähigkeit, eigene Affekte differenziert wahrzunehmen, sowie das Vorherrschen von Enttäuschung, Selbstentwertung und depressiver Affektlage oder eine generelle Affektvermeidung es dem Patienten schwer, sich selbst zu verstehen und sich anderen verständlich zu machen. Kommunikation ist möglich, aber inhaltlich schwierig, z. B. durch pedantisches, rigides, retentives Verhalten des Patienten, oder durch forderndes oder kritisches Verhalten, wobei der Patient zum Teil reizbar, jähzornig reagiert, oder durch vordergründige Bescheidenheit mit Vorwurfshaltung und Ansprüchlichkeit, oder durch selbstbezogenes Verhalten, wobei der Patient kränkbar und verletzbar erscheint.

Klinisches Beispiel:
Ein Patient beschreibt, was er alles tut, um seiner Frau zu helfen und ihr alles recht zu machen. Er kann überhaupt nicht verstehen, warum sie dennoch klagt, und er ist enttäuscht, daß sie seine Bemühungen nicht anerkennt. Gespräche zwischen den Partnern münden in Mißstimmungen und werden deshalb vermieden. Auch im Untersucher entsteht der Eindruck, daß der Patient ihm vieles auf indirekte Weise zwischen den Zeilen mitteilt.

Niveau: Geringe Integration

Es liegen erhebliche Schwierigkeiten im Verstehen eigener und fremder Affekte sowie in der Mitteilung eigener Affekte vor; der Patient wirkt unbeteiligt gegenüber Gefühlen anderer, es fällt ihm schwer, warme und zärtliche Gefühle zu erleben und Ärger zu zeigen. Im Extremfall erfolgen Kommunikationsabrisse. Die Beziehungsstörung zeigt sich im Vorbeireden und Mißverständnissen, der Patient neigt zu Übergriffen, Manipulationen und Distanzlosigkeit. Verwirrung und Leere werden u. U. durch rationales Argumentieren und Als-Ob-Kommunikation überdeckt.

Klinisches Beispiel:
Der Untersucher hat im Gespräch zunehmend Mühe zu verstehen, worum es dem Patienten eigentlich geht. Er gerät in Zweifel, ob er selbst nicht verstehen oder der Patient sich nicht mitteilen kann. Der Patient berichtet, daß er mit Menschen am ehesten distanziert und sachlich umgeht, insbesondere scheint er außerstande, warme und zärtliche Gefühle oder auch Ärger zu zeigen. Dabei wirkt er unempathisch und unbeteiligt gegenüber den Gefühlen anderer. Er läßt auch im Gespräch keine emotionale Bezogenheit zum Untersucher erken-

nen, zugleich fühlt sich der Untersucher durch massive Symptomschilderungen unter Druck gesetzt. Seine Impulse wechseln zwischen Überengagement in Gegenwart des Patienten und Resignation bei dessen Abwesenheit.

Niveau: Desintegration

Bei mangelnder Abgrenzung und Unterscheidung von Innenwelt und Außenwelt kann alles, was der Patient erlebt, kommunikative Bedeutung bekommen. Aufgrund dieser Störung kommt es zu sehr gegensätzlichen Verhaltensweisen wie distanzlosem oder autistischen Verhalten in der Schizophrenie. Der Schizophrene ist entweder übermäßig auf die Umgebung ausgerichtet oder er kreist typischerweise in Form von psychotischen Beziehungsideen stark um sich selbst, zurückgezogen mit den Inhalten von Schuld, Hypochondrie und Besitz.

Klinisches Beispiel:
Ein Patient hat es jahrelang vermieden, mit Frauen in näheren Kontakt zu treten, aus Angst, sich ihren Maßstäben und Ansprüchen unterwerfen zu müssen. Beim ersten intensiven Kontakt mit einer Frau kommt es zur Psychose. Anschließend vermeidet er für längere Zeit weitere Annäherungsversuche. Durch die Therapie erweitert sich seine kommunikative Möglichkeit, angstfreier auf Beziehungen eingehen zu können.

Eine Patientin mit einer manisch-depressiven Psychose paßt sich jahrelang der Rollenerwartung als Ehefrau und Mutter an; in der Manie sprengt sie in pathologischer Weise diesen Rahmen.

6. Bindung

Die Dimension Bindung beschreibt die Möglichkeiten des Patienten, sich an wichtige Bezugspersonen zu binden. Bindung beschreibt die Intensität und die Variabilität der Beziehungsformen. Bindung ist eng mit der Fähigkeit zur Objektwahrnehmung verknüpft; während diese beschreibt, wie differenziert und vom Selbst getrennt Personen gesehen und erlebt werden können, beschreibt Bindung die Beziehungsmuster, die zu diesen Personen eingenommen werden. Gestörte Bindung ist eine bipolare Dimension; auf der einen Seite kann das vergebliche Bemühen um Bindung zu negativ erlebter, leidvoller Angewiesenheit und Abhängigkeit führen oder auf der anderen Seite kann fehlende Gebundenheit als Isolierung und Einsamkeit erlebt werden.

Zur Dimension Bindung gehören folgende Kategorien:

- die Fähigkeit, innere Bilder von Menschen zu entwerfen und so unabhängiger von ihrer Präsenz zu sein *(Objektinternalisierung)*;

- die Fähigkeit, stabile, d. h. andauernde und einigermaßen ausgeglichene innere Bilder der Personen zu entwerfen *(Objektkonstanz)*;
- die Fähigkeit, vielfältige innere Bilder von verschiedenen Personen zu entwerfen (*Variabilität* der Objektbeziehungen);
- die Fähigkeit, sich in Beziehungen zu binden und sich aus ihnen zu lösen *(Bindung / Lösung);* letzteres erfordert die Fähigkeit zu trauern;
- die Fähigkeit, Regeln für die Interaktion mit wichtigen anderen zu entwikkeln und dadurch die Bindung zu schützen.

Niveau: Gute Integration

Innere Bilder wichtiger Personen sind lebendig und in sich differenziert; sie erscheinen individuiert, d. h. voneinander gut unterschieden. Trotz der Darstellung ambivalenter Gefühle den Personen gegenüber bleibt die emotionale Bindung an sie im Zeitverlauf einigermaßen konstant und von konstanten Grundaffekten geprägt.

Durch diese Konstanz der Objektbeziehungen entsteht Sicherheit in der Einschätzung der Anderen. Ihre Erlebniswelt kann als eigenständige Perspektive – jedenfalls versuchsweise – eingefühlt oder nachvollzogen werden; sie werden als Menschen mit eigenen Interessen, Bedürfnissen und Rechten erlebt.

Die sozialen Beziehungen sind vielfältig, es werden mehrere wichtige Menschen beschrieben. Der Patient kann triadische Beziehungen unterhalten. Die geschilderten Beziehungsmuster werden nicht durch Objektabhängigkeiten beherrscht, Konflikte entstehen v. a. dadurch, daß Widersprüche in den Bindungen zu verschiedenen Personen nicht harmonisiert werden können, z. B. Rivalitäten, Eifersucht, Kampf um die Zuneigung eines Dritten usw.

Die zentrale Angst ist es, die Liebe des Objekts zu verlieren.

Klinisches Beispiel:
Die Patientin leidet unter Ehekonflikten; sie fühlt sich durch ihren Ehemann sehr eingeengt, da er ausgesprochen eifersüchtig reagiert. Sie kann sich gut in die psychische Not des Ehemannes einfühlen, sich von seinen Ansprüchen aber auch abgrenzen. Was sie selber nicht bemerkt ist die Tatsache, daß sie durch ständige erotisierende Flirtangebote dem Partner Anlaß zur Eifersucht gibt.

Niveau: Mäßige Integration

Die Patienten sind fähig, innere Bilder von wichtigen Personen zu entwerfen und so unabhängiger von ihrer Präsenz zu sein; sie können stabile, d. h. andauernde und einigermaßen ausgeglichene innere Bilder von ihnen entwerfen (Objektkonstanz).

Die Variabilität der Objektbeziehungen hingegen ist eingeschränkt, die inneren Bilder sind weniger variabel und auf wenige Muster eingeengt, die von der eigenen Perspektive, den eigenen Wünschen und Nöten, diktiert sind. Dementsprechend werden die Interessen anderer v. a. aus der eigenen Perspektive wahrgenommen und interpretiert. Die wichtigen Personen werden überwiegend unter den Blickwinkeln der Kontrolle, der Versorgung, der Selbstwertstabilisierung erlebt und beschrieben. Konflikte entstehen dadurch, daß jeweils einzelne Andere sich nicht so verhalten, wie es den Wünschen des Betroffenen entspricht. Sicherheit in den Beziehungen wird nur dadurch garantiert, daß der andere eine bestimmte, wunschgeleitete Beziehungsform eingeht. Die Patienten sind wenig oder nicht fähig zu echten triadischen Beziehungen und suchen vornehmlich dyadische Beziehungsmuster.

Angesichts der großen Abhängigkeit ist es die zentrale Angst, von dem wichtigen stützenden steuernden Objekt getrennt zu werden, es zu verlieren.

Klinisches Beispiel:
Der Patient, der in stabilen sozialen Beziehungen lebt und beruflich erfolgreich ist, beschreibt in lebendigen Farben das Verhältnis zu seiner Ehefrau, seinen Kindern und Schwestern. Die Schilderung des Verhältnisses zu Männern ist im Vergleich dazu einförmig; alle Männer, ob Vater, Bruder oder Geschäftskollegen, erscheinen gleich: sie werden nur danach beurteilt, ob sie leistungsmäßig besser oder schlechter sind und ob sie den Patienten beherrschen und kleinmachen. – Der Untersucher bemerkt, daß der Patient auch im Gespräch ständig auf der Hut ist, ob er vom Gesprächspartner kleingemacht oder manipuliert wird.

Niveau: Geringe Integration

Im Unterschied zum mäßig integrierten Niveau ist hier die Fähigkeit, innere Bilder von Menschen zu entwerfen und so unabhängiger von ihrer Präsenz zu sein (Objektinternalisierung), ernsthaft gestört, ebenso die Fähigkeit, stabile, d. h. andauernde und einigermaßen ausgeglichene innere Bilder zu entwerfen (Objektkonstanz). Daraus folgt, daß die emotionale Bindung an wichtige Menschen im Zeitverlauf inkonstant und ihre Schilderung von in sich widersprüchlichen Bildern beherrscht ist. Die Beziehungsmuster wirken sehr ambitendent, z. B. schwankend zwischen übergroßer Liebe und starkem Haß oder großer Distanz und intensiver Nähe.

Ebenso ist die Möglichkeit, sich in die Welt der Anderen einzufühlen (Objekteinfühlung), behindert. Sie werden schwer einschätzbar, unberechenbar;

die Form, wie sie erlebt werden, ist von Extremen gekennzeichnet: sie erscheinen einseitig, entweder als besonders gut oder als besonders schlecht, die diese Objektbeziehungen begleitenden Affekte sind stark und neigen zu Extremen, Haßgefühle werden z. B. ungefiltert und daher besonders zerstörerisch erlebt.

Die Gefühle von Ohnmacht gegenüber den oder des Ausgeliefertseins an Menschen geben der Objektabhängigkeit eine charakteristische Note.

Die zentrale Angst ist es, daß das Selbst durch das böse Objekt oder den Verlust des guten Objekts vernichtet werden könnte.

Klinisches Beispiel:
Der Patient berichtet von rasch wechselnden, kurzfristigen Partnerschaftsbeziehungen; die Freundinnen werden widersprüchlich geschildert, sie sind nicht gut auseinander zu halten, liebevolle Aspekte werden beschrieben, denen unverbunden und überraschend ganz negative Beschreibungen hinzugefügt werden. Der Patient fühlt sich von den Frauen ausgenutzt und immer neu hinters Licht geführt. Seine letzte Freundin habe es darauf abgesehen gehabt, ihn erst abhängig zu machen und dann allmählich zu verlassen. Er betont, daß er nie mehr eine Beziehung eingehen wolle, er überlegt, ob er seinen Beruf aufgeben und zur See fahren solle.

Niveau: Desintegration

Enge Bindungen sind grundsätzlich problematisch wegen der Gefahr einer Verschmelzung von Selbst- und Objektrepräsentanzen mit Verlust der eigenen Identität. Um sich zu schützen, werden Bindungen oft vermieden bis hin zur autistischen Isolation. Falls enge Bindungen entstehen, werden eigene Wünsche und Bedürfnisse oft gar nicht ausreichend wahrgenommen. Auf diese Weise können stabile Bindungen auf einem regressiven Niveau aufrechterhalten werden.

Klinisches Beispiel:
Eine durchaus bindungsfähige Patientin unterwirft sich in einer langjährigen Therapie den Forderungen und Maßnahmen der Therapeutin, da sie sich mit ihr nicht aggressiv auseinandersetzen kann. Schließlich bricht sie dann doch die Therapie ab und wird nach einiger Zeit psychotisch, wobei die akustischen Halluzinationen inhaltlich den Ratschlägen der Therapeutin entsprechen. In der nachfolgenden Therapie schwankt die Patientin zwischen der ängstlichen Wahrung ihrer Autonomie und und der gleichzeitigen Provokation ihres derzeitigen Therapeuten, sie zu bevormunden.

4.5 Achse V – Psychische und Psychosomatische Störungen *Manual*

Das vorliegende Manual zur OPD-Achse V enthält:

1. einen **Diagnosendokumentationsbogen** für die Achse V. Bitte achten Sie bei der Verwendung dieses Bogens darauf, daß psychische und psychosomatische Störungen, Persönlichkeitsstörungen und körperliche Erkrankungen nach ICD-10 getrennt auf einzelnen Achsen verschlüsselt werden müssen.
2. die **diagnostischen Kriterien für die narzißtische Persönlichkeitsstörung,** die in der Originalversion der ICD-10 nicht enthalten ist, aber im Rahmen der OPD-Diagnostik unter der Kodierungsziffer F60.81 mitverschlüsselt wird.
3. eine **Subkategorisierung für die ICD-10 Kategorie F54** psychische und Verhaltenseinflüsse bei andernorts klassifizierten Erkrankungen. Mit dieser ICD-10 Kategorie werden somatopsychische Störungen erfaßt und mit Hilfe der 4. und 5. Kodierungsstelle weiter unterteilt.

OPD – Achse V: Diagnosendokumentationsbogen

Im Rahmen der diagnostischen Beurteilung nach ICD-10 (Forschungskriterien) und optional nach DSM-IV sollte für jede PatientIn nur *eine* Hauptdiagnose angegeben werden. Die Hauptdiagnose ist die Diagnose mit der höchsten Relevanz für die derzeitige Behandlung. Drei weitere zusätzliche Diagnosen können kodiert werden. Diese sollten Störungen erfassen, die zusätzlich zur Hauptdiagnose bestehen, nicht mit ihr konkurrieren oder bereits implizit enthalten sind. Bitte tragen Sie Ihre Diagnosen nach ICD-10 (und optional nach DSM-IV), soweit möglich in der gleichen Reihenfolge sowohl in Reinschrift als auch in Form der Kodierungsziffern in die dafür vorgesehenen Kästchen ein. Achten Sie bitte darauf, daß eine Reihe von psychosomatischen Erkrankungen (F54) mit ICD-10 doppelt, d. h. sowohl mit Kodierungen psychischer *und* körperlicher Störungen zu klassifizieren sind.

Nach ICD-10 diagnostizierte Persönlichkeitsstörungen sind ausschließlich auf Achse Vb zu verschlüsseln. Geben Sie bitte bei Vorliegen von Diagnosen auf Achse Va und Vb in der dafür vorgesehenen Einschätzung an, welche Störung klinisch im Vordergrund steht.

Achse Va: Diagnosen für psychische Störungen nach den Forschungskriterien der ICD-10

Hauptdiagnose: □ □ □.□ □

weitere Diagnose 1: □ □ □.□ □

weitere Diagnose 2: □ □ □.□ □

weitere Diagnose 3: □ □ □.□ □

Diagnosen für psychische Störungen nach DSM-IV (optional):

Hauptdiagnose: □ □ □.□ □

weitere Diagnose 1: □ □ □.□ □

weitere Diagnose 2: □ □ □.□ □

weitere Diagnose 3: □ □ □.□ □

Achse Vb: Persönlichkeitsstörungen nach ICD-10 (Kategorien F60.xx oder F61.x)

Hauptdiagnose: □ □ □.□ □

weitere Diagnose 1: □ □ □.□ □

Bei Diagnosen sowohl auf Achse V a als auch V b:
Welche Störung steht klinisch im Vordergrund
(1 = Achse V a, 2 = Achse V b) ☐

OPD – Achse 5: Diagnosendokumentationsbogen

Persönlichkeitsstörungen nach DSM-IV (optional)

Hauptdiagnose: ☐ ☐ ☐.☐ ☐

weitere Diagnose 1: ☐ ☐ ☐.☐ ☐

Bei Diagnosen nach DSM-IV (sowohl psychische als auch Persönlichkeitsstörungen): Welche Störung steht klinisch im Vordergrund (1 = psychische, 2 = Persönlichkeitsstörung) ☐

Achse Vc: Körperliche Erkrankungen nach ICD-10:

Hauptdiagnose: ☐ ☐ ☐.☐ ☐

weitere Diagnose 1: ☐ ☐ ☐.☐ ☐

weitere Diagnose 2: ☐ ☐ ☐.☐ ☐

weitere Diagnose 3: ☐ ☐ ☐.☐ ☐

Körperliche Erkrankungen nach DSM-IV (optional):

Hauptdiagnose: ☐ ☐ ☐.☐ ☐

weitere Diagnose 1: ☐ ☐ ☐.☐ ☐

weitere Diagnose 2: ☐ ☐ ☐.☐ ☐

weitere Diagnose 3 ☐ ☐ ☐.☐ ☐

Diagnostische Kriterien für die ICD-10 Diagnose narzißtische Persönlichkeitsstörung (F60.81)

Diagnostische Kriterien:

A. Die allgemeinen Kriterien für eine Persönlichkeitsstörung (F60) müssen erfüllt sein.

B. Mindestens fünf der folgenden Merkmale:

1. Größengefühl in Bezug auf die eigene Bedeutung (z.B. die Betroffenen übertreiben Leistungen und Talente, erwarten, als bedeutend angesehen zu werden ohne entsprechende Leistungen);
2. Beschäftigung mit Phantasien über unbegrenzten Erfolg, Macht, Scharfsinn, Schönheit oder ideale Liebe;
3. Überzeugung, «besonders» und einmalig zu sein, nur von anderen besonderen Menschen oder solchen mit hohem Status (oder von höheren Institutionen) verstanden zu werden oder mit diesen zusammen sein zu können;
4. Bedürfnis nach übermäßiger Bewunderung;
5. Anspruchshaltung; unbegründete Erwartung besonders günstiger Behandlung oder automatische Erfüllung der Erwartungen;
6. Ausnutzung von zwischenmenschlichen Beziehungen, Vorteilsnahme gegenüber anderen, um eigene Ziele zu erreichen;
7. Mangel an Empathie; Ablehnung, Gefühle und Bedürfnisse anderer anzuerkennen oder sich mit ihnen zu identifizieren;
8. häufiger Neid auf andere oder Überzeugung, andere seien neidisch auf die Betroffenen;
9. arrogante, hochmütige Verhaltensweisen und Attitüden.

Subkategorisierung für F54 psychische und Verhaltenseinflüsse bei andernorts klassifizierten Erkrankungen

Diese Kategorie (F54) soll verwendet werden, um psychologische und Verhalteinflüsse zu erfassen, die eine wesentliche Rolle in der Ätiologie (oder im Verlauf) körperlicher Erkrankungen spielen, die in anderen Kapiteln der ICD-10 klassifiziert werden. Diese psychischen Störungen sind meist unspezifisch und langanhaltend (wie Sorgen, emotionale Konflikte, ängstliche Erwartung usw.), und rechtfertigen nicht die Zuordnung zu einer anderen Störung im Kapitel V. Eine zusätzliche Kodierung ist zur Bezeichnung der körperlichen Störung zu verwenden. (In den seltenen Fällen, in denen eine psychiatrische Störung vermutlich die Ursache für eine körperliche Störung darstellt, ist für die psychiatrische Störung eine zweite zusätzliche Kodierung anzugeben).

Beispiele für die Verwendung dieser Kategorie sind:
- Adipositas (F54.xx und E66)
- Asthma bronchiale (F54.xx und J45)
- Dermatitis und Ekzem (F54.xx und L23-L25)
- Urticaria (F54.xx und L50)
- Ulcus ventriculi (F54.xx und K25)
- Ulcus duodeni (F54.xx und K26)
- Ulcus pepticum (F54.xx und K27)
- Gastritis und Duodenitis (F54.xx und K29)
- Colitis mucosa (F54.xx und K58)
- Colitis ulcerosa (F54.xx und K51)
- Colon irritabile (F54.xx und K58)
- essentielle Hypertonie (F54.xx und H10)
- Hypotonie (F54.xx und I95)
- Synkope und Kollaps (F54.xx und R55)
- Torticollis spasticus (F54.xx und G24.3)
- multiple Sklerose (F54.xx und G35)
- Migräne (F54.xx und G43.x)
- sonstige Kopfschmerzen (F54.xx und G44.x)
- Rückenschmerzen (F54.xx und M54.x)
- Tinnitus (F54.xx und H93.1)
- prämenstruelles Syndrom (F54.xx und (N94.3)
- primäre und sekundäre Dysmenorrhoe (F54.xx und N94.4 bzw. N94.5)
- Störungen im Zusammenhang mit der Menopause (F54.xx und N95.1)

Subkategorisierung für F54 psychische und Verhaltenseinflüsse bei andernorts klassifizierten Erkrankungen

Mit der 4. Stelle kennzeichnen Sie bitte die Art der psychischen Symptomwahl:

F54.0x	vorwiegend ängstliche Symptomatik
F54.1x	vorwiegend depressive Symptomatik
F54.2x	vorwiegend hypochondrische Befürchtungen/körperbezogene Symptomatik
F54.3x	multiple psychische Symptome
F54.4x	präpsychotische oder psychoseähnliche Symptomatik
F54.5x	keine psychische Symptomatik erkennbar
F54.8x	andere
F54.9x	nicht näher bezeichnete

Mit der 5. Stelle wird die Art der psychosomatischen Wechselwirkung gekennzeichnet:

F54.x0	psychosoziale Faktoren wirken kausal
F54.x1	psychosoziale Faktoren wirken verlaufsstabilisierend
F54.x2	psychosoziale Faktoren sind Folge der Erkrankung
F54.x3	psychosoziale Faktoren wirken kausal und verlaufsstabilisierend
F54.x4	psychosoziale Faktoren wirken kausal und sind gleichzeitig als Folge der Erkrankung aufzufassen
F54.x5	psychosoziale Faktoren wirken verlaufsstabilisierend und sind als Folge der Erkrankung aufzufassen.
F54.x6	alle Wirkmodi stehen in Verbindung

5. Anwendung der OPD

5.1 Darstellung eines exemplarischen Falles

Edgar R., 48 Jahre, Lehrer

Die Eröffnungsphase

Der Patient hatte nach einer Abklärung in einer Klinik für Diagnostik mit dem Untersucher schriftlich Kontakt aufgenommen und um eine «tiefenpsychologisch orientierte, analytische Konversionstherapie» (sic!) gebeten. Offensichtlich hatte ihn das dort geführte psychosomatische Interview zu einer analytischen Therapie motiviert. In einem ersten kurzen Kontakt bestätigt er dies, zentriert aber auf seine somatischen Beschwerden. Es wird ein ausführliches Erstgespräch vereinbart.

Er beginnt sehr ausführlich, sachlich und vollständig seine Krankheitsvorgeschichte zu schildern. Er wirkt dabei ohne emotionale Bewegung, distanziert und «lehrerhaft». Vor fünf Jahren sei er nach einem «Kreislaufzusammenbruch» ins Krankenhaus gekommen, wobei die Verdachtsdiagnose einer viralen Myocarditis nicht bestätigt werden konnte. Auch nach der Entlassung sei er weiterhin sehr erschöpft und müde gewesen, konnte kaum noch spazieren gehen und schaffte seine Arbeit nicht mehr. «Meine Batterie war leer, meine Energie zu Ende.» Auf der Straße oder auf größeren Plätzen habe er Angstanfälle mit Herzrasen und anschließenden Erschöpfungsgefühlen bekommen. Die Herzbeschwerden veranlaßten ihn schließlich zu einer kardiologischen Rehabilitationsbehandlung. Zahlreiche Spezialisten konnten sich das Herzrasen und auch die Angst nicht somatisch erklären und bezeichneten ihn als völlig gesund. Vorwurfsvoll erläutert er, daß er, entgegen ihrer Einschätzung, bei einem Urlaub mit seiner Freundin starke Herzbeschwerden bekommen habe und vor Erschöpfung kaum instande gewesen sei, Spaziergänge zu machen.

Der Patient verliert sich in Beschwerdeschilderungen. Abschließend gibt er noch ein Kloßgefühl im Hals und Hyperventilationen an. In der Gegenübertragung werden ob seines belehrenden Verhaltens Ärgerlichkeit und Langeweile erlebt.

Beziehungsepisoden

Die Beziehungen, die der Patient zunächst im Interview in den Vordergrund stellt, sind die zu medizinischen Autoritäten. Ganz nebenbei erwähnt er seine Freundin. Erst später wird seine Auseinandersetzung mit den medizinischen Autoritäten deutlich; zunächst läßt sich die Beziehung zur Freundin aufgreifen, da dort das Zentrum seiner Probleme vermutet werden kann. In der Tat stellen sich erhebliche Störungen in seinen Beziehungen zu Frauen heraus. Mit 25 Jahren hatte er eine erste Freundin. Während seines Studiums in A. herrschte Frauenmangel. Dann lernte er zwei Frauen kennen, die auffällig waren, eine schildert er als faszinierend, aber sie hatte ihre Ehe 8 Jahre nicht vollzogen, die andere schildert er als Nymphomanin, dies sei «gutachterlich bestätigt» worden. Sie war Religionslehrerin. Von dort kommt er wieder zu den Männern. Ganz im Vordergrund steht ein Religionslehrer, den er idealisiert und abwertet. Er hat von ihm völlig unreflektiert die katholischen Ansichten über Sexualität übernommen. Jetzt opponiert er mehr gegen ihn und hält seine Auffassung, daß ein Zungenkuß schon schwere Sünde sei und man sich beim Geschlechtsverkehr nicht nackt zeigen dürfte, für pervers. Erkennbar in diesen Szenen ist seine hohe Besetzung der Religion und seine Identifikation mit solchen brillierenden, väterlichen Objekten.

Objekterleben und Lebensgestaltung

In Abwandlung der Interviewstruktur, die das Selbstobjekterleben in den Vordergrund vor dem Objekterleben stellt, drängt dieser Patient in sein Erleben des väterlichen Objektes, nahegelegt durch Schilderung seiner Beziehung zu dem Religionslehrer. Er schildert eine beeindruckende traumatische Vorgeschichte. Der Vater war Dipl.lng. und nach dem Kriege zunächst ohne Arbeit, aber sehr ehrgeizig. Er wollte ihn als Sohn. Dennoch hat der Patient ihn als streng und aggressiv bis sadistisch erlebt. Zwischen Mutter und Vater bestanden ständige Streitigkeiten bis hin zu Prügeleien. Der Scheidungsprozeß zog sich von seinem 6. bis zu seinem 16. Lebensjahr hin. Auf Veranlassung des Scheidungsrichters hat der Vater den Sohn aus den Streitigkeiten der Eltern herausgenommen. Als der Patient sechs Jahre alt war, passierte eine dramatische Geschichte: Der Vater fuhr mit ihm in den Urlaub und «verschleppte» ihn anschließend in ein Internat in den Odenwald. Die Mutter dachte, er sei tot. Dort wurde er von einem sadistischen und geschäftstüchtigen Lehrer erzogen.

Wie sehr er gelitten hat, zeigen folgende Bemerkungen: er habe lange geweint und er habe die Phantasie gehabt, es falle ein Riesenkotelett vom Himmel und er könne sich endlich einmal satt essen. Der Vater erscheint als ein riesiger, dominierender, aber auch bewunderter Tyrann, der aggressiv mit der Mutter umgeht, bei dem das «Blut floß», der aber auch mit ihm viel unternahm. Die Mutter erscheint als ein Opfer des Vaters, sie lebte, als er wieder zurück in die Familie kam, nur für ihn. Er kann ihr uneingeschränkt vertrauen. Sie hat keinerlei negative Seiten und wird hoch idealisiert. Als Kind hatte er aufgrund dieser Ereignisse schon Angst vor dem Tod. Er träumte von schwarzen Leichen, da man ihm erzählt hat, wie Menschen bei den Bombenangriffen verkohlten. Angst vor dem Tod beherrscht ihn, solange er denken kann. Mit 16 Jahren hatte er die ersten Angstanfälle, die medikamentös behandelt wurden.

Selbsterleben und relevante Lebensbereiche

Der Patient hat sich bereitwillig über seine Beziehung zu Vater, Mutter und Frauen geäußert, wobei er meist eine interpretative Position bezieht und die Ereignisse sehr dramatisch schildert. Er wird dann vom Untersucher auf sein Selbsterleben angesprochen. Er schildert sich als sensibel, empfindlich, empfindsam, offen, vertrauend bis vertrauensselig, zuverlässig, penibel, perfektionistisch, nicht nachtragend. Es gibt eine Art Aufzählung seiner Eigenschaften. Er spricht von seiner Aggressionsabwehr, seinen Gefühlen der Ohnmacht gegenüber der Umgebung, wenn er im Fernsehen aggressive, sadistische kriegerische Szenen sieht, z. B. Vergewaltigung von Frauen und Arme abhacken. Er kann aber zu diesen Bildern Distanz halten.

Er kommt wieder auf ein Objekt, seinen jetzigen Chef an der Schule, zu sprechen. Sieben bis acht Jahre zuvor hat er einen neuen Chef bekommen, der die Schule organisiert wie ein Finanzbeamter ein Finanzamt. Er hat sich auf den Patienten «eingeschossen». Dieser tyrannische Chef ist wie der tyrannische Vater. Der Untersucher sieht einen Zusammenhang zwischen dem Ausbruch der Erkrankung vor fünf Jahren und den beginnenden Auseinandersetzungen mit dem neuen Chef. Das einzige, was der Chef im Kopf haben soll, ist Kollegen zu quälen. Das leitet er aus verschiedenen formalen Entscheidungen des Chefs ab.

An diesen Stellen wird deutlich, daß der Patient sich mit dem Untersucher in eine fachlich-rivalisierende Auseinandersetzung begibt und sich mit ihm streiten möchte, was jedoch in dem Erstinterview noch nicht so voll in Erscheinung tritt. Die Interpretation des Untersuchers bezieht sich daher im wesentlichen auf die Wiederholung der Vaterbeziehung in der Beziehung zum neuen Chef.

Psychotherapiemotivation, Behandlungsvoraussetzungen, Einsichtsfähigkeit

Während des gesamten Interviews wird deutlich, daß der Patient neben einem somatischen Krankheitsverständnis auch ein psychisches entwickelt hat, ausgelöst durch das analytische Interview mit dem Kollegen im Deutschen Institut für Diagnostik. Er verbindet damit eine hohe Heilserwartung. Er hat sich eine gewisse Einsicht in seine lebensgeschichtlichen Zusammenhänge und Konflikte erworben, die er dem Untersucher fast dozierend mitteilt. Es besteht kaum eine Veranlassung, näher auf die Behandlungsmotivation einzugehen. Der Untersucher entscheidet sich deshalb, weiteres in den folgenden vereinbarten Sitzungen zu klären, da eine Behandlungsmotivation ausreichend erscheint.

Psychische und Psychosomatische Störungen

Die syndromale Diagnostik läßt sich hier auf der Grundlage des vorliegenden Materials einschließlich Arztbriefen vornehmen. Bis auf eine zeitweise aufgetretene Hypertonie ist kein eindeutiger kardiologischer Befund zu erheben. Immunologischerseits wird der Befund einer abgelaufenen Borreliose diskutiert. Nach den psychischen Befunden im Interview kann die Diagnose: F 45.30 Somatoforme autonome Funktionsstörung des kardiovaskulären Systems gegeben werden. Die Problematik der ICD-Diagnose gerade dieses Falles wird im Kapitel 5.2.diskutiert.

5.2 Einschätzung des Falles mit der OPD

Der Fall des Lehrers Edgar R., 48 Jahre, kann natürlich nicht aufgrund des zusammengefaßten Berichtes mit dem OPD-System beurteilt und dokumentiert werden. Dazu bedarf es als Ausgangsmaterial der Teilnahme am Gespräch selbst oder einer Video-Aufnahme. Dennoch soll hier paradigmatisch die Anwendung des Systems gezeigt werden.

Achse I – Krankheitserleben und Behandlungsvoraussetzungen

Die Achse enthält die Kategorien nicht vorhanden (0), niedrig (1), mittel (2), hoch (3) und nicht beurteilbar. Eine *somatische Erkrankung* scheint nicht vorhanden, muß aber als gegeben, wenn auch niedrig (1), eingeschätzt werden, weil der Patient einen Hypertonus hat. Der Schweregrad der *psychischen Erkrankung* ist hoch. Diese Beurteilung geschieht vor allem wegen des Ausmaßes und der Dauer der Symptomatik. Die Beurteilung des *Leidensdruckes* (2) berücksichtigt das geäußerte Leiden, zugleich aber die erhaltene Arbeitsfähigkeit und weitere Ich-Funktionen. Auch die *Beeinträchtigung des Selbsterlebens*, der *sekundäre Krankheitsgewinn* und die *Einsichtsfähigkeit für psychodynamische Zusammenhänge* werden als (2) eingeschätzt. Demgegenüber ist die *Beeinträchtigung des Körpers* niedrig, ebenso die *Einsichtsfähigkeit für somatopsychische Zusammenhänge*. Hier geht in die Beurteilung ein, daß der Patient wahrnimmt, daß er körperlich gesund ist, die Ergebnisse der Untersuchungen auch berichten kann, situativ allerdings dann erheblich unter so erlebten körperlichen Beschwerden leidet. Die Beurteilung geht hier also von einer Art Mittelwert aus. Die Indikation zur Psychotherapie ist eindeutig gegeben (3), nicht aber die zu einer körperlichen Behandlung (0). Auf einer *körperlichen Behandlung* besteht der Patient nicht (mehr) oder nur wenig (0 oder 1), einer *Psychotherapie* steht er mittelgradig motiviert (2) gegenüber. Dies entspricht auch den Einschätzungen des Untersuchers bezüglich der indizierten

Behandlungsform. Die *Compliance* ist derzeit nicht beurteilbar, bei der Symptomdarbietung steht die *psychische Symptomatik* mittel und die *körperliche Symptomatik* hoch im Vordergrund. Auch die *psychosoziale Integration* wird mit (2) eingestuft. Hier bildet die sichere berufliche Integration den Hintergrund für die Höherbewertung, während die Art der konflikthaften und zurückgenommenen Beziehungen eine Beurteilung mit (3) verhindert. Die *persönlichen Ressourcen* sind ausgesprochen schwer zu beurteilen, sie liegen vermutlich zwischen niedrig und mittel, votiert wird konservativ für niedrig (1). Auch die *soziale Unterstützung* ist – wohl weitgehend durch den Patienten selbst verursacht – eher niedrig. Die *Angemessenheit der subjektiven Beeinträchtigung* zum Ausmaß der Erkrankung ist aber hoch (3). Der Patient zeigt die Betroffenheit, die seine lange und schwere Symptomatik auch erwarten läßt.

Achse II – Beziehung

Zwei Aussagen sollen in den vier möglichen Dimensionen ausgewählt werden. Beginnen wir mit dem *Erleben des Patienten:* Der Patient erlebt sich immer wieder so, daß er andere bewundert und idealisiert (P 1), ihnen trotzt und sich widersetzt (P 16). Das *Erleben des Untersuchers* demgegenüber wird dadurch bestimmt, daß der Patient ihn belehrt und bevormundet (P 4), besonders rivalisiert (P 18). *Der Patient erlebt andere* so, daß sie ihn belehren und bevormunden (O 4), entwerten und beschämen (O 9). *Der Untersucher erlebt sich gegenüber dem Patienten*, daß er ihn einfach machen läßt (O 15), gekränkt und beleidigt reagiert (O 26). Faßt man diese Items zu einem Bild zusammen, so ergibt sich eine Abbildung dahingehend, daß der Patient sehr widersprüchliche Regungen gegenüber anderen hat und auch solche auslöst. Er erlebt sich selbst so, daß er ohnmächtig gemacht, kontrolliert und schlecht behandelt wird, während der Untersucher sich ausgesprochen rivalisierend und belehrend vom Patienten behandelt fühlt. Darauf reagiert der Untersucher in einer charakteristischen Weise. Das Nebeneinander von Idealisierung und Abwertung, das Zugleich-Opfer-und-Täter-Sein auf der Seite des Patienten ist insgesamt zufriedenstellend abzubilden.

Achse III – Konflikt

Auf der Konflikt-Achse bilden zwei Konflikte am besten die Darstellung des Patienten ab: Der Konflikt um *Abhängigkeit versus Autonomie* (vorhanden und sehr bedeutsam) und die *Selbstwertkonflikte* (vorhanden und sehr bedeutsam). Die anderen Konfliktebenen treten dem gegenüber zurück, obwohl *Unterwerfung versus Kontrolle* (vorhanden und mäßig bedeutsam) ebenfalls trägt, es Hinweise auf *ödipale sexuelle Konflikte* (vorhanden und wenig bedeutsam) und auch insgesamt eine Einschränkung bei der eigenen Konfliktwahrnehmung des Patienten (vorhanden und wenig bedeutsam) gibt. Für die Einschätzung des Konfliktes *Versorgung versus Autarkie* sowie für die Einschätzung der *Identitätskonflikte* und für die Beurteilung von *Über-Ich- und Schuldkonflikten* gibt das Interview wenig her, so daß hier konservativ «nicht beurteilbar» eingeschätzt wird. Allenfalls könnten die *Über-Ich- und Schuldkonflikte* als vorhanden und wenig bedeutsam markiert werden. Besonders interessant ist hier die Frage nach der *«konflikthaften äußeren Lebensbelastung»*. Obwohl der Patient durchgehend äußere Konflikte als zentral und für seine Krankheit verantwortlich beschreibt, wird sehr deutlich, daß es sich im Sinne der OPD um repetitive Konfliktmuster handelt, die zwar mit äußeren Personen ausgetragen, aber von diesen nicht verursacht werden. Die konflikthafte äußere Lebensbelastung muß also als nicht vorhanden (0) oder allenfalls, wenn man die Pathologie des Direktors sehr hoch veranschlagt, als vorhanden oder wenig bedeutsam (1) eingeschätzt werden. Der *Modus der Verarbeitung* ist vorwiegend aktiv. In der Rangreihe wird der Selbstwertkonflikt vor dem Abhängigkeitskonflikt skaliert.

Achse IV – Struktur

In sechs Kategorien können vier Maße der Integration geratet werden. Die *Selbstwahrnehmung* des Patienten muß als gering integriert angesehen werden: Es bestehen doch sehr rasch sichtbar werdende Insuffizienzen bezüglich der Selbsteinschätzung. Demgegenüber ist die *Selbststeuerung* auf mittlerem Niveau (mäßig integriert), was auch insgesamt für die *Abwehr* gilt. Die *Objektwahrnehmung* ist ebenfalls auf mittlerem Niveau zu sehen, wobei der Untersucher hier einen Mittelwert gebildet hat zwischen seiner Feststellung von überscharfen, überpräzisen Wahrnehmungen anderer und Hinweisen auf Verkennung von deren Absichten. Auch die Abgegrenztheit der Objekte vom Patienten steht auf einem mittleren Niveau, wird von diesem eher forciert. Die *Kommunikation* wird ebenfalls auf mittlerem Niveau als mäßig integriert eingestuft, wobei die Kommunikationsbereitschaft deutlich höher (in Richtung von gut integriert) liegt, die Konflikthaftigkeit den Patienten jedoch immer wieder zu Rückzügen (in Richtung gering integriert) verleitet. Auch die Beurteilung der *Bindung* verleitet dazu, erst einmal einen Mittelwert zwischen gering und mäßig integriert zu wählen. Das Überwiegen der aggressiv-konflikthaften Objekte im Gespräch und das Verschwinden positiv besetzter Objekte (Frauen) an die Peripherie führt dann zur Einstufung gering integriert. Die Gesamteinschätzung der Struktur des Patienten unter Berücksichtigung des sozialen Niveaus, der professionellen Leistungen und der vorher geschilderten Dimensionen führt zur Einschätzung: mäßig integriertes Niveau (II).

Achse V – Psychische und Psychosomatische Störungen

Die ICD-10-Diagnose des Patienten führt sofort zu den Angststörungen. Hier sind viele Charakteristika der *Panikstörung* (F 41.0) vorhanden. Gegen diese Diagnose spricht aber, daß auch eine phobische Organisation der Angst wahrnehmbar ist, ohne jedoch die Kriterien der *Agoraphobie mit Panikstörung* (F 40.01) voll zu treffen. Schließlich gibt es auch Züge der generalisierten Angststörung (F 41.1). Auch diese erfüllen nicht alle geforderten Kriterien. Es besteht jedoch eine ausgeprägte, auf das Herz zentrierte Symptomatik, die sich mit den Angstattacken teilweise überschneidet. Da die ICD-10 eine «Herzangstneurose», was die korrekteste Diagnose gewesen wäre, nicht kennt, muß die *somatoforme autonome Funktionsstörung des Herzens und kardiovaskulären Systems* (F 45.30) gewählt werden. Auf der Persönlichkeitsebene erfüllt der Patient die Eingangskriterien für eine *Persönlichkeitsstörung* (F 60.0), so daß auch diese Diagnose gegeben werden muß. Weil es aber verschiedene Züge sind, die sich den angebotenen Typen nicht zuordnen lassen, wird die *kombinierte Persönlichkeitsstörung* (F 61) gewählt.

Insgesamt ist gerade die Einordnung des Patienten nach ICD-10 unbefriedigend. Obwohl prima vista die Diagnosen *Panikstörung* oder (leichte) *Agoraphobie mit Panikstörung* zuzutreffen scheinen, müssen beide nach den strengeren «Forschungskriterien» der ICD ausscheiden. So muß letztlich das eindeutig (herzneurotisch-)angsthafte Bild des Patienten als *somatoforme autonome Funktionsstörung des Herzens* klassifiziert werden, worunter – eine Schwäche der ICD-10 – die Herzangstneurose fällt.

5.3 Faksimile-Wiedergabe der OPD-Dokumentation des Fallbeispiels

Operationalisierte psychodynamische Diagnostik (OPD) – Erhebungsbogen

---

Angaben zum Patienten

Kodierungsnummer	1 9 9 5
Alter	4 8
Geschlecht (1 = weiblich, 2 = männlich)	2

Angaben zum Diagnostiker

Kodierungsnummer des Zentrums	O P D
Kodierungsnummer des Diagnostikers	0 0 7
Alter	4 4
Geschlecht (1 = weiblich, 2 = männlich)	2

Datum der Erhebung	2 5 . 1 0 . 9 5

 Best.-Nr. 0307502

Achse I: Krankheitserleben und Behandlungsvoraussetzungen

Instruktion: Bitte schätzen Sie für jede einzelne Variable die Ausprägung (niedrig, mittel, hoch) ein, die auf den Patienten am ehesten zutrifft. Sofern das Merkmal «nicht vorhanden» ist, wird mit 0 eingeschätzt, sofern es «nicht beurteilbar» ist, kreuzen Sie bitte die entsprechende Rubrik an.

Dimensionen	**nicht vorhanden (0)**	**niedrig (1)**	**mittel (2)**	**hoch (3)**	**nicht beurteilbar (9)**
Schweregrade des					
1. somatischen Befundes	☐	☒	☐	☐	☐
2. psychischen Befundes	☐	☐	☐	☒	☐
3. Leidensdruck	☐	☐	☒	☐	☐
4. Beeinträchtigung des Selbsterlebens	☐	☐	☒	☐	☐
5. Ausmaß der körperlichen Behinderung	☐	☒	☐	☐	☐
6. sekundärer Krankheitsgewinn	☐	☐	☒	☐	☐
Einsichtsfähigkeit für					
7. psychodynamische Zusammenhänge	☐	☐	☒	☐	☐
8. somatopsychische Zusammenhänge	☐	☒	☐	☐	☐
Einschätzung der geeigneten Behandlungsform					
9. Psychotherapie	☐	☐	☐	☒	☐
10. körperliche Behandlung	☒	☐	☐	☐	☐

 Best.-Nr. 0307502

Dimensionen	nicht vorhanden (0)	niedrig (1)	mittel (2)	hoch (3)	nicht beurteilbar (9)
Motivation zur					
11. Psychotherapie	☐	☐	☒	☐	☐
12. körperlichen Behandlung	☒	☐	☐	☐	☐
13. Compliance	☐	☐	☐	☐	☒
Symptomdarbietung					
14. die somatische Symptomatik stellt sich dar	☐	☐	☐	☒	☐
15. die psychische Symptomatik stellt sich dar	☐	☐	☒	☐	☐
16. psychosoziale Integration	☐	☐	☒	☐	☐
17. persönliche Ressourcen	☐	☒	☐	☐	☐
18. soziale Unterstützung	☐	☒	☐	☐	☐
19. Angemessenheit der subjektiven Beeinträchtigung zum Ausmaß der Erkrankung	☐	☐	☐	☒	☐

Best.-Nr. 0307502

Achse II: Beziehung

Instruktion: Bitte wählen Sie aus den Itemlisten im Manual für jede Position nur die zwei wesentlichsten Merkmale aus. Tragen Sie die Itemnummern und die Formulierungen zunächst unter der Perspektive A, dann unter der Perspektive B ein. Abschließend können Sie optional eine mögliche beziehungsdynamische Formulierung vornehmen.

Perspektive A: Das Erleben des Patienten

Der Patient erlebt sich immer wieder so, daß er

1. Nr. ☐ 1 Text: bewundert
2. Nr. 1 6 Text: trotzt

Der Patient erlebt andere immer wieder so, daß sie

1. Nr. ☐ ☐ Text: bevormunden
2. Nr. ☐ ☐ Text: beschämen

Perspektive B: Das Erleben des Untersuchers

Der Untersucher erlebt, daß der Patient ihn immer wieder

1. Nr. ☐ 4 Text: belehrt
2. Nr. 1 8 Text: rivalisiert

Der Untersucher erlebt sich gegenüber dem Patienten immer wieder so, daß er

1. Nr. 1 5 Text: machen läßt
2. Nr. 2 6 Text: beleidigt reagiert

Mögliche beziehungsdynamische Formulierung (optional):

 Best.-Nr. 0307502

Achse III: Konflikt

Instruktion: Die Auswertung der Konfliktdiagnostik erfordert eine Stellungnahme in jeder Rubrik durch einfaches Ankreuzen. Auf diese Weise ergibt sich ein Profil. Zum Abschluß nehmen Sie bitte eine **Rangreihung für die beiden Ihnen am wichtigsten erscheinenden Konflikttypen** (unter Einschluß der «fehlenden Konflikt- und Gefühlswahrnehmung») vor. Hierzu tragen Sie bitte die Kennziffer(n) (= Ordnungsziffer) in das jeweils vorgesehene Feld ein. Einen Typ sollten, zwei dürfen Sie auswählen!

Dimensionen	**nicht vorhanden (0)**	**vorhanden und wenig bedeutsam (1)**	**vorhanden und bedeutsam (2)**	**vorhanden und sehr bedeutsam (3)**	**nicht beurteilbar (9)**
Zeitlich überdauernde Konflikte:					
1. Abhängigkeit vs. Autonomie	☐	☐	☐	☒	☐
2. Unterwerfung vs. Kontrolle	☐	☒	☐	☐	☐
3. Versorgung vs. Autarkie	☐	☐	☐	☐	☒
4. Selbstwertkonflikte (Selbst- vs. Objektwert)	☐	☐	☐	☒	☐
5. Über-Ich- und Schuldkonflikte	☐	☐	☐	☐	☒
6. Ödipal-sexuelle Konflikte	☐	☒	☐	☐	☐
7. Identitätskonflikte	☐	☐	☐	☐	☒
8. Fehlende Konflikt-/ Gefühlswahrnehmung	☐	☒	☐	☐	☐
9. Konflikthafte äußere Lebensbelastungen	☒	☐	☐	☐	☐

10. Modus der Verarbeitung	vorwiegend aktiv	gemischt eher aktiv	gemischt eher passiv	vorwiegend passiv	nicht beurteilbar
	☒	☐	☐	☐	☐

Gesamtrating: wichtigster Konflikt: Nr. 4 zweitwichtigster Konflikt: Nr. 1

 Best.-Nr. 0307502

Achse IV: Struktur

Instruktion: Bitte schätzen Sie Ausmaß und Qualität der strukturellen Gestörtheit oder Störbarkeit für jede der vorgegebenen Dimensionen ein. 4 Integrationsniveaus der Struktur werden unterschieden, wobei Ihre Einschätzung sich zwischen den Extrempolen der reifen Struktur (gutes Integrationsniveau) und der psychotischen Struktur (desintegriertes Niveau) bewegen kann. Bitte kreuzen Sie die entsprechenden Kästchen an.

Mit der abschließenden Gesamteinschätzung der Struktur nehmen Sie bitte eine qualitative Deskription für die 6 Beurteilungsdimensionen und eine globale Einschätzung des Integrationsniveaus vor.

Dimensionen	**gut integriert (1)**	**mäßig integriert (2)**	**gering integriert (3)**	**des-integriert (4)**	**nicht beurteilbar (9)**
1. Deskritive Einschätzung					
1.1. Selbstwahrnehmung	☐	☐	☒	☐	☐
1.2. Selbststeuerung	☐	☒	☐	☐	☐
1.3. Abwehr	☐	☒	☐	☐	☐
1.4. Objektwahrnehmung	☐	☒	☐	☐	☐
1.5. Kommunikation	☐	☒	☐	☐	☐
1.6. Bindung	☐	☐	☒	☐	☐
2. Gesamteinschätzung der Struktur					
Gesamteinschätzung	☐	☒	☐	☐	☐

Best.-Nr. 0307502

Achse V: Psychische und Psychosomatische Störungen

Instruktion: Im Rahmen der diagnostischen Beurteilung nach ICD-10 (Forschungskriterien) und optional nach DSM-IV sollte nur **eine** Hauptdiagnose angegeben werden. Die Hauptdiagnose ist die Diagnose mit der höchsten Relevanz für die derzeitige Behandlung. Drei weitere zusätzliche Diagnosen können kodiert werden. Diese sollten Störungen erfassen, die zusätzlich zur Hauptdiagnose bestehen, nicht mit ihr konkurrieren oder bereits implizit enthalten sind. Bitte tragen Sie Ihre Diagnosen nach ICD-10 (und optional nach DSM-IV), soweit möglich in der gleichen Reihenfolge sowohl in Reinschrift als auch in Form der Kodierungsziffern in die dafür vorgesehenen Kästchen ein. Achten Sie bitte darauf, daß eine Reihe von psychosomatischen Erkrankungen (F54) mit ICD-10 doppelt, d.h. sowohl mit Kodierungen psychischer **und** körperlicher Störungen zu klassifizieren sind.

Nach ICD-10 diagnostizierte Persönlichkeitsstörungen sind ausschließlich auf Achse Vb zu verschlüsseln. Geben Sie bitte bei Vorliegen von Diagnosen auf Achse Va und Vb in der dafür vorgesehenen Einschätzung an, welche Störung klinisch im Vordergrund steht.

Achse Va: Diagnosen für psychische Störungen nach den Forschungskriterien der ICD-10

Hauptdiagnose:	F 4 5 . 3 0
weitere Diagnose 1:	☐☐☐.☐☐
weitere Diagnose 2:	☐☐☐.☐☐
weitere Diagnose 3:	☐☐☐.☐☐

Diagnosen für psychische Störungen nach DSM-IV (optional):

Hauptdiagnose:	☐☐☐.☐☐
weitere Diagnose 1:	☐☐☐.☐☐
weitere Diagnose 2:	☐☐☐.☐☐
weitere Diagnose 3:	☐☐☐.☐☐

Achse Vb: Persönlichkeitsstörungen nach ICD-10 (Kategorien F60.xx oder F61.x)

Hauptdiagnose:	F 6 1 . ☐☐
weitere Diagnose 1.	☐☐☐.☐☐

Bei Diagnosen sowohl auf Achse Va als auch Vb: Welche Störung steht klinisch im Vordergrund (1 = Achse Va; 2 = Achse Vb) ☐

 Best.-Nr. 0307502

Persönlichkeitsstörungen nach DSM-IV (optional)

Hauptdiagnose: ☐☐☐.☐☐

weitere Diagnose 1: ☐☐☐.☐☐

Bei Diagnosen nach DSM-IV (sowohl psychische als auch Persönlichkeitsstörungen): Welche Störung steht klinisch im Vordergrund (1 = psychische; 2 = Persönlichkeitsstörung) ☐

Achse Vc: Körperliche Erkrankungen nach ICD-10 (nicht Kapitel V!):

Hauptdiagnose: ☐☐☐.☐☐

weitere Diagnose 1: ☐☐☐.☐☐

weitere Diagnose 2: ☐☐☐.☐☐

weitere Diagnose 3: ☐☐☐.☐☐

Körperliche Erkrankungen nach DSM-IV (optional):

Hauptdiagnose: ☐☐☐.☐☐

weitere Diagnose 1: ☐☐☐.☐☐

weitere Diagnose 2: ☐☐☐.☐☐

weitere Diagnose 3: ☐☐☐.☐☐

 Best.-Nr. 0307502

6. Ausbildung und Training in der OPD-Diagnostik (mit Adressenverzeichnis der Trainingszentren)

1. Einleitung

Die Anwendung der OPD-Diagnostik erfordert für den klinischen wie den wissenschaftlichen Bereich ein intensives Training. Zur Sicherstellung der Qualität dieser Trainingsseminare hat der Arbeitskreis OPD eine Reihe von Trainingszentren autorisiert, die zum Abschluß aufgeführt werden. Die Ausbildung in der OPD-Diagnostik muß sowohl die Erarbeitung des theoretischen Bezugsrahmens des diagnostischen Gesamtmodells umfassen als auch die Konzeptualisierungen der einzelnen Achsen. Für die einzelnen Achsen sollen im Training die diagnostischen Prinzipien und Kriterien sowie die Auswertung und Interpretation der diagnostischen Befunde erarbeitet werden.

Auf die Vermittlung der theoretischen Konzepte und insbesondere der Operationalisierungen der einzelnen Konstrukte wird im Trainingsseminar ein besonderer Stellenwert gelegt werden müssen. Hier besteht für die «OPD» in einem besonderen Ausmaß die Gefahr, daß vor allem bei den «psychodynamischen» Achsen (speziell Konflikt und Struktur) Diagnostiker sich auf ihre ursprünglichen – z. B. während der psychoanalytischen Ausbildung oder im täglichen klinischen Handeln erworbenen – Konzepte beziehen und die vorgegebenen Konzeptualisierungen und Operationalisierungen vernachlässigen. Hier besteht ein dringliches Vermittlungs- oder Überzeugungsproblem, da die *Qualität der OPD-Diagnostik in einem starken Ausmaß von einem regelgeleiteten Vorgehen* – z. B. Kenntnis der Operationalisierungen – abhängt. Für viele psychodynamisch orientierte Diagnostiker stellt sich so die Notwendigkeit, sich in der diagnostischen Beschreibung und Begriffsbildung zu disziplinieren und diese zu präzisieren, auch wenn dies oftmals mit der passageren Aufgabe von tradierten und für den Einzelnen als hilfreich erlebten klinischen Konzepten verbunden sein mag.

Auch die *Standards der OPD-Interviewführung* stellen wichtige Inhalte der Ausbildung in OPD-Diagnostik dar. Einerseits soll die OPD-Diagnostik eine präzise Herausarbeitung spezifischer Problemstellungen ermöglichen; dazu gehört z. B. die Darstellung von repetitiven Beziehungsmustern oder typischen Konfliktkonstellationen. Dafür wird vielfach ein aktives und vertiefendes Nachfragen nötig sein, um die spezifischen Akzente des jeweiligen Sachverhaltes zu verdeutlichen. Auf der anderen Seite bilden szenisches Material, das Verhalten und Erleben des Patienten wie typische Beziehungsmuster des Interviews wichtige diagnostische Parameter, die vor allem für die Beurteilung der Merkmale Beziehung, Konflikt und Struktur wichtig sind, aber auch bei der Achse «Krankheitserleben und Behandlungsvoraussetzungen» und der syndromalen Achse von Interesse sind. Im OPD-Interview muß also genügend Raum für die Darstellung dieser Faktoren gegeben sein. Es ist somit ein flexibles Interviewervorgehen gefordert, das beiden Ansprüchen so weit wie möglich gerecht wird. Somit muß das Interview oder die Interviews, da sicherlich für eine Beurteilung aller fünf Achsen oftmals eine Sitzung nicht ausreichen wird, weitgehend frei strukturiert sein, wobei natürlich die hauptsächlichen Themenbereiche über die OPD-Achsen vorgegeben sind. Es wird dann für die Herausarbeitung spezifischer Problemstellungen – also in speziellen Gesprächssequenzen – um eine Präzisierung gehen; in diesen Interviewphasen wird dann eher im Sinne eines halbstandardisierten Interviews gearbeitet.

Das *Ziel des Trainingsseminars* besteht also darin, die OPD-Diagnostik reliabel zu machen und Hilfestellung für eine adäquate Anwendung zu geben. Ob OPD-Diagnostik reliabel (hier ist insbesondere die Interraterreliabilität gemeint) ist, hängt nicht nur vom diagnostischen Instrument ab, sondern steht in einem engen Zusammenhang zur adäquaten Anwendung und Umsetzung der diagnostischen Regeln und Kriterien (Operationalisierungen) des Systems.

In der Psychiatrie haben mit der zunehmenden Einführung von strukturierten oder teilstrukturierten Interviews diagnostische Trainingsseminare bereits eine gewisse Tradition. So erfordert die Anwendung des AMDP-Systems (Arbeitsgemeinschaft für Methodik und Dokumentation in der Psychiatrie, Baumann u. Stieglitz 1983, siehe Wittchen 1994) ein Training, bei dem unter Supervision und mit Hilfe von Standardratings von Videomaterialien die Arbeit mit dem System erprobt wird. Als Trainingszeit wird eine Woche angegeben. Auch für die strukturierten diagnostischen Interviews wie z. B. dem SKID (Structured Clinical Interview for DSM-III-R, Spitzer, Williams, Gibbons u. First 1990) werden vor der Anwendung Trainingsseminare empfohlen, die eine zweitägige Trainingsphase umfassen.

Die Arbeit mit den Schedules for Clinical Assessment in Neuropsychiatry (SCAN, Wing et al. 1990), einem strukturierten modular aufgebautem diagnostischen Interview, das sowohl für DSM-III-R als auch für die ICD-10-Diagnostik geeignet ist, erfordert nach den Angaben der Autoren ein ausführliches Training von einer Woche.

Auch die *ICD-10-Diagnostik*, die die OPD-Diagnostik ergänzt (Achse V), macht ein intensives Training notwendig. Die mittlerweile an verschiedenen Zentren in Deutschland etablierten Trainingsseminare dauern über drei Tage. Ein Vorteil des systematisierten Trainings besteht darin, daß die Erfahrungen aus vorhergegangenen Trainings für neue Übungssequenzen nutzbar gemacht werden können und daß bei systematischer Evaluation der Lernerfolge in den Seminaren relevante Informationen über Stärken und Schwächen des diagnostischen Systems wie seiner Anwendung erhoben werden können.

Unter der Berücksichtigung unserer Erfahrungen mit den ICD-10-Trainingsseminaren haben wir in einer Arbeitsgruppe die folgenden Standards der Ausbildung in der OPD-Diagnostik und Organisationsformen des Trainings entwickelt.

2. Schritte und Ziele von OPD-Trainingsseminaren

1. Die Grundlage für die Arbeit mit der OPD stellt die Herausarbeitung des theoretischen Bezugsrahmens des Diagnosensystems dar. Dazu gehört die inhaltliche Orientierung der OPD an psychodynamischen Persönlichkeits-, Krankheits- und Behandlungskonzepten, aber auch an Modellen der interaktionellen Psychologie (siehe Achse Beziehung), die Berücksichtigung der Symptomatik sowie des Krankheitserlebens und der Behandlungsvoraussetzung.

2. Die Darstellung der einzelnen OPD-Achsen umfaßt die *theoretische Ableitung und begriffliche Präzisierung* der einzelnen Achsen. Weiterhin müssen die Operationalisierungen als Umsetzungen der theoretischen Begriffe im diagnostischen Prozeß herausgearbeitet werden.

3. Erarbeitung der Interviewtechnik der OPD. Hier ist zu vermitteln, daß die OPD-Diagnostik grundsätzlich im Sinne eines niedrig strukturierten Interviews zu erheben ist, das dem Patienten genügend Raum zur Darstellung und Entwicklung von charakteristischen Übertragungsmustern läßt und auch dem szenischen Geschehen zwischen dem Patienten und dem Diagnostiker genügend Freiheitsgrade einräumt, um dieses zum Gegenstand der diagnostischen Reflexion zuzulassen. Ergänzend sollen jedoch für die spezifischen Problemstellungen einzelner Achsen Möglichkeiten der strukturierteren Erfassung angeboten werden. Hier geht es beispielsweise darum, daß für die Beurteilung des habituellen Beziehungsverhaltens eine Vertiefung und Präzisierung der vom Patienten angebotenen Beziehungsepisoden durch den Interviewer notwendig wird. Ein ähnliches – aktives – Vorgehen wird auch bei der Diagnostik der anderen Achsen immer wieder bei konkreten Fragestellungen nötig.

4. Einüben der OPD-Diagnostik auf der Grundlage von videoaufgezeichneten «Fallgeschichten». In diesem Lernabschnitt geht es um das Arbeiten an einem konkreten Fall. Für diese Aufgabe bieten sich «expertenstandardisierte OPD-Interviews» an, die von allen Übungsteilnehmern, auf der Grundlage eines Beurteilungsbogens, geratet werden müssen. Ziel dieses Trainingsabschnitts ist neben dem Einüben der Diagnostik, das auch das Kennenlernen der Schwierigkeiten und Probleme der OPD-Diagnostik umfaßt, eine Überprüfung der Leistungsgüte bzw. des Lernerfolgs des Einzelnen wie der Gruppe. In diesem Kontext spielen die Überprüfung der Interraterübereinstimmung, aber auch die Rückmeldungen der Teilnehmer über verschiedene Aspekte des diagnostischen Modells – wie z. B. dessen Anwendbarkeit, die Schwierigkeit der Diagnosenstellung, die Paßgenauigkeit der diagnostischen Beschreibungen – eine wichtige Rolle.

3. Organisatorische und inhaltliche Anforderungen

Der Schwerpunkt des OPD-Trainings liegt in der Kleingruppenarbeit. Mit Ausnahme der Einführung in den theoretischen Bezugsrahmen der OPD sollen in Blockform – in Gruppen von 10–15 Teilnehmern – folgende Themen erarbeitet werden:

1. die Konzeptualisierung der einzelnen Achsen,
2. das Vorgehen beim OPD-Interview,
3. die praktische Anwendung der OPD auf der Grundlage von videodokumentiertem Fallmaterial.

Diese Gruppengröße ermöglicht eine Diskussion und vermag so die Lernprozesse auf die individuellen Problemstellungen oder Bedürfnisse abzustimmen. Bei der Erarbeitung des theoretischen Bezugsrahmen der einzelnen Achsen wie ihrer Operationalisierungen ist ein hohes Ausmaß an Praxisnähe und eine möglichst konkrete – beispielhafte – Darstellung anzustreben. Bei der Übungsphase wird mit expertenstandardisierten Fallvignetten (Videoaufzeichnung eines OPD-Interviews; gegebenenfalls ergänzt um einen knappen schriftlichen Bericht) gearbeitet.

Unter Expertenstandardisierung wird verstanden, daß der «Übungspatient» von einer Reihe von OPD-Experten bezüglich aller fünf Achsen «geeicht» worden ist. Dabei wird wie folgt vorgegangen. Die Experten beurteilen in einem ersten Schritt den Patienten jeweils für sich allein und diskutieren in einem zweiten Schritt auf der Grundlage der abgegebenen Ratings die «richtigen» Beurteilungen. Soweit keine gemeinsame Beurteilung aller Experten zustande kommt, legt das Mehrheitsurteil die «richtige Lösung» fest.

Diese Fallvignetten müssen von den Seminarteilnehmern eingeschätzt werden. Neben den Einschätzungen der diagnostischen Merkmale auf den fünf Achsen sind Fragen der Handhabbarkeit und Anwendung der OPD-Diagnostik von Interesse, aber auch Diagnostikervariablen, um etwaige Zusammenhänge zwischen dem Weiterbildungsstand oder der klinischen Erfahrung und dem diagnostischen Prozeß herstellen zu können.

Entsprechend ist geplant, in den Trainingsseminaren zwei Erhebungsbögen einzusetzen, die nicht nur die Qualität der OPD-Diagnostik überprüfen sollen, sondern auch einer Evaluation des Trainings dienen.

1. Ein *Diagnosenbogen,* auf dem zum einen die diagnostischen Einschätzungen bezüglich der einzelnen Achsen erfaßt werden und zum anderen Aspekte des diagnostischen Prozesses beurteilt werden können. Dazu gehören:

- die Vollständigkeit der diagnosenrelevanten Informationen in der Fallvignette;
- die Handhabbarkeit (Leichtigkeit der Diagnosenstellung auf der Grundlage des Manuals);
- die Paßgenauigkeit der diagnostischen Merkmale (Übereinstimmung zwischen Operationalisierung und Patientenbefunden);
- Zeitdauer des Ratings.

2. Ein Erhebungsbogen für *Diagnostikervariablen*:

- Alter und Geschlecht des Diagnostikers;
- Haupttätigkeitsbereiche;
- berufliche Position und psychotherapeutischer Ausbildungsstand;
- psychotherapeutische Ausrichtung;
- Vorerfahrungen mit operationalen Diagnosensystemen;
- hauptsächliches Interesse an der OPD (Klinik, Forschung).

Zum Abschluß des Trainingsseminars werden dann die diagnostischen Beurteilungen für die einzelnen Achsen sowie die Raterübereinstimmung als Rückmeldung für die Seminarteilnehmer sowie relevante Zusammenhänge zwischen Diagnostikervariablen und diagnostischen Beurteilungen aufbereitet und in der Gruppe diskutiert. Dieses Vorgehen ermöglicht einerseits eine Lernkontrolle, zum anderen können auf dieser Basis noch einmal spezifische Probleme des therapeutischen Prozesses verdeutlicht und diskutiert werden.

Für die Evaluation des Trainings in der OPD-Diagnostik wie für die weitere grundlegende Entwicklung der OPD ist eine Systematisierung und Vereinheitlichung der Ausbildung von besonderer Bedeutung, um die an verschiedenen Orten gewonnenen Ergebnisse insgesamt auswerten zu können. Für die OPD-Schulung sind nach regionalen Gesichtspunkten vier Zentren gebildet worden.

OPD-Schulungszentren

Süd: Innsbruck (G. Schüßler), München (P. Buchheim), Ulm (R. Dahlbender), Basel (J. Küchenhoff)

West: Bonn (H.J. Freyberger), Heidelberg (G.H. Seidler/T. Grande)

Mitte: Göttingen (H. Schauenburg)

Nord: Rostock (W. Schneider)

Abschließend soll noch darauf hingewiesen werden, daß eine akzeptable Qualität der OPD-Diagnostik eine regelmäßige Überprüfung der Anwendungsgenauigkeit notwendig macht.

Adressen der Ansprechpartner für die Zentren

Prof. Dr. P. Buchheim, Institut und Poliklinik für Psychosomatische Medizin und Psychotherapie der TU München, Klinikum Rechts der Isar, Langerstr. 3, 81675 *München*

Dr. R. Dahlbender, Abteilung Psychotherapie der Universität Ulm, Am Hochsträß 8, 89081 *Ulm*

PD Dr. H.J. Freyberger, Klinik und Poliklinik für Psychiatrie und Psychotherapie der Universität, Sigmund-Freud-Str. 25, 53105 *Bonn*

Prof. Dr. J. Küchenhoff, Abteilung Psychotherapie und Psychohygiene der Psychiatrischen Universitätsklinik, Socinstr. 55 a, CH-4051 *Basel*

Dr. H. Schauenburg, Klinik u. Poliklinik für Psychosomatik und Psychotherapie der Universität Göttingen, von-Siebold-Str. 5, 37075 *Göttingen*

Prof. Dr. Dr. W. Schneider, Klinik für Psychosomatik und Psychotherapeutische Medizin der Universität Rostock, Gehlsheimer Str. 20, 18147 *Rostock*

Prof. Dr. G. Schüßler, Klinik und Poliklinik für Medizinische Psychologie und Psychotherapie, Sonnenburgstr. 16, A-6020 *Innsbruck*

Dr. G.H. Seidler, Dipl.-Psych. T. Grande, Psychosomatische Universitätsklinik, Thibautstr. 2, 69115 *Heidelberg*

7. Die Anwendung der OPD in der qualitativen und quantitativen Forschung

Ein wesentliches Ziel bei der Entwicklung eines multiaxialen Systems zur Operationalisierten Psychodynamischen Diagnostik (OPD) war es, für qualitative und quantitative Forschungsansätze ein diagnostisches Instrumentarium zu schaffen, mit dem sich systematisch die enthaltenen Variablen im Hinblick auf eine differentielle Indikationsstellung und die prädiktive Treatment- und Outcomevalidität untersuchen lassen. Eine methodische Voraussetzung hierfür bildet allerdings eine mit operationalen Systemen prinzipiell verfolgte ausreichende Anwendbarkeit, Praktikabilität, Paßgenauigkeit und Reliabilität, die in einer ersten Untersuchung (Freyberger et al., im Druck) zumindest ansatzweise belegt werden konnte.

Zentrale Fragen der weiteren empirischen Überprüfung sind grundsätzlich den beiden folgenden thematischen Schwerpunkten zuzuorden:

1. **Fragen der Reliabilität:** Von besonderer Bedeutung ist die Frage der Interraterreliabilität, die sowohl in Diagnostikergruppen und paarweise, als auch mit standardisiertem Erhebungsmaterial und in naturalistischen klinischen Settings untersucht werden sollte. Als ein Gütekriterium für die Ausbildung mit und in diesem System dürfte zudem die erreichbare Reliabilitätssteigerung im Rahmen von Trainingsseminaren anzusehen sein. In diesem Zusammenhang ist zudem die mögliche Abhängigkeit der Reliabilität von Diagnostikervariablen (Vorerfahrungen mit diagnostischen Systemen, Ausbildungsstand usw.) von Relevanz. Einen weiteren Aspekt des Systems betrifft die Zeitstabilität der diagnostischen Beurteilungen (Test-/Retestreliabilität). Da insbesondere die psychodynamischen Achsen (Beziehung, Konflikt und Struktur) konzeptionell als Traitmerkmale angelegt sind, ist hier sicher ein relativ hohes Ausmaß an Zeitstabilität zu fordern.

2. **Fragen der Validität:** Von besonderer Bedeutung ist hier die Frage, inwieweit die mit den einzelnen Achsen erhobenen diagnostischen Merkmale valide sind; d. h. es ist zu überprüfen, ob sich diese Merkmale im klinischen Feld

wiederfinden. Dafür wird vor allem das Urteil von klinischen Experten herangezogen werden müssen. Die Frage der Validität kann dann in einem weiteren Schritt durch den Vergleich der OPD-Diagnostik mit anderen, bereits gut eingeführten Meßinstrumenten überprüft werden, die sich auf den OPD-Merkmalen analoge Konstrukte beziehen. Da jedoch nur für einen Teilbereich der OPD-Diagnostik, z. B. die Abwehr (Ehlers et al. 1995; Stieglitz u. Schüßler 1995) und die Beziehungsdiagnostik (vgl. Horowitz et al. 1988), vergleichbare Verfahren vorliegen, sind die derzeitigen Überprüfungsmöglichkeiten limitiert.

Einen weiteren wichtigen Schritt stellt die Überprüfung der Konstruktvalidität dar. Hier ist die Art der Wechselbeziehungen zwischen den einzelnen Achsen und Merkmalsbereichen sowie der Überschneidungen und Überlappungen gemeint. Methodisch bietet sich hier neben der Korrelationsstatistik z. B. die Verwendung von pfadanalytischen Modellen zur Überprüfung von kausalen Zusammenhängen an. In diesem Zusammenhang könnte es z. B. interessant sein, Zusammenhänge zwischen den deskriptiven Kategorien der Achse V und den psychodynamischen Achsen zu untersuchen. Z. B. ist zu vermuten, daß sich bei einem hohen Ausmaß an Komorbidität und Symptom-Shift auf der Achse Struktur ein niedriges Niveau abbilden wird. Demgegenüber ist bei definierten, adaptiv gelösten Konflikten ein eher hohes Strukturniveau zu erwarten.

Ein Leitgedanke bei der Konstruktion der OPD war die Annahme, daß die Aspekte der Persönlichkeitsentwicklung, aber auch des Krankheitserlebens und der Behandlungsvoraussetzungen eine wichtige Aussage für die differentielle Behandlungsindikation beinhalten. Diese Frage ist nun zukünftig zu überprüfen. Es sind also Untersuchungen durchzuführen, bei denen Patienten mit charakteristischen Merkmalsausprägungen auf den einzelnen OPD-Achsen zu spezifischen psychotherapeutischen Behandlungsverfahren zugeordnet werden und Aspekte des Therapieverlaufes und -erfolges untersucht werden. Inwieweit mit Kontrollgruppen gearbeitet werden sollte, ist sicherlich in diesem Kontext kritisch zu prüfen. Anzustreben sind doch eher naturalistische Studien, deren Aussagekraft erheblich größer ist als die an experimentellen Designs orientierten.

Aus den besonderen Charakteristika der einzelnen Achsen ergeben sich weitere Fragestellungen. So ist bespielweise für die Beziehungsachse der Vergleich der Erlebensperspektiven Patient/Untersucher von Interesse.

Eine weitere Aktivität des Arbeitskreises wird darin bestehen, zu den hier aufgeführten Problemstellungen empirische Untersuchungen durchzuführen.

8. Literaturverzeichnis

Abraham, K. (1925): Psychoanalytische Studien zur Charakterbildung. Int. Psychoanal. Bibliothek, *16*, 1–64.

American Psychiatric Association (APA, 1987): Diagnostic and statistical manual of mental disorders (3rd. ed. rev.) DSM-III-R. Washington DC: APA. Deutsche Bearbeitung und Einführung von Wittchen HU, Saß H, Zaudig M, Koehler K (1989). Weinheim: Beltz.

American Psychiatric Association (APA, 1991): DSM-IV options book. Work in progress. Task Force on DSM-IV, APA, Washington DC.

American Psychiatric Association (APA, 1993): DSM-IV draft criteria. Task Force on DSM-IV, APA, Washington DC.

American Psychiatric Association (APA, 1994): Diagnostic and statistical manual of mental disorders (4th. ed.), DSM-IV. APA, Washington DC.

Argelander, H. (1966): Zur Psychodynamik des Erstinterviews. Psyche, *20*, 40–53.

Argelander, H. (1970): Das Erstinterview in der Psychotherapie. Wiss. Buchgesellschaft Darmstadt.

Bales, R.F., Cohen, S.P. (1982): SYMLOG. Ein System für die mehrstufige Beobachtung von Gruppen. Klett-Cotta, Stuttgart.

Balint, M., E. (1962): Psychotherapeutische Techniken in der Medizin. Klett, Stuttgart.

Balint, M., Balint, E. (1961): Psychotherapeutic techniques in medicine. Tavistock, London.

Balint, M., Ornstein, P.H., Balint, E. (1972): Focal psychotherapy. An example of applied psychoanalysis. Tavistock, London. Deutsch: Fokaltherapie. Ein Beispiel angewandter Psychoanalyse. Suhrkamp, Frankfurt.

Basler HD (1990): Das Verhältnis der Compliance-Forschung zum Patienten. In: Schneider, W. (Hrsg): Indikationen zur Psychotherapie. Beltz, Weinheim/Basel, 167–182.

Baumann, U., Stieglitz, R.-D. (1983): Testmanual zum AMDP-System – Empirische Studien zur Psychopathologie. Springer, Berlin.

Becker MH, Maimann LA, Kirscht JB, Häfner DP, Drachman RH, Taylor DW (1982): Wahrnehmungen des Patienten und Compliance: Neuere Untersuchung zum «Health Belief-Model». In: Haynes, R.B., Taylor, D.W., Sackett, D.L. (Hrsg): Compliance-Handbuch. Oldenbourg, München, Wien, 94–132.

Beckmann D (1984): Grundlagen der medizinischen Psychologie. Med. Psychol., Vandenhoek & Ruprecht, Göttingen.

Beebe, B., Stern, D. (1977): Engagement-disengagement and early object experiences. In: Freedman, N., Grand, S. (Eds): Communicative structures and psychic structures. Plenum, New York.

Bellak, L., Goldsmith, L.A. (1984): The broad scope of ego function assessement. New York, Wiley, 268–290.

Bellak, L., Hurvich, M. (1969): Systematic study of ego functions. J. Nerv. Ment. Dis., *148*, 569–585.

Benjamin, L. S. (1974): Structural analysis of social behavior. Psychological Rev., *81*, 392–425.

Benjamin, L.S. (1988): Adding social and intrapsychic descriptors to axis I of DSM-III. In: Millon, T., Klerman, G. (Eds): Contemporary issues in psychopathology. New York.

Benjamin, L.S. (1993): Interpersonal diagnosis and treatment of personality disorders. Guilford, New York/London.
Beutel, M. (1990): Coping und Abwehr. Zur Vereinbarkeit zweier Konzepte. In: Muthny, F.A. (Hrsg): Krankheitsverarbeitung. Springer, Berlin S. 1–11.
Bibring, G.L., Dwyer, T.F., Huntington, D.S., Valenstein, A.F. (1961): A study of the psychological processes in pregnancy and of the earliest morther-child relationship. I. Some propositions and comments. II. Methodological considerations. Appendices, outline of variables, glossary of defences. Psychoanalytic Study of the Child, *16*, 9–72, 25–44, 45–72.
Billing, A.G., Moos, R.H. (1981): The role of coping responses and social resources in attenuating the impact of stressful life events. J. Beh. Med., *4*, 139–157.
Binswanger, L. (1928): Lebensfunktion und innere Lebensgeschichte. Monatsschrift für Psychiatrie und Neurologie, *68*, 52–79.
Blanck, G., Blanck, R. (1974): Angewandte Ich-Psychologie, Klett-Cotta, Stuttgart.
Blanck, G., Blanck, R. (1979): Ich-Psychologie II. Klett-Cotta, Stuttgart.
Blanckenburg, W. (1981): Nomothetische und idiographische Methodik in der Psychiatrie. Schweizer Archiv für Neurologie, Neurochirurgie und Psychiatrie, *128*, 13–20.
Blanckenburg, W. (1989): Biographie und Krankheit. Thieme, Stuttgart/New York.
Bowlby, J. (1969): Bindung. Kindler, München, 1975.
Brockhaus (1990): Brockhaus Enzyklopädie. FA Brockhaus, Mannheim.
Buchheim, P., Cierpka, M., Jimenez,J., Kächele, H. (1987): Das «strukturelle Interview» als Beitrag zur Integration von Psychopathologie und Psychodynamik im psychiatrischen Erstgespräch. Fundamenta Psychiatrica, *1*, 154–161.
Buchheim, P., Cierpka, M., Kächele, H., Jimenez, J.P. (1987): Das «strukturelle Interview» Fundamenta Psychiatrica, *1*, 154–161.
Buchheim, P., Dahlbender, R.W., Kächele, H. (1994): Biographie und Beziehung in der psychotherapeutischen Diagnostik. In: Janssen, P.L., Schneider, W. (Hrsg): Diagnostik in der Psychotherapie und Psychosomatik. Fischer, Stuttgart, 105–134.
Carver CS, Scheier MF, Weintraub K (1989): Assessing coping strategies: A theoretically based approach. J. Personal Soc. Psychol., *56*, 267–283.
Caspar, F. (1989): Beziehungen und Probleme verstehen. Eine Einführung in die psychotherapeutische Plananalyse. Verlag Hans Huber, Bern.
Cierpka, M. (1992): Zur Entwicklung des Familiengefühls. Forum der Psychoanalyse, *8*, 32–46.
Cierpka, M. (Hrsg) (1995): Handbuch der Familiendiagnostik. Springer, Berlin/Heidelberg/New York.
Cierpka, M., Strack, M., Benninghoven, D., Dahlbender, R., Pokorny, D., Frevert,G., Blaser, G., Kächele, H., Geyer, M., Körner, A. (1995): Stereotypical relationship patterns and psychopathology. (im Druck) J. Consult. Clinical Psychol.
Craig TK, Boardman AP (1990): Somatization in primary care settings. In: Bass, C.M.: Somatization: Physical symptoms and psychological illness. Blackwell, Oxford, 73–104.
Davies-Osterkamp, S., Hartkamp, N., Heigl-Evers, A., Standke, G. (1992): Zur Diagnostik von Ich-Funktionen und Objektbeziehungen. Zschr. Psychosom. Med., *38*, 17–30.
Deutsches Institut für medizinische Dokumentation und Information (DIMDI; Hrsg, 1994): Internationale statistische Klassifikation der Krankheiten und verwandter Gesundheitsprobleme. 10. Revision (ICD-10). Amtliche deutschsprachige Ausgabe. Band 1 – Systematisches Verzeichnis. Verlag Hans Huber, Bern.
Dittmann, V., Freyberger, H.J., Mombour, W., Dilling, H. (1996): Die ICD-10 Merkmalliste. Instrument und Manual. Verlag Hans Huber, Bern (in Vorbereitung).
Dilling, H., Mombour, W., Schmidt, M.H., Schulte-Markwort, E. (Hrsg) (1994): Internationale Klassifikation psychischer Störungen. ICD-10, Kapitel V (F). Forschungskriterien. Verlag Hans Huber, Bern.

Dilling, H., Mombour, W., Schmidt, M.H. (Hrsg) (1993): Internationale Klassifikation psychischer Störungen. ICD-10, Kapitel V (F). Klinisch-diagnostische Leitlinien. 2. Auflage, Verlag Hans Huber, Bern.

Dilling, H., Schulte-Markwort, E., Freyberger, H.J. (Hrsg) (1994): Von der ICD-9 zur ICD-10. Neue Ansätze der Diagnostik psychischer Störungen in der Psychiatrie, Psychosomatik und Kinder- und Jugendpsychiatrie. Verlag Hans Huber, Bern.

Dilthey, W. (1981): Der Aufbau der geschichtlichen Welt in den Geisteswissenschaften. Frankfurt.

Dittmann, V., Dilling, H., Freyberger, H.J. (Hrsg) (1992): Psychiatrische Diagnostik nach ICD-10. Klinische Erfahrungen bei der Anwendung. Ergebnisse der ICD-10-Merkmalslistenstudie. Verlag Hans Huber, Bern.

Dührssen, A. (1972): Analytische Psychotherapie in Theorie, Praxis und Ergebnisse. Vandenhoeck & Ruprecht, Göttingen.

Dührssen, A. (1981): Die biographische Anamnese unter tiefenpsychologischen Aspekten. Vandenhoeck & Ruprecht, Göttingen.

Eagle, M.N. (1991): Kritische Rezension: A.Grünbaums The foundation of psychoanalysis: A philosophical critique (1984). In: Grünbaum, A. (Hrsg): Kritische Betrachtungen zur Psychoanalyse. Springer, Berlin/Heidelberg, 217–241.

Eckstaedt, A. (1991): Die Kunst des Anfangs, Psychoanalytische Erstgespräche. Suhrkamp, Frankfurt.

Ehlers, W. (1983): Die Abwehrmechanismen: Definitionen und Beispiele. Praxis Psychother. Psychosom., *28*, 55–66.

Ehlers, W., Czogalik, D. (1984): Dimensionen der klinischen Beurteilung der Abwehr. Prax. Psychother. Psychosom., *29*, 129–138.

Ehlers, W., Peter, R. (1990): Entwicklung eines psychometrischen Verfahrens zur Selbstbeurteilung von Abwehrkonzepten (SBAK). PPmP Disk Journal, Stuttgart, *1*, 1–19.

Ehlers, W., Hettinger, R., Paar, G. (1995): Operational diagnostic approaches in the assessment of defense mechanism. Psychother Psychosom, *63*, 124–135.

Eissler, R., Freud, A., Kris, M., Solnit, A. (1977): Psychoanalytic assessment: The diagnostic profile. Yale Univ. Press.

Emde, R. (1988): Development terminable and interminable. I. Inate and motivational factors from infancy. Int. J. Psychoanal., *69*, 23–42.

Engel, K., Haas, E., von Rad. M., Senf, W., Becker, H. (1979): Zur Einschätzung von Behandlungen mit Hilfe psychoanalytischer Konzepte (Heidelberger Rating). Med. Psychol., *5*, 253–268.

Fenichel, O. (1941): Problems of psychoanalytic Technique. The Psychoanalytic Quartorly, New York, 1969.

Fisher, S., Greenberg, R.P. (1985): The scientific credibility of Freud's theories and therapy. Columbia Univ. Press, New York.

Fisher, S., Greenberg, R.P. (Ed) (1978): The scientific evaluation of Freud's theories and therapy. Basic Books, New York.

Franz C, Bautz M (1993): Das Interaktionsverhalten des Patienten mit «chronisch unbehandelbarem Schmerz». In: Basler, H.D. et al. (Hrsg): Psychologische Schmerztherapie. Springer, Berlin, 431–447.

Freud, A. (1936): Das Ich und die Abwehrmechanismen. Int. Psychoanal. Verlag, Wien.

Freud, A. (1962): Maßstäbe zur Bewertung der pathologischen Kindesentwicklung. Teil I und II. In: Freud, A., Die Schriften, Bd. 6. Kindler, München 1980, 1649–1673. Im Englischen: Assessment of Childhood Disturbances (1977). In: Psychoanalytic assessment: The diagnostic profile. Yale Univ. Press, New Haven/London, 1–10.

Freud, A. (1962): Maßstäbe zur Bewertung der pathologischen Kinderentwicklung, Teil I u. II, In: Die Schriften A. Freud, Bd. 6. Kindler, München, 1980, 1649–1673.

Freud, A. (1965): Wege und Irrwege der Kinderentwicklung. Klett, Stuttgart, 1968.

Freud, A. (1989): Die Hauptfrage der Kinderanalyse. In: Die Schriften der Anna Freud Bd. 4. X. Kindler, München, 2730.

Freud, A., Nagera, H., Freud, W.E. (1965): Maßstäbe zur Bewertung der erwachsenen Persönlichkeit. Das metaphysische Persönlichkeitsprofil. In: Die Schriften A. Freud. Bd. 6. Kindler, München, 1980, 1675–1688.

Freud, S. (1895 d): Studien über Hysterie. GW Bd. 1, 77–312.

Freud, S. (1909 d): Bemerkungen über den Fall von Zwangsneurose. GW Bd. 7, 379–463.

Freud, S. (1912 b) Zur Dynamik der Übertragung. GW Bd. 8, 364–374.

Freud, S. (1913 c): Zur Einleitung der Behandlung. GW Bd. 8, 454–478.

Freud, S. (1923 b) Das Ich und das Es. GW Bd. 13, 237–289.

Freud, S. (1933 a [1932]) Neue Vorlesungen zur Einführung in die Psychoanalyse. GW Bd. 15.

Freyberger, H.J., Dilling, H. (Hrsg) (1993): Fallbuch Psychiatrie. Kasuistiken zum Kapitel V (F) der ICD-10. Verlag Hans Huber, Bern.

Freyberger, H.J., Dittmann, V., Stieglitz, R.D., Dilling, H. (1990): ICD-10 in der Erprobung: Ergebnisse einer multizentrischen Feldstudie in den deutschsprachigen Ländern. Nervenarzt, *61*, 109–127.

Freyberger, H.J., Schneider, W., Malchow, C.P. (1995): The assessment of comorbidity in the diagnosis of psychosomatic and neurotic disorders – results from the ICD-10 field trials with the Diagnostic Criteria for Research (DCR) in Germany. Psychotherapy and Psychosomatics, *63*, 90–98.

Freyberger, H.J., Schulte-Markwort, E., Dilling, H. (1993 a): Referenztabellen der WHO zum Kapitel V (F) der 10. Revision der Internationalen Klassifikation der Krankheiten (ICD-10): ICD-9 vs. ICD-10. Fortschritte der Neurologie und Psychiatrie, *61*, 109–127.

Freyberger, H.J., Schulte-Markwort, E, Dilling H (1993 b): Referenztabellen der WHO zum Kapitel V (F) der 10. Revision der Internationalen Klassifikation der Krankheiten (ICD-10): ICD-10 vs. ICD-9. Fortschritte der Neurologie und Psychiatrie, *61*, 128–143.

Freyberger, H.J., Stieglitz, R.D., Berner, P. (1990): Neurotic, stress-related and somatoform disorders: results of the ICD-10 field trial in German-speaking countries. Pharmacopsychiatry, *23*, 165–169.

Freyberger, H.J., Stieglitz, R.D., Dilling, H. (1992): Ergebnisse multizentrischer Diagnosenstudien zur Einführung des Kapitels V (F) der ICD-10. Fundamenta Psychiatrica, *6*, 121–127.

Freyberger. H. J., Dierse, B., Schneider, W., Strauß, B., Heuft, G., Schauenberg, H., Pouget-Schors, D., Seidler, G.H., Küchenhoff, J., Janssen, P.L., Hoffmann, S.O. (im Druck): Operationalisierte Psychodynamische Diagnostik (OPD) in der Erprobung – Ergebnisse einer multizentrischen Anwendungs- und Praktikabilitätionsstudie. Psychoth. Psychosom. Med. Psychol.

Friedman, R.S., Lister, P. (1987): The current status of psychodynamic formulation. Psychiatry, *50*, 126–141.

Gill, M. (1979): The analysis of transference. Am J Psychoanal Assoc, *27*, 263–288.

Gill, M.M., Hoffman, J.Z. (1982): A method for studying the analysis of aspects of the patients experience of the relationship in psychoanalysis and psychotherapy. J. Am. Psychoanal. Assoc., *30*, 137–176.

Gill, M.M., Newmann, R., Redlich, F.C. (1954): The initial interviews im psychiatric practice. Int. Univ. Press, New York.

Grawe, K. (1992): Psychotherapieforschung zu Beginn der neunziger Jahre. Psychologische Rundschau, *43*, 132–162.

Grawe, K., Donati, R., und Bernauer, F. (1994): Psychotherapie im Wandel – von der Konfession zur Profession. Hogrefe, Göttingen.
Gülick-Bailer, M. von, Maurer, K. (1994): Deutsche Übersetzung der «Schedules for Clinical Assessment in Neuropsychiatry (SCAN)». Verlag Hans Huber, Bern.
Haan, N. (1972): Coping and defending. Academic Press, New York.
Hans, G., Krause, R., Steimer, E. (1986): Interaktionsprozesse bei Schizophrenen. In: Nordmann, E., Cierpka, M. (Hrsg): Familienforschung in Psychiatrie und Psychotherapie. Springer, Berlin/Heidelberg/New York.
Heigl, F. (1968): Zum strukturellen Denken in der Psychoanalyse. In: Schelkopf, A., Elhardt, U.S. (Hrsg): Aspekte der Psychoanalyse. Vandenhoeck & Ruprecht, Göttingen, S. 12–25.
Heigl-Evers, A., Schepank, H. (1980, 1981): Ursprünge seelisch bedingter Krankheiten. 2 Bde. Vandenhoeck & Ruprecht, Göttingen.
Heigl-Evers, A., Heigl, F., Ibenthal, M. (1987): Zur Strukturdiagnose in der Psychotherapie. Psychother. med. Psychol., *37*, 225–232.
Heigl-Evers, A., Heigl, F., Ott, J. (1993): Lehrbuch der Psychotherapie. G. Fischer, Stuttgart/ Jena, 97 f.
Helmchen, H., Rüger, U. (1980): Neurosen und Psychosomatische Erkrankungen als klassifikatorisches und diagnostisches Problem. Z. Psychosom. Med., *26*, 205–216.
Herrmann, T. (1972): Lehrbuch der empirischen Persönlichkeitsforschung. Hogrefe, Göttingen, 2. Aufl.
Herrmann, T. (1979): Psychologie als Problem. Klett-Cotta, Stuttgart.
Heuft, G. (1990): Bedarf es eines Konzeptes der Eigenübertragung. Forum Psychoanal., *6*, 299–315.
Heuft, G. (1993): Psychoanalytische Gerontopsychosomatik. Psychother. Psychosom. med. Psychol., *43*, 46–54.
Hiller, W., Zaudig, M., Mombour, W., WHO (1995): ICD-10 Checklisten. Verlag Hans Huber, Bern.
Hoffman, I., Gill, M.M. (1988): A scheme for coding the patient' experience of the relationship with the therapist (PERT): Some applications, extensions and comparisons. In: Dahl, H., Kächele, H., Thomä, H. (Eds): Psychoanalytic process research strategies. Springer, Berlin/ Heidelberg/New York.
Hoffmann, S.O. (1979): Charakter und Neurose. Suhrkamp, Frankfurt.
Hoffmann, S.O. (1986): Die sogenannte frühe Störung. Prax. Psychother. Psychosom., *31*, 179–190.
Hoffmann, S.O. (1987): Die psychoanalytische Abwehrlehre: aktuell, antiquiert oder obsolet. Forum Psychoanal., *3*, 22–39.
Hoffmann, S.O. (1992): Bewunderung, etwas Scham und verbliebene Zweifel. Anmerkungen zu Klaus Grawes «Psychotherapieforschung zu Beginn der neunziger Jahre». Psychologische Rundschau, *43*, 163–167.
Hoffmann, S.O. (in Vorber.) Wissenschaft und Wissenschaftlichkeit im Verständnis der Psychoanalytiker.
Hoffmann, S.O., Hochapfel, G. (1995): Neurosenlehre, Psychotherapeutische und Psychosomatische Medizin. 5. Aufl., Schattauer, Stuttgart.
Hoffmann, S.O. (1985): Können wir mit dem DSM-III leben? Forum Psychoanal., *1*, 320–323.
Horowitz, M., Rosenberg, S., Baer, B., Ureno, G., Villasenar, S. (1988): Inventory of Interpersonal Problems: Psychometric properties and clinical application. J. Consult. Psychol., *56*, 885–892.
Jacobson, E. (1964): The self and the object world. Int. Univ. Press, New York.
Janssen, P.L. (1987): Psychoanalytische Therapie in der Klinik. Klett-Cotta, Stuttgart.

Janssen, P.L. (1994): Zur psychoanalytischen Diagnostik. In: Janssen, P.L., Schneider, W. (Hrsg): Diagnostik in Psychotherapie und Psychosomatik. G. Fischer, Stuttgart/Jena/New York, 77–103.

Janssen, P.L. (Hrsg, 1990): Die psychoanalytische Therapie der Borderlinestörungen. Springer, Berlin/Heidelberg/New York.

Janssen, P.L.(1994): Zur psychoanalytischen Diagnostik. In: Janssen, P.L., Schneider, W. (Hrsg): Diagnostik in der Psychotherapie und Psychosomatik. Fischer, Stuttgart, 77–104.

Janssen, P.L., Schneider, W. (Hrsg, 1994): Diagnostik in der Psychotherapie und Psychosomatik. G. Fischer, Stuttgart/Jena/New York.

Jaspers, K. (1948): Allgemeine Psychopathologie. Springer, Berlin/Heidelberg.

Jüttemann, G. (1990): Komparative Kasuistik. Asanger, Heidelberg.

Jüttemann, G., Thomae, H. (Hrsg) (1987): Biographie und Psychologie. Springer, Berlin/Heidelberg/New York.

Kächele, H. (1992): Psychoanalytische Therapieforschung. Psyche, *3,* 259–285.

Kächele, H. (1995): Klaus Grawes Konfession und die psychoanalytische Profession. Psyche, *5,* 481–492.

Kächele, H., Cierpka, M., Geyer, M. (1994): Das Repertoire der Übertragungsbereitschaften psychoneurotisch-psychosomatisch gestörter junger Frauen. DFG-Forschungsantrag.

Kaplan, A.H. (1981): From discovery to validation: A basic challenge to psychoanalysis. J. Amer. Psa. Assoc., *29*, 3–26.

Kernberg, O.F. (1970): A Psychoanalytical Classification of Character Pathology. J. Am. Psa. Ass., *18*, 800–822.

Kernberg, O.F. (1975): Borderline conditions and pathological narcissism. Aronson, New York.

Kernberg, O.F. (1977): The structural diagnosis of borderline personality organication. In: Hartocollis P. (Ed.): Borderline personality disorders. Int. Univ. Press, New York, 87–121.

Kernberg, O.F. (1981): Structural interviewing. Psychiatr. Clin. North Am., *4*, 169–195.

Kernberg, O.F. (1984): Severe personality Disordes. Psychotherapeutic strategies. Yale Univ. Press, Yale/London.

Kiesler, D.J. (1983): The interpersonal circle: A taxonomy for complementarity in human transactions. Psychol. Rev., *90*, 185–211.

Kind, H. (1973): Leitfaden für die psychiatrische Untersuchung. Springer, Heidelberg.

Kline, P. (1981): Fact and fantasy in Freudian theory. Methuen, London.

Kohut, H. (1971): Narzißmus. Suhrkamp, Frankfurt, 1973.

König, K. (1982): Der interaktionelle Anteil der Übertragung in Einzelanalyse und analytischer Gruppenpsychotherapie. Gruppenpsychother. Gruppendyn., *18*, 76–83.

König, K. (1988): Basale und zentrale Beziehungswünsche. Forum Psychoanal., *4*, 177–185.

Krause MS (1966): A cognitive theory of motivation for treatment. J. Gen. Psychol., *75,* 9–19.

Küchenhoff, J. (1991): Zur Theorie und Methodik der Fremdeinschätzung von Abwehrprozessen. Psychother. Psychosom. med. Psychol., *41*, 216–223.

Küchenhoff, J., Warsitz, P. (1989): Biographie und Zeit. Zur Zeitferfahrung in Neurose und Psychose. In: Blanckenburg, W. (Hrsg): Biographie und Krankheit. Thieme, Stuttgart/New York, 65–75.

Künzel R (1979): Motivation zur Psychotherapie. In: Bastine, R. et al. (Hrsg): Grundbegriffe der Psychotherapie. Beltz, Weinheim.

Lamnek, S.(1993): Qualitative Sozialforschung. 2 Bde, Beltz/PVU, Weinheim, 2. Aufl.

Laplanche, J., Pontalis, J.B. (1967): Das Vokabular der Psychoanalyse. Suhrkamp, Frankfurt am Main (1972).

Laplanche, J., Pontalis, J.B. (1972): Das Vokabular der Psychoanalyse. 2 Bde. Suhrkamp, Frankfurt am Main.

Lazarus R, Folkman S (1984): Stress, appraisal and coping. Springer, Berlin/Heidelberg/New York.
Lazarus RS (1966): Psychological Stress and the coping process. McGraw Book Company, New York.
Leary, T. (1957): Interpersonal diagnosis of personality. Ronald Press, New York.
Leupold-Löwenthal, H. (1985): Zur Frage der psychoanalytischen Nosologie und Diagnostik. Zeitschr. Psychoanal. Theorie und Praxis, *0*, 33–46.
Levine S (1983): Coping: An overview. In: Ursin, H., Mursin, R. (Eds): Biological and psychological basis of psychosomatic disease. Pergamon, Oxford, 15–26.
Lichtenberg, J. D. (1989): Psychoanalysis and motivation. Analytic Press, Hillsdale.
Lichtenberg, J.D. (1991): Psychoanalyse und Säuglingsforschung. Springer, Berlin Heidelberg.
Lohmer, M., Klug, G., Herrmann, B., Pouget, D., Rauch, M. (1992): Zur Diagnostik der Frühstörung. Versuch einer Standortbestimmung zwischen neurotischem Niveau und Borderline-Störung. Prax. Psychother. Psychosom., *37,* 243–255.
Luborsky, L. (1969): Research cannot yet influenc clinical practice. Int. J. Psychiatry, *7*, 135–140.
Luborsky, L. (1984): Principles of psychoanalytic psychotherapy: A manual for supportive-expressive treatment. Basic Books, New York.
Luborsky, L., Auerbach, A.H. (1969): The symptom-context method: Quantitative studies of symptom formation in psychotherapy. J. Am. Psychoanal. Assoc., *17*, 68–99.
Luborsky, L., Crits-Christoph, P. (1990): Understanding transference. Basic Books, New York.
Luborsky, L., Kächele, H. (Hrsg 1988): Der zentrale Beziehungskonflikt – ein Arbeitsbuch. PSZ-Verlag, Ulm.
Mahler, M., Pine, F., Bergmann, A. (1975): The psychological birth of the human infant. Basic Books, New York.
Malan, D. H. (1979): Individual psychotherapy and the science of psychodynamics. Butterworths, London.
Mans, E. J. (1994): Der Umgang mit der Indikation in der psychotherapeutischen Erstuntersuchung. Zeitschr. Psychosom.-Med. Psychoanal., *40*, 174–187.
Masling, J. (1983): Empirical studies of psychoanalytic theories, Vol. 1. Analytic Press, Hillsdale/London.
Masling, J. (1986): Empirical studies of psychoanalytic theories, Vol. 2. Analytic Press, Hillsdale/London.
Mentzos, S. (1976): Interpersonelle und institutionalisierte Abwehr. Suhrkamp, Frankfurt.
Mentzos, S. (1980): Hysterie. Kindler, München.
Mentzos, S. (1991): Neurotische Konfliktverarbeitung. Fischer, Frankfurt.
Mentzos, S. (1993): Kap. 20 Abwehr. In: Mertens, W. (Hrsg): Schlüsselbegriffe der Psycho analyse. Verlag Internationale Psychoanalyse, Stuttgart, S. 191–199.
Mertens, W. (1994): Psychoanalyse auf dem Prüfstand? Z. Psychosom. Med., *40*, 353–367.
Mertens, W. (1992): Kompendium psychoanalytischer Grundbegriffe. Quintessenz, München.
Mertens, W. (1993): Einführung in die psychoanalytische Therapie. Kohlhammer, Stuttgart.
Meyer, A.E. (1990): Wodurch wirkt Psychotherapie? In Lang H. (Hrsg): Wirkfaktoren der Psychotherapie. Springer, Berlin/Heidelberg/New York, 179–189.
Meyer, A.E. (1994): Über die Wirksamkeit psychoanalytischer Therapie bei psychosomatischen Störungen. Psychotherapeut, *39,* 298–308.
Mezzich, J.E., Schmolke, M.M. (1995): Multiaxial diagnosis and psychotherapy planning: On the relevance of ICD-10, DSM-IV and complementary schemas. Psychotherapy and Psychosomatics, *63*, 71–80.
Miller N. (1993): Psychodynamic treatment research. A handbook for clinical practice. Basic Books, New York.

Mombour, W., Zaudig, M., Berger, P., Gutierrez, K., Berner, W., Berger, K., Cranach, M. von, Giglhuber, O., von Bose, M. (1996): Deutsche Übersetzung und Adaption des International Personality Disorder Examination (IPDE), Version 1.2. Verlag Hans Huber, Bern.

Moore, B.E, Fine, B.D. (1968): A glossary of psychoanalytic terms and concepts. Am. Psa. Ass., N.Y., 2. Aufl.

Moore, B.E., Fine, B.D. (1990): Psychoanalytic terms and concepts. The American Psychoanalytic Association and Yale Univ. Press, New Haven/London.

Muck M, Paal J (1968): Kriterien der Behandelbarkeit und ihre Feststellung im Interview. Psyche, *22*, 770–777.

Muhs, A., Öri, Ch., Rothe-Kirchberger, I., Ehlers, W. (1993): Diagnostik und Klassifikation der Persönlichkeitsstörungen in der ICD-10. In: Schneider, W., Freyberger, H.J., Muhs, A., Schüßler, G. (Hrsg): Diagnostik und Klassifikation nach ICD-10, Kapitel V (F). Eine kritische Auseinandersetzung. Ergebnisse der ICD-10-Forschungskriterienstudie aus dem Bereich Psychosomatik/Psychotherapie. Vandenhoeck & Ruprecht, Göttingen.

Müßigbrodt, H., Kleinschmidt, S., Schürmann, A., Freyberger, H.J., Dilling, H. (1996): Psychische Störungen in der Praxis. Leitfaden zur Diagnostik und Therapie in der Primärversorgung nach dem Kapitel V(F) der ICD-10. Verlag Hans Huber, Bern.

Nisbett, R.E., Wilson, R.D. (1977): Telling more than we can know: Verbal reports on mental processes. Psychol. Rev., *84*, 231–259.

Nübling, R. (1992): Psychotherapiemotivation und Krankheitskonzept, VAS.

Pennebaker, J.W., Watson, D. (1991): The psychology of somatic symptoms. In: Kirmayer, L.J., Robbins, J.M.: Current concepts of somatization: Research and clinical perspectives. American Psychiatric Press, London, 21–35.

Perry, J.C., Cooper, S.H. (1989): An empirical study of defence mechanism. Arch. Gen Psychiatry, *46:* 444–452.

Perry, J. C., Cooper, A. M. (1985): Psychodynamics, Symptoms, and outcome in borderline and antisocial personality disorders and bipolar type II affective disorder. In: McGlasham, T. (Hrsg): The borderline patient: Current empirical research. Am Psychiat Press, Washington.

Perry, J.C., Augusto, F, Cooper, S.H. (1989): Assessing Psychodynamic Conflicts: I. Reliability of the idiographic conflict formulation method. Psychiatry, *52*, 289–301.

Perry, J.C., Luborsky, L., Silberschatz, G, Popp, C. (1989): An examination of three methods of psychodynamic formulation based on the same videotaped interview. Psychiatry, *52*, 302–323.

Perry, J.C., Augusto, F., Cooper, S.H. (1989): Assessing psychodynamic conflicts: I. Reliability of the idiographic conflict formulation method. Psychiatry, *52*, 289–301.

Perry, S., Cooper, A.M, Michels, R. (1987): The Psychodynamic Formulation: Its Purpose, Structure, and Clinical Application. Am J Psychiatry, *144*, 543–550.

Piper, W.E., Azim, H.F. Joyce, A.S., McCallum, M., Nixon, G.W., Segal, P.S. (1991): Quality of object relations versus interpersonal functioning as predictors of therapeutic alliance and psychotherapy outcome. The Journal of Nervous and Mental Disease, *179*, 432–438.

Prelinger, E., Zimet, C.N., Schafer, R., Levin, M. (1964): An ego-psychological approach to character assessment. Free Press Glencoe, N.Y.

Quint, H. (1977): Tiefenpsychologische Untersuchung. In: T. Vogel, J. Vliegen (Hrsg): Diagnostische und therapeutische Methoden in der Psychiatrie. Thieme, Stuttgart, 124–133.

Richter, H.E., Beckmann, D. (1969): Herzneurose. Thieme, Stuttgart.

Rosenman, R.H. (1981): Einleitende Anmerkungen zur Bedeutung des Typ-A-Verhaltens bei der Koronaren Herzkrankheit. In: Dembrowski, T.M., Halhuber, M.J. (Hrsg.): Psychosozialer «Streß» und koronare Herzkrankheit (Bd. 3): Verhalten und koronare Herzkrankheit. Springer, Berlin/Heidelberg/ New York, 31–42.

Rudolf G, Stille D (1984): Der Einfluß von Krankheitsbild und Krankheitsverhalten auf die Indikationsentscheidung in der Pychotherapie. Praxis Psychotherapie Psychosomatik, *3*, 115–128.
Rudolf, G. (1977): Krankheiten im Grenzbereich von Neurose und Psychose. Ein Beitrag zur Psychopathologie des Ich-Erlebens und der zwischenmenschlichen Beziehungen. Vandenhoeck & Ruprecht, Göttingen, Nachdruck Deutscher Studienverlag (1987).
Rudolf, G. (1981): Untersuchung und Befund bei Neurosen und psychosomatischen Erkrankungen. Beltz, Weinheim, Basel.
Rudolf, G. (1993): Die Struktur der Persönlichkeit. In: Rudolf, G.: Psychotherapeutische Medizin. Enke, Stuttgart, 55–83.
Rudolf, G., Buchheim, P., Ehlers, W., Kuchenhoff, J., Muhs, A., Pouget-Schors, D., Rüger, U., Seidler, G.H., Schwarz, F. (1995): Struktur und strukturelle Störung. Zsch. Psychosom. Med., *41*, 197–212.
Rudolf, G., Laszig, P., Henningsen, Ch. (in Vorbereitung) Dokumentation und Qualitätssicherung in der Psychotherapie: Das System der Heidelberger Psychosomatischen Klinik.
Rüger, B. (1994): Kritische Anmerkungen zu den statistischen Methoden von Grawe, Donati und Bernauer: «Psychotherapie im Wandel. Von der Konfession zur Profession.» Z. Psychosomat. Med. Psa., *40,* 368–383.
Rüger, U., Blomert, A.F., Förster, W. (1990): Coping. Verlag für Medizinische Psychologie. Vandenhoeck & Ruprecht, Göttingen.
Rüger, U. (1994): Diagnostik in der psychotherapeutischen Medizin. Psychotherapeut, *39*, 314–321.
Rüger, U. (1994): Zur Problematik der operationalen Diagnostik in der psychosomatischen Medizin und Psychotherapie. In: Dilling, H., Schulte-Markwort, E., Freyberger, H.J. (Hrsg): Von der ICD-9 zur ICD-10. Hans Huber, Bern/Göttingen/Toronto/Seattle: 193–200.
Rycroft, C. (1968): A critical dictionary of psychoanalysis. 2. Aufl., Penguin, Harmondsworth, 1977.
Sandler, J. (1962): Symp. research in psycho-analysis. The Hampstead Index as an instrument of psycho-analytic research. Int. J. Psa., *43,* 287–291.
Sandler, J. (1976): Gegenübertragung und Bereitschaft zur Rollenübernahme. Psyche, *30,* 461–480.
Schauenburg, H., Cierpka, M. (1994): Methoden zur Fremdbeurteilung interpersoneller Beziehungsmuster. Psychotherapeut, *39*, 135–145.
Schepank, H. (1987): Psychogene Erkrankungen der Stadtbevölkerung. Eine epidemiologische Feldstudie in Mannheim. Springer, Berlin/Heidelberg/New York.
Schneider W (1990): Die Psychotherapiemotivation – Behandlungsvoraussetzungen oder ein zu vernachlässigendes Konstrukt? In: Schneider, W. (Hrsg). Indikationen zur Psychotherapie. Beltz, Weinheim, 183–203.
Schneider W, Basler H-D, Beisenherz B (1989): Fragebogen zur Psychotherapiemotivation (FMP). Beltz Test GmbH.
Schneider, W. (1994): Diagnostik und Indikation in der Psychotherapie Wo stehen wir heute? Wo könnte es hingehen? In: Janssen, P.L., Schneider, W. (Hrsg): Diagnostik in Psychotherapie und Psychosomatik. G. Fischer, Stuttgart, 215–235.
Schneider, W., Freyberger, H.J. (1990): Diagnostik in der psychoanalytischen Psychotherapie unter besonderer Berücksichtigung deskriptiver Klassifikationsmodelle. Forum Psychoanal, *6*, 316–330.
Schneider, W., Hoffmann, S.O. (1992): Diagnostik und Klassifikation neurotischer und psychosomatischer Störungen. Fundam. Psychiat., *6*, 137–142.
Schneider, W., Freyberger, H.J. (1994): Diagnostik nach ICD-10 – Möglichkeiten und Grenzen für die Psychotherapie/Psychosomatik. Psychotherapeut, *39*, 269–275.

Schneider, W., Freyberger, H.J., Muhs, A., Schüßler, G. (Hrsg) (1993): Diagnostik und Klassifikation nach ICD-10, Kapitel V (F). Eine kritische Auseinandersetzung. Ergebnisse der ICD-10-Forschungskriterienstudie aus dem Bereich Psychosomatik/Psychotherapie. Verlag Vandenhoeck & Ruprecht, Göttingen.

Schneider, W., Heuft, G., Freyberger, H.J., Janssen, P.L. (1995): Diagnostic concepts, multimodale and multiaxial approaches in psychotherapy and psychosomatics. Psychotherapy and Psychosomatics, *63*, 63–70.

Schultz-Hencke, H. (1951): Lehrbuch der analytischen Psychotherapie. Thieme, Stuttgart.

Schumacher, W. (1985): Psychodynamische versus psychiatrische Diagnose. Zschr. Psychoanal. Theorie und Praxis, 47–63.

Schüßler, G. (1995): Lehrbuch der Psychosomatischen Medizin und Psychotherapie. Uni-Med, Lorch.

Schüßler, G., Bertl-Schüßler, A. (1992): Neue Ansätze zur Revision der Psychoanalytischen Entwicklungstheorie. Zschr. Psychosom. Med., *38*, 77–87 und 101–114.

Schüßler, G., Leibing, E., Rüger, U. (1990): Multiaxiale Diagnostik in der Psychosomatik. Zschr. Psychosom. Med., *36*, 343–354.

Schüßler, G. (1993): Bewältigung chronischer Krankheiten. Vandenhoeck & Ruprecht, Göttingen.

Schwidder, W. (1972): Klinik der Neurosen. In: Kisker, K.P., Meyer, J.E., Müller, M., Strömgren, E. (Hrsg): Psychiatrie der Gegenwart II/1. Springer, Berlin/Heidelberg/New York, 351–477.

Schwidder, W. (1972): Neopsychoanalyse. In: Grundzüge der Neurosenlehre. Urban & Schwarzenberg, Berlin/Wien, 563–612.

Seidler, H.G. (1995): Der Blick des Anderen. Eine Analyse der Scham. Int. Psychoanal., Stuttgart.

Selye, H. (1974): Stress-Bewältigung und Lebensgewinn. Piper, München.

Shapiro, D. (1965): Neurotic Styles. Basic Books, New York/London. (Deutsche Übersetzung: Neurotische Stile (1991): Vandenhoeck & Ruprecht, Göttingen.)

Siebel, U., Michels, R., Freyberger, H.J., Dilling, H. (1994): Deutsche Übersetzung und Bearbeitung des multiaxialen Systems zum Kapitel V (F) der ICD-10. Unveröffentlichtes Manuskript für Feldstudien, Klinik für Psychiatrie der Medizinischen Universität zu Lübeck.

Silverman, L.H. (1976): Psychoanalytic theory: The reports of my death are greatly exaggerated. Am. Psychol., *1*, 621–637.

Silverman, L.H. (1983): The subliminal psychodynamic activation method: Overview and comprehensive listing of studies. In: Masling, J. (Ed) Empirical studies of psychoanalytical theories, Vol. 1. Analytic Press, Hillsdale/London.

Simon GE (1991): Somatization and psychiatric disorders. In: Kirmayer, L.J., Robbins, J.M.: Current concepts of Somatization: Research and clinical perspectives. American Psychiatric Press, London, 37–62.

Spitzer, R. L., Williams, J. B. W., Gibbons, M. & First, M. B. (1990): The structural clinical interview for DSM-III-R, Patient-edition (SCID-P, Version 1.0). American Psychiatric Press, Washington D.C. (Deutsche Ausgabe von PSE 10 Interview und Glossar: Verlag Hans Huber, Bern 1995).

Steffens, W., Kächele, H. (1988): Abwehr und Bewältigung – Mechanismen und Strategien. Wie ist eine Integration möglich? In: Kächele, W., Steffens, W. (Hrsg): Bewältigung und Abwehr. Springer, Berlin.

Steptoe, A. (1991): Psychological coping, individual differences and physiological stress responses. In: Cooper, C.L., Payne, R. (Eds): Personality and stress: Individual differences in the stress process. Wiley, Chichester, 205–233.

Stern, D. (1985): The interpersonal world of the infant. A view from psychoanalysis and developmental psychology. Basic Books, New York.
Stieglitz, R.D., Dittmann, V., Mombour, W. (1992): Erfassungsmethoden und Instrumente zur ICD-10. Fundamenta Psychiatrica, *6*, 128–136.
Stieglitz, R.D., Schüßler, G. (1995): Instruments in the assessment of psychosomatic and neurotic disorders. Psychotherapy and Psychosomatics, *63*, 81–89.
Streeck, U. (1982): Die Ich-Organisation ekzemkranker Patienten. Eine empirische Untersuchung der Objektbeziehungen und Ich-Funktionen von Patienten mit endogenem Ekzem. Habilitationsschrift Düsseldorf.
Strupp, H., Binder J. (1984): Psychotherapy in a new key. A guide to time-linited dynamic psychotherapy. Basic Books. New York.
Strupp, H., Binder, J.L. (1991): Kurzpsychotherapie. Klett-Cotta, Stuttgart.
Sullivan, H.S. (1954): The psychiatric interview. Norton, New York.
Thoits P (1983): Dimensions of life events that influence psychological distress: An evaluation and synthesis of the literature. In: Kaplan, L. (Ed): Psychological stress. Trends in theory and research. Academic Press, New York.
Thomä, H., Kächele, H. (1985): Lehrbuch der psychoanalytischen Therapie. Band 1. Springer, Berlin/Heidelberg/New York.
Thomae, H. (1952): Die biographische Methode in den anthropologischen Wissenschaften. Studium generale, *5*, 163–177.
Tress, W. (Hrsg) (1993): Die strukturale Analyse sozialen Verhaltens (SASB). Asanger, Heidelberg.
Tress, W, Junkert-Tress, B. (1993): Psychosomatische Medizin zwischen Naturwissenschaft und Geisteswissenschaft – tertium non datur. In: Tress, W., Nagel, S. (Hrsg): Psychoanalyse und Philosophie: eine Begegnung. Asanger, Heidelberg.
Tschuschke, V., Czogalik, D. (Hrsg) (1990): Psychotherapie – Welche Effekte verändern? Springer, Berlin/Heidelberg/New York.
Tyson, R.L., Sandler, J. (1974): Probleme der Auswahl von Patienten für eine Psychoanalyse. Psyche, *28*, 530–559.
Vaillant, G.E. (1971): Theoretical hierarchy of adaptive ego mechanisms. Arch. Gen. Psychiat., *24*, 107–118.
Vaillant, G.E. (1986): Werdegänge. Ergebnisse der Lebenslaufforschung. Rowohlt, Reinbek.
Vaillant, G.E., Bond, M., Vaillant, C.O. (1986): An empirically validated hierarchy od defense mechanisms. Arch. Gen. Psychiat., *43*, 786–794.
Wallerstein, R.S. (1986): Forty-two lifes in treatment. A Study of psychoanalysis and psychotherapy. Guilford, New York.
Wallerstein, R.S. (1990): Zum Verhältnis von Psychoanalyse und Psychotherapie. Wiederaufnahme einer Diskussion. Psyche, *44*, 967–994.
Wegner, P. (1992): Zur Bedeutung der Gegenübertragung im psychoanalytischen Erstinterview. Psyche, *46*, 286–307.
Weinryb, R. M., Rössel, R. J. (1991): Karolinska Psychodynamic Profile KAPP. Act. Psych. Scand., *83*, 1–23.
Weisman, A. (1959): The psychodynamic formulation of conflict. Arch. Gen. Psychiat., *1*, 288–309.
Weiss, J., Sampson, H. (1986): The psychoanalytic process: Theory, clinical observation and empirical research. Guilford , New York.
Wietersheim, J. von, Jantschek, G. (1994): Darstellung und erste Ergebnisse eines erweiterten Diagnosenschlüssels für psychosomatische Erkrankungen in ICD-9 und ICD-10. Zschr. Psychosom. Med., *40*, 266–273.

Wiggins, J.S. (1991): Circumplex models of interpersonal behavior in clinical psychology. In: Kendall, P.C., Butcher, J.N. (Eds): Handbook of research methods in clinical psychology. Wiley, New York.
Willi, J. (1975): Die Zweierbeziehung. Rowohlt, Reinbek.
Wing, J. K. et al. (1990): SCAN. Schedules for Clinical Assessment in Neuropsychiatry. Archives of General Psychiatry, *47*, 589–593.
Wittchen, H.-U. (1994): Klassifikation. In: Stieglitz, R.-D., Baumann, U. (Hrsg): Psychodiagnostik psychischer Störungen. Enke, Stuttgart.
Wittchen, H.U., Semmler, G. (1992): Composite International Diagnostic Interview (CIDI). Interview, Manual und computerisiertes Auswertungsprogramm. Beltz-Test, Weinheim.
World Health Organization (1991): Composite international diagnostic interview (CIDI). WHO, Geneva. Deutsch in: Wittchen H.U., Semler G. (1992): Composite International Diagnostic Interview (CIDI). Interviewheft und Manual. Beltz-Test, Weinheim.
World Health Organization (1993 a): The ICD-10 classification of mental and behavioural disorders. Clinical descriptions and diagnostic guidelines. WHO, Geneva.
World Health Organization (1993 b): The ICD-10 classification of mental and behavioural disorders. Diagnostic criteria for research (DCR). WHO, Geneva.
World Health Organization (1993 c): The ICD-10 Classification of mental and behavioural disorders. Short glossary. WHO, Geneva.
World Health Organization (1993 d): The ICD-10 classification of mental and behavioural disorders. Primary health care classification (PHC). WHO, Geneva.
World Health Organization (1993 e): ICD-10, Chapter V (F), Multiaxial schema. WHO, Geneva.
World Health Organization (1993 f): Schedules for clinical assessment in neuropsychiatry (SCAN). WHO, Geneva.
World Health Organization (1994 a): ICD-10 Symptom-Checklist. WHO, Geneva.
World Health Organization (1994 b): International personality disorder examination (IPDE). WHO, Geneva.
Zacharias, G. (1974): Der Kompromiß. Vermittlung zwischen gegensätzlichen Positionen als Ermöglichung des Friedens. Hauser, München.
Zaudig, M., Hiller, W. (Hrsg.) (1995): SIDAM: Strukturiertes Interview für die Diagnose der Demenz vom Alzheimer-Typ, der Multiinfarkt-(oder vaskulären) Demenz und Demenzen anderer Ätiologie. Verlag Hans Huber, Bern.

Register

Abgrenzung, mangelnde 174
Abhängigkeit-Autonomie 61, 123, 124, 230
Abwehr 35, 162, 233
  Abwehrhaltungen, regressive 123
  Abwehrkonfigurationen 13
  Abwehrkonzept 21, 35
  Abwehrmechanismen 20, 40, 89, 162, 163, 165, 167, 168
  Abwehrstrukturen 162
  Abwehrniveaus 162
  Erfolg der 163
  Flexibilität der 163
  kontraphobische 123
  Lockerung der 161
  reife 162, 163
  unreife 162, 163
  Stabilität der 163
Achsen 16
Konzeptualisierung der einzelnen Achsen:
  Achse I: Krankheitserlaben 33–42
  Achse II: Beziehung 43–53
  Achse III: Konflikt 54–62
  Achse IV: Struktur 63–73
  Achse V: Psychische Störung 74–84
Adipositas 182
Adressenverzeichnis 239
Achse, syndromale 18
Achsen, Synoptische Darstellung 225–234
Affekt 122, 136, 138, 162, 157
  affektives Erleben 157, 158
  affektive Spannungszustände 71
  affektive Psychosen 169
  Affektleere 158
  Affektverarbeitung 35
  Affektvermeidung 173
  Affektlage, depressive 157, 173
  Affekte, unangenehme 161
  Affekten, Zurückdrangen von 147
  Antizipation von Affekten, 159
  Akzeptanz positiver Affekte 159
Affiliation 51, 53
Aggression
  aggressives autonomes Selbst 67
  aggressive Impulse 161
  aggressive Triebdurchbrüche 161
  autoaggressive Tendenzen 160, 161
Akzeptanz 30
Alexithymie 147
Algorhythmen 74
Alleingelassenwerden 131
Ambivalenz 157, 159
AMDP-Systems 202
Anamneseschema 87
Anamnese, tiefenpsychologisch-biographischen 87, 90
Angst 157
  Angstabwehr 137
  chronische Angst158
  zentrale Angst155, 156, 175, 177
Anklammerungstendenzen 131
Anpassung, soziale 37
Anpassungsmechanismen 35
Anpassungsprozeß 34
Anpassungsstörung 121, 151
Ansprüchlichkeit 173
Anspruchshaltung 181
Anspruchslosigkeit 132
Arbeitsgemeinschaft f. Methodik u. Dokumentation in der Psychiatrie (AMDP) 202
Arbeitskreis der OPD 14, 15
Arbeitsleben, Arbeitswelt 126, 131, 133, 142, 143, 145, 146, 148, 150
Ärger 157
Art und Schwere der Erkrankung 37
Arzt-Patient-Beziehung 38
Asthma bronchiale 182
Ausbildung in Psychotherapie 16
Ausbildung in OPD-Diagnostik 31, 201
auslösende Konflikte 14
auslösende Situationen 56, 94
Auswertungsblatt 117
autistischen Isolation 177
Autonomie 124
Autonomie-Autarkiebestrebungen 137

Basisliniendaten 16
Bedürfnis nach Bewunderung 181
Bedürfnislosigkeit 132
Beeinträchtigung des Selbsterlebens 42, 107, 226
Beeinträchtigung, subjektive 42, 227
Beeinträchtigungen im körperlichen Bereich 105, 107

Beeinträchtigungsgefühl 111
Befunderhebung 85–92
Befunde, körperliche 106
Behandlungs-
,-erfahrungen 39
,-ergebnisse 25
,-erwartungen 40, 42
,-kooperation 33
,-methode 33
,-motivation 36, 40:
,-prozess 25
,-reaktion 121
,-setting 30, 36
,-situation 87, 150
,-voraussetzungen 33, 100, 188
beobachtbare Funktionen 69
Beobachtungsebene 23
Beobachtungszeitraum 154
Beruf, Berufs- und Arbeitsleben 126, 127, 128, 129, 130, 132, 133, 135, 136, 139, 140, 142, 143, 145, 146, 148, 150, 205
Beurteilungskriterien, strukturelle 72
Beurteilungsdimensionen, strukturelle 154, 156
Beschäftigung mit Phantasien 181
Bescheidenheit 132
Beschwerden, körperliche 147
Beschwerdeschilderungen 93
Bewältigungskompetenzen 36
Bewältigungsmechanismen 162
Bewältigungsmöglichkeiten 34
Beziehung 17, 43, 112, 128, 129, 136, 140, 146, 181, 190, 228
Beziehungen, dysfunktionale 14
Beziehungen, triadische 175
Beziehungs-
,-aufnahme 91
,-diagnostik 43
,-dynamik 39, 96
,-entwicklung 91
,-episoden 44, 49, 95, 170, 186, 203
,-erfahrungen 44, 56, 95, 112
,-erleben des Patienten 117
,-erleben des Untersuchers 117
,-erlebens, Muster des 29
,-fähigkeit 40
,-form, wunschgeleitete 176
,-geschehen 96
,-gestaltung 46, 47, 91, 112
,-konfigurationen 46
,-modus 23
,-muster 91, 174
,-person 46, 95
,-situationen 96
,-störung 173
,-wünsche 43, 46
Beziehungsverhalten 43, 51, 115
beobachtetes 51
aktive, reaktive Ebene des 53
dysfunktionelles 115, 118:
habituelles 44, 50, 203
komplexes 53
Beziehungsmuster
dysfunktionelles 44, 95
habituelles 112
konflikthaft interpersonelles 50
Erforschung von 48
Bindung 61, 124, 174, 175, 234
Biographie 29
biographische Konflikte 56
biographisches Materials 124
Bipolarität 123
Borderline-Funktionsniveau 89
Borderline-Persönlichkeitsstörungen 46

Charakterneurose 66
Chronifizierungen 38
Colitis mucosa 182
Colitis ulcerosa 182
Colon irritabile 182
Compliance 42, 109, 226
Complianceforschung 33
Composite International Diagnostic Interview (CIDI) 76
Coping 33, 35, 33, 34, 34

Demütigungserlebnisse 135
Dekompensation, psychotische 156
Dependency and Seperation 60
depending and demanding 131
Depression 158
depressives Anklammern 170
Dermatitis und Ekzem 182
Desintegrationszustände 71
Diagnosen 80
Hauptdiagnose 80, 178
Nebendiagnosen 80
Zusatzdiagnosen 80
zusätzliche Diagnosen 178
bogen 205
checklisten 80
dokumentationsbogen 178
stellung 37, 80
Diagnostik
deskriptive 76
in der Psychotherapie und Psychosomatik 79

Psychischer u. Psychosomatischer Störungen nach ICD-10 102
psychotherapeutische 15
persönlichkeitsstrukturelle 63
psychoanalytische 24
strukturelle 64
symptomzentrierte 14
syndromal-deskriptive 74, 80
reliable 82
diagnostische
Einschätzung 154
Glossare 21
Konzept 89
Restkategorien 75
Verknüpfungsregeln 75
Differenzierungen 30
Instrumente 80
Diagnostiksystem 30
Diagnostikervariablen 205, 209
Diffusion als strukturelles Problem 143
Dimension Abwehr 162
Dimensionen der Struktur 162
Disability Diagnostic Scale 78
Dissonanz-Konflikte 143
Distanzlosigkeit 173
distanzloses, autistisches Verhalten 174
Dokumentation 79, 80
Dokumentationsbogen 81
Dreiinstanzenmodell 62, 122
DSM-III-R 75, 76
DSM-IV 75, 81
dyadische Beziehungsmuster 176
dynamisches Konzept 21
dynamisches Unbewußtes 22

Effektstärken 27
Egoismus 137
egoistisches Verhalten 140
Eifersucht 175
Einfühlung, mangelnde 161
Einschätzung
der Behandlungsform 42
der körperlichen Behandlung 226
der Psychotherapie 226
des Falles 189
Einsichtsfähigkeit 33, 42, 100, 107, 108, 188, 226
Eltern und Kindern 148, 149
Emotionalität 122, 151
Emotionen 122
Empathie 169, 170
Mangel an 181
empirische Ansätze 24, 48
empirische Forschung mit der OPD 31
empirische Ergebnisforschung 27
empirische Wissenschaft 19
Entfremdung 158
Enttäuschung 157, 173
Entwicklung
kindliche, jugendliche 88
defizitäre 68
Entwicklungs-
,-defizit 70, 155
,-diagnose 20, 88
,-linien 19, 58
,-niveau 20
,-pathologie 20
,-psychologie 26
,-stufe 56
epidemiologische Studien 26
Episode 28
Episoden-Gedächtnis 44
Erfassungsinstrumente 28
Ergänzung diagnostischer Kategorien 82
Erhebungsbögen 205, 225
Erkrankung 126, 130, 135, 137, 142, 145, 148, 150
psychische 106
körperliche 105, 178
körperlichenach DSM-IV 180
körperliche nach ICD-10 180
Erlebensperspektiven 113, 118
Erlebensperspektive des Patienten 113, 114, 118, 119, 161, 228, 229
Erlebensperspektive des Interviewers 113, 114, 118, 119, 228, 229
Erprobungsphase 30
Erstgespräch, Erstinterview 13, 86, 87
Erstinterview, psychoanalytisches nach Argelander 87
Erwartungshaltung 132
essentielle Hypertonie 182
Etologie 25
Evaluation der Lernerfolge 203
Evaluation des Trainings 206
exemplarischer Fall 185
Exkurs 19
experimentelles Design 23
Exploration, psychiatrischen 86, 90
Expertenstandardisierung 204
Fähigkeit zur
Abwehr 69
Bindung 70
Kommunikation 70, 172
Objektwahrnehmung 69, 174
Selbststeuerung 69

Selbstwahrnehmung 69
Fähigkeit zu trauern 175
faktischen Lebensbereiche 97
Faktoren, biologisch-konstitutionelle26
Fallgeschichte, Fallvignette 204, 205
familiäre Lebensbereiche 97
familiäres Umfeld 39
familiäre Lebensbedingun 87
Familie 129, 136, 138, 143, 145
Familie und Partnerschaft 125
Familienbereich 146
Familienbeziehungen 142
Familienidentität 144
Familientradition 128, 135
Feldstudien 77
Figur und Hintergrund 56
Fokaltherapie 86
Form der Abwehr 163
Forschung 27
Forschung, psychoanalytische 27
Forschung, qualitative, quantitative 209
Forschungs-
,-ansätze, operationale 23, 25
,-arbeiten 24
,-design 23
,-fragestellungen 80, 81
,-instrument 16
,-kriterien 74, 75, 80
,-projekte 20
,-vorgehen 23
Fragmentierung 156, 168
Fremdwahrnehmung 169
Freude 157
frühkindliches Verhalten 26
Frustrations- und Angsttoleranz 40
Funktionsniveau, neurotisches 89
Funktionsniveau, psychotisches 89

Gastritis und Duodenitis 182
Gefühle von Ohnmacht 177
Gegenübertragung 69, 91, 122, 125, 126, 128, 132, 136, 139, 141, 149, 155, 156
Gegenübertragungsanalyse 155
Gegenübertragungsdiagnostik 51
Gegenübertragungserleben 44
Geld und Besitz 136
Generationskonflikte 140
Genese der Störung 41
Gesamtgestalt einer Krankheit 28
Geschlechtsidentität 144
gesellschaftliches Umfeld 126, 133
Gespräch 85
Gesprächsführung, offene 90
Gesprächstermine 101
Gesundheitsbezogene Vorurteile 40
Gesundheitssystem 38
gleichschwebende Aufmerksamkeit , Introspektionsbereitschaft 86
Global Assessment of Functioning Scale (GAF) 77
Glossare 20, 22
Grandiosität, phantasierte 161
Größengefühl 181
Größenphantasien 137
Größenvorstellungen 161
Größenwahn 158
Grundkonflikt 60, 130
Gruppierungen, soziale 135, 142
Gruppentherapie, psychoanalytische 86
Gruppenzugehörigkeiten 127, 129, 130, 146

Hamstead-Index 20, 88
Handhabbarkeit 205
Haßgefühle 177
Haupttätigkeitsbereiche 205
Herkunftsfamilie 131, 133, 140
Hermeneutik 19
hermeneutischer Zugang 24
hochfrequente Psychoanalyse 86
hochfrequente Langzeitbehandlung 27
Holding-Situation 85
Hypothesen, psychoanalytische 24, 25
Hypothesengewinnung 23
Hypotonie 182

ICD-10 17, 74
Anwendungsstudien zur 80
Klassifikation 15
Diagnostik 203
Forschungskriterienmanual 82
Forschungskriterienstudie 15
Trainingsseminare 203
systematisches Verzeichniss 75
Ich, das 67
Ich-Bildung, frühe 45
Ich-Fähigkeiten 46
Ich-Psychologie 13
Ich-strukturelle Störungen 56, 144
Identität 29, 144, 157
personale 45
religiöse 144
soziale 144
als Vater 144
Verlust der eigenen 177
Identitäts-
und Kontinuitätsgefühl 144

,-bildung 143, 144
,-defizit 145
,-diffusion 89, 143
,-integration 89
,-konflikte 61, 123, 143, 144, 230
,-mangels 145
ideographische Basiskonflikte 21
Idiographik 29
impulsives Verhalten 160
Inanspruchnahmeverhalten 39
Indikation 86
Indikationsprozeß 30
Indikationsstellung zur Psychotherapie, differentielle 14, 33, 85
individuelle Beziehungsgestaltung 43
individuelle Krankheits- und Behandlungskonzepte 38
Informationsquellen 112
Information, objektive 87
Informationen, subjektive 87
Inhaltsanalyse, qualitative 23
Instanzen 13
Instanzenmodell 55
Instrument, beziehungsdiagnostisches 48
Integration 46
interaktionelles Handeln 63, 154
Interaktionsmustern 57
Interaktionspartner 45, 113
Interaktionsrepräsentanz 70
Interdependenz 53
internalisierten Beziehungen 169
interpersonales Verhalten 21, 43
interpersonelle Beziehungsmuster 113
Interpersonelle Flexibilität 46
interpersonelles Kreismodell 50, 53, 116
interpersonelle Positionen 50, 113
Interpretationsspielraum 25
Interraterreliabilität 202, 209
Interraterübereinstimmung 49, 204
Interventionen 93, 100
Interview
,-situation 113
,-technik 85, 92
,-technik der OPD 85–92, 203
interaktionelles 86
psychodynamisches 90
strukturelles 71, 88
,-auswertung, Schemata der 88
zur OPD 85
Leitfaden 91, 93–101
Training 82
diagnostisches 63
niedrig strukturiertes 203
Ende des 100
Eröffnugsphase des 93, 185
strukturiertes 103, 202
Beziehungsmuster des 202
vorgehen, flexibles 202
intrapsychische Organisation 44
intrapsychische Regulation 35
intrapsychische Repräsentanz 70
Introspektion 157
Intuition 169
Inzest-Tabu 141
Isolierung 166
Itemauswahl 115, 117
Itemauswahl, Liste zur 228, 229

Karolinska Psychodynamic Profile (KAPP) 21, 59, 72
Kategorie F54 82
Kategorien interpersonellen Verhaltens 51
KBAM 72
Kernkonflikt 50
Kernsymptome 102
Kernsymptome nach ICD-10 94
Klassifikation 13, 28
Klassifikation in der Psychosomatik und Psychotherapie 82
Klassifikationssysteme 14, 28, 75
Kleingruppenarbeit 204
klinische Anwendung 30
klinischer Gebrauch 80
Kodierungsziffern 179
Kohärenz 67
Kollusionen 162
Krisensituationen ,akute 71
Kommunikation 16, 45, 172, 173, 234
Komorbiditätsprinzip 80
Kompatibilität 74
Konflikt 17, 54, 55, 56, 121, 122, 124, 143, 190, 230
Abhängigkeits-Autonomie 61, 122, 125:
Aktual 151
antinomischer 55
Unterwerfung vs Kontrolle 123, 127, 230
Versorgung vs Autarkie 123, 130, 230
Konflikte 14
erotisch-sexuelle 141
innere und äußere 62
intrapsychische 16, 43, 45, 155
intrasystemische 62
intersystemischer 134
lebensbestimmende 94
narzißtische 134:
ödipal-sexuelle 56, 123, 141, 230

psychodynamische 54, 58
sexuelle 141
unbewußte neurotische 54
Vorherrschen interpersoneller 156
zeitlich überdauernde 55, 61, 121, 123, 124, 230
Konflikt
,-definitionen 122, 123
,-diagnostik 58
,-ebenen 123, 124, 134
,-formulierung
,-hypothese 124
,-konstellationen 40, 202
,-tlösung 27, 159
,-modell 62
,-modus 124
,-muster 121, 124, 150
,-theorien, feldtheoretische 54
,-verarbeitung 159
und Gefühlswahrnehmung, fehlende 123, 146, 230
Konfusion, Selbst- und Objektbilder 171
Konstanz der Objektbeziehungen 175
Konstrukt, 13, 23, 26
Konstruktvalidität 209
Kontrolle 51
Konzepte
phänomenologische 14
psychoanalytische 21, 22
psychodynamische 19
des Selbst 69
des Unbewußten 21
Konzeptualisierung 33
Kopfschmerzen 182
Körperbildidentitäten 144
Körperkult 137
körperlicher Behinderung 107, 226
körperliche Funktionsfähigkeit 105
Kränkbarkeit 160, 161
Krankenrolle 145, 146
Krankenversorgung 38
Krankheit 127, 129, 132, 133, 143
Krankheits-
Krankheits
und Behandlungsprozeß 23, 26
,-bewältigung 33
,-entität 28
,-erleben 14, 26, 36, 37
,-erleben und Behandlungsvoraus
,-setzungen 17, 36, 105, 189
,-gewinn 41
,-theorie, subjektive 41
,-verarbeitung 33, 35
,-verhalten 36, 139
,-verläufe 16
Kranksein 140
Kränkungen 135
Kreismodell, interpersonelles 115
Kurztherapie 86

Langzeitstudie 27
Lebenssituation, aktuelle 94
Lebensbelastungen 151
Lebensbelastung, konflikthafte äußere 62, 150, 231
Lebensbelastungen, konflikthafte 121
Lebensgeschichte 14, 28, 29: 85
Lebensgestaltung 97
Lebenszeitdiagnose 80
Leere 173
Leidensdruck 33, 37, 42, 94, 106, 226
Leitaffekt 125, 128, 130, 134, 142, 147
Leitfaden zur Iterview-Durchführung 93
Leitlinien 16
klinisch-diagnostische 75
Lernkontrolle 205
Liebeswahn 158
Life-event-Forschung 34
Life-Interviews 83
Lösung 175

Manipulationen 173
Manual 15, 82
Manuale zu den Achsen
Achse 105–111
Achse 112–120
Achse 121–153
Achse 154–177
Achse 178–183
Metaanalyse 27
Methoden der Beobachtung 23
Migräne 182
Minimalstrukturierung 91
Modus der Verarbeitung 232
Modus
aktiver 123, 126, 129, 132, 136, 139, 142, 145, 148, 152
passiver 123, 125, 128, 131, 134, 138, 141, 145, 147, 151
masochistischer 138
Motivation
zur körperlichen Behandlung 42, 226
zur Psychotherapie 108, 226
zur somatischen Behandlung 109
Motivationssysteme 57, 124
Multiaxiale Diagnostik 77, 81, 209

multiple Sklerose 182
Mustererkennung 29
Mutter-Kind-Bindung 20

Narrativen 49
narzißtische Bedürfnisse 134, 136
narzißtische Überschätzung 158
narzißtische Wut 136
Neid 181
neophänomenalen Orientierung 21
Neurosenkonzept 14
Neurosenstruktur 66
Nicht-Erwachsen-Werden 126
Niveau
  Desintegration 156
  gut integriertes 71
  gering integriertes 71, 155
  mäßig integriertes 155
  der Objektbeziehung 72
  strukturelles 154
  unterschiede, strukturelle 71

Objektabhängigkeit 177
Objektbeziehungen 26, 46, 66, 99
  Variabilität der 175
  verinnerlichte 45
Objekt-
  ,-beziehungstheorie 13
  ,-bindung 67
  ,-erleben 98, 186
  ,-internalisierung 174
  ,-konstanz 45, 175, 176
  ,-repräsentanz 67, 70
  ,-wahrnehmung 169, 234
operationalisierte Beobachtung 23
operationalisierte psychodynamische Diagnostik (OPD) 14, 16, 28, 81
OPD-
  Anwendung 30, 185, 204, 209
  Diagnostik, Qualität der 201
  Interesse an der 205
  Interview 93, 201, 204
  Perspektiven (OPD-2) 30
  Schulungszentren 206
  Trainingsseminaren 203
Operationalisierung 13, 14, 19, 22
  der Achsen 33
  der Dimension Abwehr 72
  des Krankheitserlebens 41
  deskriptive 71
  psychodynamische 22
  von Abwehrmechanismen 25
  von Struktur 68, 72

Operationalisierungsniveau 30

Paar- oder Familientherapie 86
Partner 145, 146, 149
Partner und Familienangehörige 148
Partnerbindungen 142
Partnerschaft 131, 138, 135, 142
Partnerwahl 127
Paßgenauigkeit 205, 209
Patientengruppen 30
Person-Umwelt-Beziehungen 34
persönliches Erleben 38
Persönlichkeits-
  und Entwicklungspsychologie 23
  ,-anteile 168
  ,-merkmale 40
  ,-organisation 89
  ,-struktur 16, 27, 65
  ,-variablen 20, 27
Persönlichkeitsstörung 82, 178, 179
  allgemeine Kriterien 181
  narzißtische 82, 178, 181
  nach DSM-IV 180
  nach ICD-10 81, 179
Perspektive des Beobachters 113
Plan-Diagnose 48
Praktikabilität 209
Praktikabilitätsstudie 90
prämenstruelles Syndrom 182
präpsychotischen Zuständen 161
Praxisnähe 204
primäre, sekundäre Dysmenorrhoe 182
Primary Health Care Classification 75
Problembewältigung 34
problemlösende Anpassungsaufgabe 35
Projektion 162, 166
Projektion, psychotische 169
Projektive Identifizierung 167
projektive Verarbeitung 156
Prozeßforschung 27
Psychiatrie, biologische 29
psychische Faktoren bei andernorts klassifizierten Erkrankungen 82, 181
psychische Störungen
  ICD-10 -Forschungskriterien 179
  DSM-IV 179
  innerhalb der Gesamt-ICD-10 76
Psychische und Psychosomatische Störungen 17, 74, 178, 188, 192, 235
psychische Strukturen 65
psychischer Apparat 66
psychische Beeinträchtigung 106
psychoanalytische Wirkvariablen 23

psychoanalytische Begriffsbildung 19
Psychodynamic Conflict Rating Scales 59
Psychodynamische Diagnostik 13
psychodynamisches Verständnis 16
psychodynamisches Profil 72
psychopathologische Phänomene 74
Psychologie
empirische 23
interaktionelle 203
kognitive 25, 26
positivistische 23
Psychose, 161, 158
psychotische Beziehungsideen 174
psychotische Patienten 46
Psychosomatik 17, 183
psychosomatische Erkrankungen 82, 179
psychosoziale Integration 42, 109, 227
psychosoziale Umfeld 39
psychosoziale Arrangements 162
psychosoziale Situation 94
psychotherapeutische Ausrichtung 205
psychotherapeutische Ausbildungs 205
Psychotherapie
analytische 86
,-forschung 21, 24
,-motivation 40, 42, 100, 188
psychodynamisch orientierte 27
Richtlinien 88
stationäre 86
,-studien 28
tiefenpsychologisch fundierte 86

Qualitätssicherung 24, 30
qualitative Methoden, 23
Querschnittsbetrachtung 28

Rangreihe 118
Raterübereinstimmung 205
Ratinginstrument, psychoanalytisches 72
Rationalisierung 164
Reaktion auf schwere Belastung 151
Reaktion des Objekts 50
Reaktion des Subjekts 50
Reaktionen auf das Beziehungsverhalten des Patienten 51
Reaktionsbildung 123, 136, 166
Realitätsprüfung 40, 71, 89 , 168
Realitätsverlustes 168
Realkonflikte 71
Regulation des Selbstwertgefühls 160
Reihenfolge 179
Reliabilität 14, 75, 209
Beziehungsmuster, repetitive 202
Ressourcen 33, 39, 42
persönliche 42, 110, 227
soziale 42
Restituierung, psychotische 156
Rivalitäten 175
Rollen-Beziehungskonflikt-Konstellation 48
Rollensicherheit 145
Rückkopplungsprozesse 30

Säuglings- und Kleinkindbeobachtung 66
Säuglingsforschung 25
SBAK 72
Scham 134, 138, 157
Schätzskalen 72
Schedules for Clinical Assessment in Neuropsychiatry (SCAN) 76, 202
schizophrene Psychosen 168
Schizophrenie 158, 174
Schönheitsbewußtsein 137
Schuld 157
,-gefühle 138
,-wahn 158
,-zuweisungen 134
Schwellensituationen 94
Schweregrad 42, 94
körperlicher, somatischer Befund 105, 226
psychischer Befund 106, 226
scientific community 16
sekundärer Krankheitsgewinn 42, 107, 226
Selbst, das 67
Selbst, passive Rückzug auf das 123
Selbst-
,-aspekte, widersprüchliche 158
,-autonomie 67
,-bezogenes Verhalten 173
,-bezogenheit 123, 137, 151, 159
,-bild 40, 67, 135, 157
,-entwertung 157, 160, 173
,-erleben 97, 187
,-genügsamkeit 132
,-identität 143
,-herabsetzung 134
,-organisation 67
,-reflexion 156
,-repräsentanz 67, 70, 45, 162
,-steuerung 159, 233
,-überhöhung 160
,-vertrauen 159
,-vorwürfe 138
,-wahrnehmung 156, 233
,-wert 67, 107
,-wertgefühl 69, 134, 135, 159
,-wertkonflikte 123, 134, 138, 230

,-wertkrise 136
,-wertregulation, fragile 161
situativ determinierte Merkmale 34
Selbst- und Objektbilder 45
Selbst- vs Objektwert 134, 230
Selbst-Objekt-Affekt-Einheiten 45
Selbst-Objekt-Differenzierung 169
Structured Clinical Interview for DSM-III-R (SKID) 202
somatische Denkweise 38
Somatisierungen 38, 39
somatoforme Störungen 39
somatopsychische Störungen 178
soziale Feld 143
Soziale Funktionseinschränkung 78
soziale Gruppierungen 136
soziale Unterstützung 42, 110, 227
soziales Verhalten 151
sozialen Gefüge 139
soziales Umfeld 145
Sozialleben 148, 150
Spaltung 167, 168
Spannungs-, Desintegrationszustände 68
Persönlichkeitsmerkmale, stabile 34
Standardratings 202
Statevariablen 34, 40
Stigmatisierung 37
Selbststeuerung, Störungen der 161
Selbstsystems, Störungen des 144
Störungen in der Menopause 182
Streßforschung 33
Struktur,17, 63, 67, 70, 154, 191, 233
psychotische 71
Integrationsniveau der65, 70, 71
reife 71
Objektbeziehungen und 67
Ich, Selbst, Beziehungen 66, 67, 69
,-anteile 66
,-begriff 64, 65
,-bildung 45, 64
,-diagnose 81
,-.modelle 64, 66
,-merkmale, überdauernde 65
,-niveau 14, 151
Strukturale Analyse sozialen Verhaltens (SASB) 28, 48, 49
strukturelle
Auffälligkeit 71
Bereitschaft 154
Dimensionen 67
Gesichtspunkte 154
Gestörtheit 71
Muster 63
Störung 63, 68, 70
Subjektiv organisierte Erinnerungs- und Bedeutungsstrukturen 44
subjektive Theorie 41
Subkategorisierung für F54 178, 183
Supervision 202
Symbolisierungsstörung 172
Symptom
,-beseitigung 27
,-checklisten 102
,-cluster 103
,-darbietung 109, 227
,-exploration 102
Symptomatik 13, 14
keine psychische erkennbar, 183
präpsychotische 183
vorwiegend ängstliche 183
vorwiegend depressive 183
vorwiegend hypochondrische 183
Symptome, körperliche 105
Symptome, multiple psychische 183
Symptom-Kontext-Methode 26
Symptomatologie 75
Syndromdiagnostik 91, 103
Synkope und Kollaps 182
Synopsis der Achsen:
Achse I 226–228
Achse II 229–230
Achse III 231–232
Achse IV 233–234
Achse V 235–238
Szene 124
szenische
Informationen 87, 112
Darstellungen 94
Geschehen 203

Täter-Opfer-Schema 168
Test-/Retestreliabilität 209
The quality of object relations scale 72
theoretischen Bezugsrahmen 204
Theorie der kognitiven Dissonanz 54
Theorieebene 23
Theoretischer Hintergrund 13–31
Therapeut-Patienten-Interaktion 13, 28
therapeutischen Maßnahmen 37
Therapie 24
Therapie, niederfrequente 27
Therapie-
,-effizienz, -effektivität 16
,-indikation 16
,-planung 30
,-prozeßvariablen 27

,-ziele 27
Tinnitus 182
Torticollis spasticus 182
Trainingsseminare 83, 201, 202
Trainingszentren 201
Traitvariablen 34, 40
Trauer 157
Trauer und Depression 130
Trauma 122
Traumen 151
Treatment- und Outcomevalidität 209
Trennung 131
Trennungsphantasien 131
Trieb
,-aufschub 163
,-befriedigung 163
,-entwicklung 13
,-überwältigung 141

Über-Ich-Schuldkonflikte 123, 137, 230
Über-Ich , ausgereiftes 155
Übergriffe 173
Überidentifikation 158
Übersteuerung 160
Übertragungs- 16, 44, 47, 122
,-bereitschaft 47
,-muster 203
,-prozesse 46
Übertragung-Gegenübertragung 95, 124
Ulcus duodeni 182
Ulcus pepticum 182
Ulcus ventriculi 182
Umwelt-Einflüsse 79
unbegründete Erwartung 181
Unbewußte, das 21
unbewußte Wahrnehmung 26
Unschärfe psychoanalytischer Begriffe 19
Untersteuerung 161
Untersuchungssituation 57
Unterwürfigkeit 138
Unverletzlichkeitsvorstellungen 137
Urheber eigenen Handelns 159
Urticaria 182

Validierung 19, 25
Validität 14, 75, 209
Validität der OPD, Untersuchungen zur 30
Verarbeitungsmodus 232
Verdrängung 163
Verdrängung oder Verleugnung 139
Verdrängungsbegriff 25
Vergleichbarkeit von Stichproben 75
Verhaltenstherapie, multimodale und kognitive 27
Verleugnung 165, 168
Verleugnung, psychotische 169
Verschiebung 164
Verschlüsselung der 80
Versorgungssystem, medizinisches 38
Versorgungswünsche 130, 131
Verstehen 169
Versuch des Selbstschutzes 162
Verwirrung 173
Videoaufzeichnung 83, 204
Vollständigkeit 205
Vorerfahrungen mit operationalen Diagnosensystemen 205
Vorwurfshaltung 173
Vulnerabilität 121, 151
Vulnerabilität, strukturelle 71, 155

wahnhafter Identitäten 168
Wahrnehmung der Objekte 98
Wahrnehmungsmodalitäten 44
Weiterentwicklung 30
Wendung gegen die eigene Person 165
widersprüchliche Beziehungen 46
Wiedererkennungsgedächtnis 44
Wut 157, 158

Zeit- und Verlaufskriterien 74, 102
Zeitdauer des Ratings 205
zentrale Beziehungswünsche 57
zentrales Beziehungskonflikt-Thema (ZBKT) 27, 48, 49
zentraler Konflikt 58
zentrales Beziehungsmuster 47
Zersplitterung 168
zirkumplexe Modelle 51
Zuneigung eines Dritten 175
Zurückweisung 131
Zwillinguntersuchungen 26
Zyklisch maladaptive Muster 49

10. Anhang: Synoptische Darstellung der Achsen und Erhebungsbogen der Gesamt-OPD

OPD: Achse I – Krankheitserleben und Behandlungsvoraussetzungen

Synopsis

	Graduierung					
	Dimensionen	nicht vorhanden (0)	niedrig (1)	mittel (2)	hoch (3)	nicht beurteilbar (4)
1.	Schweregrade des somatischen Befundes					
2.	Schweregrade des psychischen Befundes					
3.	Leidensdruck		der Patient leidet insgesamt weniger unter seiner Erkrankung	der Patient leidet in mittlerem Ausmaß unter seiner Erkrankung	der Patient leidet sehr unter seiner Erkrankung	
4.	Beeinträchtigung des Selbsterlebens		Funktionen des Selbst sind erhalten, die Krankheitsaspekte sind in die Persönlichkeit integriert	Funktionen des Selbst sind nur partiell erhalten, die Krankheitsaspekte sind nur teilweise integrierbar	das Selbst ist hochgradig gefährdet, die Krankheitsaspekte sind nicht integrierbar	
5.	Ausmaß der körperlichen Behinderung		die körperlichen Funktionen sind geringgradig beeinträchtigt	die körperlichen Funktionen sind in mittlerem Ausmaß beeinträchtigt	die körperlichen Funktionen sind hochgradig beeinträchtigt	
6.	Sekundärer Krankheitsgewinn		psychosoziale Vorteile sind kaum erkennbar oder werden wenig angestrebt	psychosoziale Vorteile sind erkennbar oder werden angestrebt	psychosoziale Vorteile sind in hohem Ausmaß erkennbar und/oder werden deutlich angestrebt	
7.	Einsichtsfähigkeit für psychodynamische Zusammenhänge		der Patient erkennt keine Zusammenhänge zwischen seelischen Belastungen und der Symptomatik	der Patient erkennt einige Zusammenhänge zwischen seelischen Belastungen und der Symptomatik	der Patient sieht in starkem Ausmaß Zusammenhänge zwischen seelischen Belastungen und der Symptomatik	

	Graduierung					
	Dimensionen	nicht vorhanden (0)	niedrig (1)	mittel (2)	hoch (3)	nicht beurteilbar (4)
8.	Einsichtsfähigkeit für somatopsychische Zusammenhänge		der Patient sieht kaum Zusammenhänge zwischen der körperlichen Erkrankung und seiner psychischen Verfassung	der Patient sieht in mittlerem Ausmaß Zusammenhänge zwischen der körperlichen Erkrankung und seiner psychischen Verfassung	der Patient sieht in starkem Ausmaß Zusammenhänge zwischen der körperlichen Erkrankung und seiner psychischen Verfassung	
9.	Einschätzung der geeigneten Behandlungsform (Psychotherapie)		der Patient sieht eine Psychotherapie zur Bewältigung seiner Probleme als wenig geeignet an	der Patient sieht eine Psychotherapie zur Bewältigung seiner Probleme als eventuell geeignet an	der Patient sieht eine Psychotherapie zur Bewältigung seiner Probleme als sehr geeignet an	
10.	Einschätzung der geeigneten Behandlungsform (körperliche Behandlung)		der Patient sieht eine körperliche oder medizinische Behandlung als wenig geeignet an	der Patient sieht eine körperliche oder medizinische Behandlung zur Bewältigung seiner Probleme als eventuell geeignet an	der Patient sieht eine körperliche oder medizinische Behandlung zur Bewältigung seiner Probleme als sehr geeignet an	
11.	Motivation zur Psychotherapie		der Patient hat kaum Interesse, an einer psychotherapeutischen Behandlung teilzunehmen	der Patient hat ein mittleres Interesse, an einer psychotherapeutischen Behandlung teilzunehmen	der Patient hat ein starkes Interesse, an einer psychotherapeutischen Behandlung teilzunehmen	
12.	Motivation zur körperlichen Behandlung		der Patient hat kaum Interesse, an einer körperlichen Behandlung teilzunehmen	der Patient hat ein mittleres Interesse, an einer körperlichen Behandlung teilzunehmen	der Patient hat ein starkes Interesse, an einer körperlichen Behandlung teilzunehmen	
13.	Compliance		niedrig	mittelgradig	hoch	
14.	Symptomdarbietung: a. die somatische Symptomatik stellt sich dar b. die psychische Symptomatik stellt sich dar		 niedrig niedrig	 mittelgradig mittelgradig	 hoch hoch	

Graduierung						
	Dimensionen	nicht vorhanden (0)	niedrig (1)	mittel (2)	hoch (3)	nicht beurteilbar (4)
15.	Psychosoziale Integration		der Patient ist im sozialen und beruflichen Bereich schlecht integriert	der Patient ist im sozialen und beruflichen Bereich mittelmäßig integriert	der Patient ist im sozialen und beruflichen Bereich gut integriert	
16.	persönliche Ressourcen		der Patient hat ein niedriges Ausmaß an Entwicklungsfähigkeit, Begabungen und Kompetenzen, die günstig sind für die Bewältigung seiner Probleme	der Patient hat ein mittleres Ausmaß an Entwicklungsfähigkeit, Begabungen und Kompetenzen, die günstig sind für die Bewältigung seiner Probleme	der Patient hat ein hohes Ausmaß an Entwicklungsfähigkeit, Begabungen und Kompetenzen, die günstig sind für die Bewältigung seiner Probleme	
17.	soziale Unterstützung		der Patient erfährt wenig soziale Unterstützung	der Patient erfährt im mittleren Ausmaß soziale Unterstützung	der Patient erfährt im hohen Ausmaß soziale Unterstützung	
18.	Angemessenheit der subjektiven Beeinträchtigung zum Ausmaß der Erkrankung		wenig angemessen	mittelgradig angemessen	sehr angemessen	

OPD: Achse II – Beziehung

Synopsis

Liste zur Itemauswahl (1)

Der Patient erlebt sich immer wieder so, daß er (andere, bzw. an andere) …
Der Untersucher erlebt, daß der Patient (ihn) immer wieder …

		Erleben des Patienten (bitte Items ankreuzen)	Erleben des Untersuchers (bitte Items ankreuzen)
1.	besonders bewundert und idealisiert	❐	❐
2.	besonders akzeptiert und anerkennt	❐	❐
3.	besonders hilft, sie versorgt und beschützt	❐	❐
4.	belehrt und bevormundet	❐	❐
5.	Ansprüche und Forderungen stellt	❐	❐
6.	bestimmt und beherrscht	❐	❐
7.	mißtrauisch kontrolliert	❐	❐
8.	beschuldigt und anklagt	❐	❐
9.	entwertet und beschämt	❐	❐
10.	ausbeutet und manipuliert	❐	❐
11.	angreift und bedroht	❐	❐
12.	zurückweist	❐	❐
13.	im Stich läßt	❐	❐
14.	ignoriert	❐	❐
15.	einfach machen läßt	❐	❐
16.	trotzt und sich widersetzt	❐	❐
17.	seine Selbständigkeit besonders betont	❐	❐
18.	besonders rivalisiert	❐	❐
19.	sich besonders in den Mittelpunkt stellt	❐	❐
20.	sich besonders anvertraut und anlehnt	❐	❐
21.	sich anklammert	❐	❐
22.	sich anpaßt und unterwirft	❐	❐
23.	sich zurücknimmt und selbst entwertet	❐	❐
24.	resigniert aufgibt	❐	❐
25.	beschwichtigt und harmonisiert	❐	❐
26.	gekränkt und beleidigt reagiert	❐	❐
27.	sich rechtfertigt	❐	❐
28.	die Flucht ergreift	❐	❐
29.	sich absondert	❐	❐
30.	sich abschottet und unzugänglich macht	❐	❐

Liste zur Itemauswahl (2)

Der Patient erlebt andere immer wieder so, daß sie …
Der Untersucher erlebt sich gegenüber dem Patienten immer wieder so, daß er …

		Erleben des Patienten (bitte Items ankreuzen)	Erleben des Untersuchers (bitte Items ankreuzen)
1.	ihn besonders bewundern und idealisieren (ihn besonders bewundert und idealisiert)	❐	❐
2.	ihn besonders akzeptieren und anerkennen	❐	❐
3.	ihm besonders helfen, ihn versorgen und beschützen	❐	❐
4.	ihn belehren und bevormunden	❐	❐
5.	an ihn Ansprüche und Forderungen stellen	❐	❐
6.	ihn bestimmen und beherrschen	❐	❐
7.	ihn mißtrauisch kontrollieren	❐	❐
8.	ihn beschuldigen und anklagen	❐	❐
9.	ihn entwerten und beschämen	❐	❐
10.	ihn ausbeuten und manipulieren	❐	❐
11.	ihn angreifen und bedrohen	❐	❐
12.	ihn zurückweisen	❐	❐
13.	ihn im Stich lassen	❐	❐
14.	ihn ignorieren	❐	❐
15.	ihn einfach machen lassen	❐	❐
16.	ihm trotzen und sich widersetzen	❐	❐
17.	ihre Selbständigkeit besonders betonen	❐	❐
18.	mit ihm rivalisieren	❐	❐
19.	ihn an die Seite drängen	❐	❐
20.	ihm vertrauen und sich anlehnen	❐	❐
21.	sich an ihn anklammern	❐	❐
22.	sich anpassen und unterwerfen	❐	❐
23.	sich zurücknehmen und sich selbst entwerten	❐	❐
24.	resigniert aufgeben	❐	❐
25.	beschwichtigen und harmonisieren	❐	❐
26.	gekränkt und beleidigt reagieren	❐	❐
27.	sich vor ihm rechtfertigen	❐	❐
28.	vor ihm die Flucht ergreifen	❐	❐
29.	sich von ihm absondern	❐	❐
30.	sich abschotten und unzugänglich machen	❐	❐

OPD: Achse III – Konflikt

Synopsis

I	*Zeitlich überdauernde Konflikte*	
1.1	*Abhängigkeit versus Autonomie*	Suche nach Beziehung (jedoch nicht Versorgung) mit ausgeprägter Abhängigkeit (passiver Modus) oder Aufbau einer emotionalen Unabhängigkeit (aktiver Modus) mit Unterdrückung von Bindungswünschen (Familie/Partnerschaft/Beruf). Erkrankungen schaffen «willkommene» Abhängigkeit oder sind existentielle Bedrohung.
1.2	*Unterwerfung versus Kontrolle*	Gehorsam/Unterwerfung (passiver Modus) versus Kontrolle/Sich-Auflehnen (aktiver Modus) bestimmen die interpersonellen Beziehungen und das innere Erleben. Erkrankungen werden «bekämpft» oder sind ein zu erleidendes Schicksal, dem man sich (wie auch dem Arzt) «fügen» muß.
1.3	*Versorgung versus Autarkie*	Die Wünsche nach Versorgung und Geborgenheit führen zu starker Abhängigkeit («dependent and demanding», passiver Modus) oder werden als Selbstgenügsamkeit und Anspruchlosigkeit abgewehrt (altruistische Grundhaltung, aktiver Modus). Bei Krankheit erscheinen diese Menschen passiv-anklammernd oder wehren Hilfe ab. Abhängigkeit und Unabhängigkeit stehen jedoch *nicht* als primäre Bedürfnisse im Vordergrund (siehe 1.1).
1.4	*Selbswertkonflikte (Selbst-versus Objektwert)*	Das Selbstwertgefühl erscheint brüchig bzw. resigniert, aufgegeben (passiver Modus) oder die kompensatorischen Anstrengungen zur Aufrechterhaltung des ständig bedrohten Selbstwertgefühls dominieren (pseudoselbstsicher, aktiver Modus). Erkrankungen führen zu Selbstwertkrisen, können aber auch einen restitutiven Charakter für das Selbstbild haben.
1.5	*Über-Ich- und Schuldkonflikte*	Schuld wird bereitwillig bis hin zu masochistischer Unterwerfung auf sich genommen und Selbstvorwürfe herrschen vor (passiver Modus) oder es fehlt jegliche Form von Schuldgefühlen, diese werden anderen zugewiesen und auch für Krankheit sind andere verantwortlich (aktiver Modus).
1.6	*Ödipal-sexuelle Konflikte*	Erotik und Sexualität fehlen in Wahrnehmung, Kognition und Affekt (passiver Modus) oder bestimmen alle Lebensbereiche ohne daß Befriedigung gelingt (aktiver Modus). Nicht gemeint sind hier allgemeine sexuelle Funktionsstörungen anderer Herkunft.
1.7	*Identitätskonflikte*	Es bestehen hinreichende Ich-Funktionen (→ siehe Achse IV-Struktur, Identitätsdiffusion) bei gleichzeitig konflikthaften Selbstbereichen (Identitätsdissonanz): Geschlechtsidentität, Rollenidentität, Eltern-/Kindidentität, religiöse und kulturelle Identität u. a. Der Annahme des Identitätsmangels (passiver Modus) steht das kompensatorische Bemühen, Unsicherheiten und Brüche zu überspielen, entgegen (aktiver Modus).
2	*Fehlende Konflikt- und Gefühlswahrnehmung*	Gefühle und Bedürfnisse bei sich und anderen werden nicht wahrgenommen und Konflikte übersehen (passiver Modus) oder durch sachlich-technische Beschreibung ersetzt (aktiver Modus).
II	*Konflikthafte äußere Lebensbelastungen*	
	Konflikthafte äußere Lebensbelastungen	Es besteht eine aktuelle äußere Lebensbelastung, deren Ausmaß und konflikthafte Verarbeitung zur Erklärung der seelischen und körperlichen Symptomatik ausreicht. Eine Wiederholung der oben erfaßten lebensbestimmenden Konflikte im Sinne eines repetitiven Musters liegt mit großer Wahrscheinlichkeit nicht vor. Typische Beispiele sind Trauer nach Verlust, Erkrankung, Lebenskrisen oder Angst nach Traumata. Gegebenenfalls zusätzliche Erfassung als Belastungsreaktion und Anpassungsstörung in OPD-Achse V.

III	*Modus der Verarbeitung*	
	Verarbeitungsmodus	Vorherrschen einer passiven (Selbstrücknahme, Anpassung und Resignation) oder einer aktiven (aktiv, abwehrbetont und kontraphobisch) Verarbeitung von lebensbestimmenden oder Aktual-Konflikten.

OPD: Achse IV – Struktur

Synopsis

	gut integriert	mäßig integriert	gering integriert	desintegriert
Allgemeine Charakteristik Struktur des Selbst in Beziehung zum Anderen; Verfügbarkeit über intrapsychisch und interpersonell regulierende Funktionen zur Erhaltung von Autonomie und Beziehungsfähigkeit	Weitgehend autonomes Selbst; regulierende Funktionen verfügbar; psychischer Binnenraum strukturiert (intrapsychische Konflikte möglich) Über-Ich streng, aber integriert	Verfügbarkeit über regulierende Funktionen herabgesetzt; intrapsychische Konflikte sind destruktiver, archaischer; Über-Ich streng, evtl. externalisiert; Ich-Ideal überzogen	Seelischer Binnenraum und psychische Substrukturen wenig entwickelt; regulierende Funktionen deutlich reduziert; Konflikte sind interpersonell statt intrapsychisch	Kein kohäsives Selbst ausgebildet; daher bei Belastung Gefahr von Desintegration oder Fragmentierung; dem psychotischen Zusammenbruch kann psychotische Restituierung folgen
Selbstwahrnehmung Fähigkeit zur Selbstreflexion, zur Gewinnung von Selbstbild und Identität, zur Introspektion und Differenzierung eigener Affekte	Selbstreflexive Fähigkeiten und Identitätsgefühl grundsätzlich vorhanden, u.U. durch neurotische Konflikte eingeschränkt *Leitaffekte:* Freude, Angst, Schuld, Scham, Trauer	Schwierigkeit, Selbstbild zu gewinnen; Affekte zu differenzieren; Identität unsicher *Leitaffekte:* Angst, Wut, Enttäuschung, Selbstentwertung; Ambivalenz	Selbstreflexive Funktionen fehlen weitgehend, Identitätsdiffusion; *Leitaffekte:* Chronische Angst, Wut, Depression, Leere, Entfremdung	Selbstreflexive Fähigkeiten fehlend; weitgehend fehlende soziale und sexuelle Identität (Schizophrenie) oder Überidentifizierung mit sozialen Rollen (manisch-depressive Psychose)
Selbststeuerung Fähigkeit, mit eigenen Bedürfnissen, Affekten und Selbstwertgefühlen steuernd umzugehen; Toleranz für Ambivalenzen und negative Affekte	Steuerungsfähigkeit für Impulse, Affekte und Selbstwert grundsätzlich vorhanden, u.U. neurotisch eingeschränkt	Übersteuerung oder Impulsdurchbrüche; emotionale Flexibilität eingeschränkt; selbstentwertende, autoaggressive Tendenzen; Selbstwertregulierung schwierig; Kränkbarkeit	Impulsives Verhalten, selbstbestrafende Tendenzen, Intoleranz für negative Affekte; fragile Selbstwertregulation (große Kränkbarkeit, Größenvorstellungen)	Unzureichende Vorstellung von der Urheberschaft eigenen Handelns, u.U. massive Störungen der Selbststeuerung (Triebdurchbrüche bis zur psychotischen Erregung)
Abwehr Fähigkeit, seelisches Gleichgewicht in inneren und äußeren Konflikten durch bestimmte Abwehrmechanismen zu erhalten oder wiederherzustellen	Abwehr stabil, effektiv; gegen Triebwünsche und Affekte gerichtet; Verdrängung, Rationalisierung, Verschiebung	Abwehr eingeschränkt flexibel, überschießend oder versagend; Verleugnung, Wendung gegen eigene Person, Reaktionsbildung, Isolierung, Projektion	Abwehr erfolgt durch Veränderung von Selbst- und Objektrepräsentanzen; Spaltung, projektive Identifizierung, Objektidealisierung, Objektentwertung	Abwehr instabil, unflexibel; Objektbesetzung wird entzogen; psychotische Verleugnung, psychotische Projektion

	gut integriert	mäßig integriert	gering integriert	desintegriert
Objektwahrnehmung Fähigkeit, zwischen innerer und äußerer Realität sicher zu unterscheiden, äußere Objekte ganzheitlich, kohärent, mit eigenen Rechten und Absichten wahrzunehmen; Empathiefähigkeit	Das Bild des Gegenübers wird differenziert wahrgenommen; kann jedoch neurotisch konflikthaft gefärbt sein; Empathiefähigkeit vorhanden; objektbezogene Affekte sind möglich (Sorge, Anteilnahme, Schuld, Trauer, Scham)	Wenig Empathiefähigkeit; konfliktgefärbte Wahrnehmung des Anderen; in Konflikten wirkt der Andere ängstigend oder droht verlorenzugehen	Fehlende Empathiefähigkeit; dem Anderen keine eigenen Rechte und Absichten zugestehen; der Andere als bedürfnisbefriedigendes Objekt oder verfolgendes Objekt; Teilobjektbeziehungen	Psychotische Konfusion von Selbst- und Objektbildern; selektive Wahrnehmung; einzelne Eigenschaften des Objekts stehen für das ganze Objekt
Kommunikation Fähigkeit, sich auf andere auszurichten und sich ihnen mitzuteilen, affektive Signale des Anderen zu verstehen	Kommunikationsbereitschaft grundsätzlich vorhanden; Kommunikationsbedürfnis u. U. konflikthaft eingeschränkt oder gesteigert	Kommunikationsfähigkeit störbar; Kommunikationsbereitschaft durch gekränkte, aggressive, bedürftige etc. Haltungen beeinträchtigt	Kommunikationsfähigkeit beeinträchtigt; Schwierigkeiten im Verstehen affektiver Signale des Anderen; Kommunikationsabrisse; Verwirrung, Mißverständnisse	Fehlinterpretation affektiver Signale; Alles kann kommunikative Bedeutung gewinnen
Bindung Fähigkeit, innere Repräsentanzen des Anderen zu errichten und längerfristig affektiv zu besetzen (Objektinternalisierung, Objektkonstanz); variable Bindungen; Wechsel von Bindung und Lösung; Interaktionsregeln zum Schutz der Bindung entwickeln	«Gute innere Objekte» vorhanden; unterschiedliche innere Objekte erlauben grundsätzlich triadische Beziehungen; u. U. Schwierigkeit, Bindung zu verschiedenen Personen zu integrieren; *Zentrale Angst:* Zuneigung des Objekts verlieren	Wenig «gute innere Objekte», Objektbilder auf wenige Muster eingeschränkt; wunschgeleitete und dyadische Beziehungen vorherrschend *Zentrale Angst:* Das wichtige Objekt verlieren	Wenig «gute Objekte» internalisiert; innere Objekte strafend, entwertend; Abhängigkeit von äußeren Objekten *Zentrale Angst:* das «böse» Objekt bzw. der Verlust des «guten» Objekts zerstört das Selbst	Zum Schutz vor gefürchteter Verschmelzung werden Bindungen u. U. bis zur autistischen Isolation vermieden; auf regressivem Niveau können stabile Bindungen aufrechterhalten werden

OPD: Achse V – Psychische und Psychosomatische Störungen

Synopsis

Zur diagnostischen Beurteilung psychischer und psychosomatischer Störungen nach dem Kapitel V (F) der ICD-10 werden im Rahmen der OPD die Forschungskriterien verwendet. Die diagnostische Beurteilung folgt dem Komorbiditätsprinzip, d. h. es müssen soviele deskriptive Diagnosen verschlüsselt werden, bis die gesamte Symptomatik des Patienten klassifikatorisch abgebildet ist. Die Beurteilung erfolgt auf drei Achsen:

1. Auf der *Achse Va* werden die *psychischen und psychosomatischen Störungen* klassifiziert, die in den ICD-10 Abschnitten F0–F5, F62–F69 sowie F7–F9 enthalten sind. Im diagnostischen Prozeß ist für jeden einzelnen Abschnitt zu prüfen, ob eine Diagnose vergeben werden muß. Innerhalb des OPD-Systems ist die Stellung einer Hauptdiagnose und maximal dreier weiterer Diagnosen in diesem Bereich möglich. Die Hauptdiagnose ist die Diagnose mit der höchsten Relevanz für die derzeitige Behandlung. Die möglichen weiteren Diagnosen sollten Störungen betreffen, die zusätzlich zur Hauptdiagnose vorhanden sind und nicht in Konkurrenz mit ihr stehen oder bereits impliziert sind.
   Bei Vorliegen psychosomatischer oder somatopsychischer Störungen sollte stets überprüft werden, ob die Kriterien für eine Diagnose nach F54.xx erfüllt sind:

Diese Kategorie (F54) soll verwendet werden, um psychologische und Verhaltenseinflüsse zu erfassen, die eine wesentliche Rolle in der Ätiologie (oder im Verlauf) körperlicher Erkrankungen spielen, die in anderen Kapiteln der ICD-10 klassifiziert werden. Diese psychischen Störungen sind meist unspezifisch und langanhaltend (wie Sorgen, emotionale Konflikte, ängstliche Erwartung etc.), und rechtfertigen nicht die Zuordnung zu einer anderen Störung im Kapitel V. Eine zusätzliche Kodierung ist zur Bezeichnung der körperlichen Störung zu verwenden. (In den seltenen Fällen, in denen eine psychiatrische Störung vermutlich die Ursache für eine körperliche Störung darstellt, ist für die psychiatrische Störung eine zweite zusätzliche Kodierung anzugeben).

Beispiele für die Verwendung dieser Kategorie sind:
- Adipositas (F54.xx und E66)
- Asthma bronchiale (F54.xx und J45)
- Dermatitis und Ekzem (F54.xx und L23-L25)
- Urticaria (F54.xx und L50)
- Ulcus ventriculi (F54.xx und K25)
- Ulcus duodeni (F54.xx und K26)
- Ulcus pepticum (F54.xx und K27)
- Gastritis und Duodenitis (F54.xx und K29)
- Colitis mucosa (F54.xx und K58)
- Colitis ulcerosa (F54.xx und K51)
- Colon irritable (F54.xx und K58)
- essentielle Hypertonie (F54.xx und H10)
- Hypotonie (F54.xx und I95)
- Synkope und Kollaps (F54.xx und R55)
- Torticollis spasticus (F54.xx und G24.3)
- multiple Sklerose (F54.xx und G35)
- Migräne (F54.xx und G43.x)
- sonstige Kopfschmerzen (F54.xx und G44.x)
- Rückenschmerzen (F54.xx und M54.x)
- Tinnitus (F54.xx und H93.1)
- prämenstruelles Syndrom (F54.xx und (N94.3)
- primäre und sekundäre Dysmenorrhie (F54.xx und N94.4 bzw. N94.5)
- Störungen im Zusammenhang mit der Menopause (F54.xx und N95.1)

Mit der 4. Stelle kennzeichnen Sie bitte die Art der psychischen Symptomwahl:

– F54.0x	vorwiegend ängstliche Symptomatik
– F54.1x	vorwiegend depressive Symptomatik
– F54.2x	vorwiegend hypochondrische Befürchtungen/ körperbezogene Symptomatik
– F54.3x	multiple psychische Symptome
– F54.4x	präpsychotische oder psychoseähnliche Symptomatik
– F54.5x	keine psychische Symptomatik erkennbar
– F54.8x	andere
– F54.9x	nicht näher bezeichnete

Mit der 5. Stelle wird die Art der psychosomatischen Wechselwirkung gekennzeichnet:

– F54.x0	psychosoziale Faktoren wirken kausal
– F54.x1	psychosoziale Faktoren wirken verlaufsstabilisierend
– F54.x2	psychosoziale Faktoren sind Folge der Erkrankung

- F54.x3 psychosoziale Faktoren wirken kausal und verlaufsstabilisierend
- F54.x4 psychosoziale Faktoren wirken kausal und sind gleichzeitig als Folge der Erkrankung aufzufassen
- F54.x5 psychosoziale Faktoren wirken verlaufsstabilisierend und sind als Folge der Erkrankung aufzufassen.
- F54.x6 alle Wirkmodi stehen in Verbindung

2. Auf der *Achse Vb* erfolgt die Klassifikation von *Persönlichkeitsstörungen* entsprechend der Kategorien F60 und F61 ICD-10. Hierbei ist zunächst zu überprüfen, ob die diagnostischen Eingangskriterien für Persönlichkeitsstörungen erfüllt sind, die im Abschnitt F60 der Forschungskriterien definiert werden. In einem zweiten Schritt sind dann ggf. spezifische Diagnosen zu stellen. In dem OPD-Ansatz ist die Verschlüsselung von maximal 2 Persönlichkeitsstörungsdiagnosen möglich. Als Hauptdiagnose sollte hier die Persönlichkeitsstörung mit der höchsten klinischen Relevanz klassifiziert werden. Dabei ist stets zu überprüfen, ob neben den Kriterien der in der ICD-10 kodierbaren Persönlichkeitsstörungen auch die der narzißtischen Persönlichkeitsstörung erfüllt sind, die dann mit F60.81 kodiert werden sollte:

Diagnostische Kriterien:

A. Die allgemeinen Kriterien für eine Persönlichkeitsstörung (F60) müsse erfüllt sein.
B. Mindestens fünf der folgenden Merkmale:
    1. Größengefühl in Bezug auf die eigene Bedeutung (z. B. die Betroffenen übertreiben Leistungen und Talente, erwarten, als bedeutend angesehen zu werden ohne entsprechende Leistungen);
    2. Beschäftigung mit Phantasien über unbegrenzten Erfolg, Macht, Scharfsinn, Schönheit oder ideale Liebe;
    3. Überzeugung, «besonders» und einmalig zu sein, nur von anderen besonderen Menschen oder solchen mit hohem Status (oder von höheren Institutionen) verstanden zu werden oder mit diesen zusammen sein zu können;
    4. Bedürfnis nach übermäßiger Bewunderung;
    5. Anspruchshaltung; unbegründete Erwartung besonders günstiger Behandlung oder automatische Erfüllung der Erwartungen;
    6. Ausnutzung von zwischenmenschlichen Beziehungen, Vorteilsnahme gegenüber anderen, um eigene Ziele zu erreichen;
    7. Mangel an Empathie; Ablehnung, Gefühle und Bedürfnisse anderer anzuerkennen oder sich mit ihnen zu identifizieren;

8. häufiger Neid auf andere oder Überzeugung, andere seien neidisch auf die Betroffenen;
9. arrogante, hochmütige Verhaltensweisen und Attitüden.

3. Auf der *Achse Vc* erfolgt die Klassifikation *körperlicher Erkrankungen* entsprechend der anderen Kapitel der ICD-10 (A–E, G–Z). Auch hier ist die Stellung einer Hauptdiagnose und 3 weiterer Diagnosen möglich. Die Hauptdiagnose ist die Diagnose mit der höchsten Relevanz für die derzeitige Behandlung. Die möglichen weiteren Diagnosen sollten Störungen betreffen, die zusätzlich zur Hauptdiagnose vorhanden sind und nicht in Konkurrenz mit ihr stehen oder bereits impliziert sind. Stets sollte überprüft werden, ob die körperlichen Erkrankungen mit einer Störung der Kategorie F54 assoziiert sind. Diese ist dann auf Achse Va separat zu klassifizieren.

11. Adressenverzeichnis

Prof. Dr. Peter BUCHHEIM
Institut und Poliklinik für Psychosomatische Medizin und Psychotherapie der TU München
Klinkum rechts der Isar
Langerstr. 3
81675 München

Dr. Manuela BURGMEIER-LOHSE
Psychiatrische und Nervenklinik
Universitätskrankenhaus Eppendorf
Martinistr. 52
20246 Hamburg

Prof. Dr. Manfred CIERPKA
Klinik und Poliklinik für Psychosomatik und Psychotherapie
Schwerpunkt Familientherapie
Georg-August-Universität Göttingen
Humboldtallee 38
37073 Göttingen

Dr. Rainer DAHLBENDER
Abteilung Psychotherapie der Universität Ulm
Am Hochsträß 8
89081 Ulm

Dr. Barbara DIERSE
Klinik für Psychiatrie
der Medizinischen Universität Lübeck
Ratzeburger Allee 160
23538 Lübeck

PD Dr. Wolfram EHLERS
Abteilung Psychotherapie der Universität Ulm
Am Hochsträß 8
89081 Ulm

Dr. Gabriele FREVERT
Abteilung Psychotherapie
der Universität Ulm
Am Hochsträß 8
89081 Ulm

PD Dr. Harald J. FREYBERGER
Klinik und Poliklinik für Psychiatrie und Psychotherapie der Universität
Sigmund-Freud-Str. 25
53105 Bonn

Dipl.-Psych. Tilman GRANDE
Psychosomatische Klinik
Klinkum der Ruprecht-Karls-Universität
Thibautstr. 2
69115 Heidelberg

PD Dr. Gereon HEUFT
Klinik für Psychotherapie und Psychosomatik der Rheinischen Landes- und Hochschulklinik Essen
Virchowstr. 174
45147 Essen

Prof. Dr. Sven Olaf HOFFMANN
Klinik und Poliklinik für Psychosomatische Medizin und Psychotherapie der Universität
Untere Zahlbacher Str. 8
55131 Mainz

Prof. Dr. Paul L. JANSSEN
Westfälische Klinik für Psychiatrie
Marsbruchstr. 179
44287 Dortmund

Prof. Dr. Peter JORASCHKY
Psychiatrische Klinik der Universität Erlangen-Nürnberg
Schwabachanlage 6 u. 10
91054 Erlangen

Dr. Reinholde KRIEBEL
Gelderland-Klinik
Clemensstraße
47608 Geldern

Prof. Dr. Joachim KÜCHENHOFF
Abteilung Psychotherapie und Psychohygiene
der Psychiatrischen Universitätsklinik
Socinstr. 55 a
CH-4051 Basel

Dr. Elmar MANS
Psychosomatische Fachklinik
St. Franziska-Stift
Franziska-Puricelli-Str. 3
55543 Bad Kreuznach

Prof. Dr. Stavros MENTZOS
Abteilung Psychotherapie und Psychosomatik
der Universität Frankfurt
Heinrich-Hoffmann-Str. 10
60528 Frankfurt

Dr. Dr. Aribert MUHS
Ebert-Str. 18 a
76135 Karlsruhe

Dr. Doris POUGET-SCHORS
Institut für Psychosomatische Medizin,
Psychotherapie und Med. Psychologie der TU
München
Langerstr. 3
81675 München

Prof. Dr. Gerhard RUDOLF
Psychosomatische Universitätsklinik
Thibautstr. 2
69115 Heidelberg

Prof. Dr. Ulrich RÜGER
Klinik und Poliklinik für Psychosomatik und
Psychotherapie
der Universität Göttingen
von-Siebold-Str. 5
37075 Göttingen

Dr. Henning SCHAUENBURG
Klinik und Poliklinik für Psychosomatik und
Psychotherapie
der Universität Göttingen
von-Siebold-Str. 5
37075 Göttingen

Prof. Dr. Dr. Wolfgang SCHNEIDER
Klinik und Poliklinik für Psychosomatik
und Psychotherapeutische Medizin der
Universität
Gehlsheimer Str. 20
18147 Rostock

Prof. Dr. Gerhard SCHÜSSLER
Klinik und Poliklinik für Med. Psychologie
und Psychotherapie
Sonnenburgstr. 16
A-6020 Innsbruck

Dr. Frank SCHWARZ
Elisabethstr. 44
80790 München

Dr. Günter SEIDLER
Psychosomatische Klinik
Klinikum der Ruprecht-Karls-Universität
Thibautstr. 2
69115 Heidelberg

Dipl.-Psych. Micha STRACK
Institut für Wirtschafts- und
Sozialpsychologie
Universität Göttingen
Goßlerstr. 14
37073 Göttingen

PD Dr. Bernhard STRAUSS
Klinik für Psychotherapie und
Psychosomatik
Klinikum der
Christian-Albrechts-Universität
Niemannsweg 147
24105 Kiel

Dipl.-Psych. Manfred TETZLAFF
Westfälische Klinik für Psychiatrie
Marsbruchstr. 176
44287 Dortmund

Dr. Jörn VON WIETERSHEIM
Abteilung Psychosomatik und
Psychotherapie
Medizinische Universität Lübeck
Ratzeburger Allee 160
23538 Lübeck

Operationalisierte psychodynamische Diagnostik (OPD) – Erhebungsbogen

---

Angaben zum Patienten

Kodierungsnummer ☐☐☐☐

Alter ☐☐

Geschlecht (1 = weiblich, 2 = männlich) ☐

Angaben zum Diagnostiker

Kodierungsnummer des Zentrums ☐☐☐

Kodierungsnummer des Diagnostikers ☐☐☐

Alter ☐☐

Geschlecht (1 = weiblich, 2 = männlich) ☐

Datum der Erhebung ☐☐.☐☐.☐☐

Dieser Erhebungsbogen ist separat lieferbar in Bündeln zu jeweils 10 Exemplaren. Bitte bestellen Sie unter einer der beiden folgenden Adressen:

Testzentrale, Robert-Bosch-Breite 25, D-37079 Göttingen (Fax 0551/5068824)
Testzentrale, Länggass-Strasse 76, CH-3000 Bern 9 (Fax 031/3004590)

Best.-Nr. 0307502

Achse I: Krankheitserleben und Behandlungsvoraussetzungen

Instruktion: Bitte schätzen Sie für jede einzelne Variable die Ausprägung (niedrig, mittel, hoch) ein, die auf den Patienten am ehesten zutrifft. Sofern das Merkmal «nicht vorhanden» ist, wird mit 0 eingeschätzt, sofern es «nicht beurteilbar» ist, kreuzen Sie bitte die entsprechende Rubrik an.

Dimensionen	**nicht vorhanden (0)**	**niedrig (1)**	**mittel (2)**	**hoch (3)**	**nicht beurteilbar (9)**
Schweregrade des					
1. somatischen Befundes	☐	☐	☐	☐	☐
2. psychischen Befundes	☐	☐	☐	☐	☐
3. Leidensdruck	☐	☐	☐	☐	☐
4. Beeinträchtigung des Selbsterlebens	☐	☐	☐	☐	☐
5. Ausmaß der körperlichen Behinderung	☐	☐	☐	☐	☐
6. sekundärer Krankheitsgewinn	☐	☐	☐	☐	☐
Einsichtsfähigkeit für					
7. psychodynamische Zusammenhänge	☐	☐	☐	☐	☐
8. somatopsychische Zusammenhänge	☐	☐	☐	☐	☐
Einschätzung der geeigneten Behandlungsform					
9. Psychotherapie	☐	☐	☐	☐	☐
10. körperliche Behandlung	☐	☐	☐	☐	☐

 Best.-Nr. 0307502

Dimensionen	nicht vorhanden (0)	niedrig (1)	mittel (2)	hoch (3)	nicht beurteilbar (9)
Motivation zur					
11. Psychotherapie	☐	☐	☐	☐	☐
12. körperlichen Behandlung	☐	☐	☐	☐	☐
13. Compliance	☐	☐	☐	☐	☐
Symptomdarbietung					
14. die somatische Symptomatik stellt sich dar	☐	☐	☐	☐	☐
15. die psychische Symptomatik stellt sich dar	☐	☐	☐	☐	☐
16. psychosoziale Integration	☐	☐	☐	☐	☐
17. persönliche Ressourcen	☐	☐	☐	☐	☐
18. soziale Unterstützung	☐	☐	☐	☐	☐
19. Angemessenheit der subjektiven Beeinträchtigung zum Ausmaß der Erkrankung	☐	☐	☐	☐	☐

Best.-Nr. 0307502

Achse II: Beziehung

Instruktion: Bitte wählen Sie aus den Itemlisten im Manual für jede Position nur die zwei wesentlichsten Merkmale aus. Tragen Sie die Itemnummern und die Formulierungen zunächst unter der Perspektive A, dann unter der Perspektive B ein. Abschließend können Sie optional eine mögliche beziehungsdynamische Formulierung vornehmen.

Perspektive A: Das Erleben des Patienten

Der Patient erlebt sich immer wieder so, daß er

1. Nr. ☐☐ Text:

2. Nr. ☐☐ Text:

Der Patient erlebt andere immer wieder so, daß sie

1. Nr. ☐☐ Text:

2. Nr. ☐☐ Text:

Perspektive B: Das Erleben des Untersuchers

Der Untersucher erlebt, daß der Patient ihn immer wieder

1. Nr. ☐☐ Text:

2. Nr. ☐☐ Text:

Der Untersucher erlebt sich gegenüber dem Patienten immer wieder so, daß er

1. Nr. ☐☐ Text:

2. Nr. ☐☐ Text:

Mögliche beziehungsdynamische Formulierung (optional):

Best.-Nr. 0307502

Achse III: Konflikt

Instruktion: Die Auswertung der Konfliktdiagnostik erfordert eine Stellungnahme in jeder Rubrik durch einfaches Ankreuzen. Auf diese Weise ergibt sich ein Profil. Zum Abschluß nehmen Sie bitte eine **Rangreihung für die beiden Ihnen am wichtigsten erscheinenden Konflikttypen** (unter Einschluß der «fehlenden Konflikt- und Gefühlswahrnehmung») vor. Hierzu tragen Sie bitte die Kennziffer(n) (= Ordnungsziffer) in das jeweils vorgesehene Feld ein. Einen Typ sollten, zwei dürfen Sie auswählen!

Dimensionen	**nicht vorhanden (0)**	**vorhanden und wenig bedeutsam (1)**	**vorhanden und bedeutsam (2)**	**vorhanden und sehr bedeutsam (3)**	**nicht beurteilbar (9)**
Zeitlich überdauernde Konflikte:					
1. Abhängigkeit vs. Autonomie	☐	☐	☐	☐	☐
2. Unterwerfung vs. Kontrolle	☐	☐	☐	☐	☐
3. Versorgung vs. Autarkie	☐	☐	☐	☐	☐
4. Selbstwertkonflikte (Selbst- vs. Objektwert)	☐	☐	☐	☐	☐
5. Über-Ich- und Schuldkonflikte	☐	☐	☐	☐	☐
6. Ödipal-sexuelle Konflikte	☐	☐	☐	☐	☐
7. Identitätskonflikte	☐	☐	☐	☐	☐
8. Fehlende Konflikt-/ Gefühlswahrnehmung	☐	☐	☐	☐	☐
9. Konflikthafte äußere Lebensbelastungen	☐	☐	☐	☐	☐
10. Modus der Verarbeitung	vorwiegend aktiv	gemischt eher aktiv	gemischt eher passiv	vorwiegend passiv	nicht beurteilbar
	☐	☐	☐	☐	☐

Gesamtrating: wichtigster Konflikt: Nr. zweitwichtigster Konflikt: Nr.

 Best.-Nr. 0307502

Achse IV: Struktur

Instruktion: Bitte schätzen Sie Ausmaß und Qualität der strukturellen Gestörtheit oder Störbarkeit für jede der vorgegebenen Dimensionen ein. 4 Integrationsniveaus der Struktur werden unterschieden, wobei Ihre Einschätzung sich zwischen den Extrempolen der reifen Struktur (gutes Integrationsniveau) und der psychotischen Struktur (desintegriertes Niveau) bewegen kann. Bitte kreuzen Sie die entsprechenden Kästchen an.

Mit der abschließenden Gesamteinschätzung der Struktur nehmen Sie bitte eine qualitative Deskription für die 6 Beurteilungsdimensionen und eine globale Einschätzung des Integrationsniveaus vor.

Dimensionen	**gut integriert (1)**	**mäßig integriert (2)**	**gering integriert (3)**	**des-integriert (4)**	**nicht beurteilbar (9)**
1. Deskritive Einschätzung					
1.1. Selbstwahrnehmung	☐	☐	☐	☐	☐
1.2. Selbststeuerung	☐	☐	☐	☐	☐
1.3. Abwehr	☐	☐	☐	☐	☐
1.4. Objektwahrnehmung	☐	☐	☐	☐	☐
1.5. Kommunikation	☐	☐	☐	☐	☐
1.6. Bindung	☐	☐	☐	☐	☐
2. Gesamteinschätzung der Struktur					
Gesamteinschätzung	☐	☐	☐	☐	☐

 Best.-Nr. 0307502

Achse V: Psychische und Psychosomatische Störungen

Instruktion: Im Rahmen der diagnostischen Beurteilung nach ICD-10 (Forschungskriterien) und optional nach DSM-IV sollte nur **eine** Hauptdiagnose angegeben werden. Die Hauptdiagnose ist die Diagnose mit der höchsten Relevanz für die derzeitige Behandlung. Drei weitere zusätzliche Diagnosen können kodiert werden. Diese sollten Störungen erfassen, die zusätzlich zur Hauptdiagnose bestehen, nicht mit ihr konkurrieren oder bereits implizit enthalten sind. Bitte tragen Sie Ihre Diagnosen nach ICD-10 (und optional nach DSM-IV), soweit möglich in der gleichen Reihenfolge sowohl in Reinschrift als auch in Form der Kodierungsziffern in die dafür vorgesehenen Kästchen ein. Achten Sie bitte darauf, daß eine Reihe von psychosomatischen Erkrankungen (F54) mit ICD-10 doppelt, d.h. sowohl mit Kodierungen psychischer **und** körperlicher Störungen zu klassifizieren sind.

Nach ICD-10 diagnostizierte Persönlichkeitsstörungen sind ausschließlich auf Achse Vb zu verschlüsseln. Geben Sie bitte bei Vorliegen von Diagnosen auf Achse Va und Vb in der dafür vorgesehenen Einschätzung an, welche Störung klinisch im Vordergrund steht.

Achse Va: Diagnosen für psychische Störungen nach den Forschungskriterien der ICD-10

Hauptdiagnose: ☐☐☐.☐☐

weitere Diagnose 1: ☐☐☐.☐☐

weitere Diagnose 2: ☐☐☐.☐☐

weitere Diagnose 3: ☐☐☐.☐☐

Diagnosen für psychische Störungen nach DSM-IV (optional):

Hauptdiagnose: ☐☐☐.☐☐

weitere Diagnose 1: ☐☐☐.☐☐

weitere Diagnose 2: ☐☐☐.☐☐

weitere Diagnose 3: ☐☐☐.☐☐

Achse Vb: Persönlichkeitsstörungen nach ICD-10 (Kategorien F60.xx oder F61.x)

Hauptdiagnose: ☐☐☐.☐☐

weitere Diagnose 1: ☐☐☐.☐☐

Bei Diagnosen sowohl auf Achse Va als auch Vb: Welche Störung steht klinisch im Vordergrund (1 = Achse Va; 2 = Achse Vb) ☐

 Best.-Nr. 0307502

Persönlichkeitsstörungen nach DSM-IV (optional)

Hauptdiagnose: □□□.□□

weitere Diagnose 1: □□□.□□

Bei Diagnosen nach DSM-IV (sowohl psychische als auch Persönlichkeitsstörungen): Welche Störung steht klinisch im Vordergrund (1 = psychische; 2 = Persönlichkeitsstörung) □

Achse Vc: Körperliche Erkrankungen nach ICD-10 (nicht Kapitel V!):

Hauptdiagnose: □□□.□□

weitere Diagnose 1: □□□.□□

weitere Diagnose 2: □□□.□□

weitere Diagnose 3: □□□.□□

Körperliche Erkrankungen nach DSM-IV (optional):

Hauptdiagnose: □□□.□□

weitere Diagnose 1: □□□.□□

weitere Diagnose 2: □□□.□□

weitere Diagnose 3: □□□.□□

 Best.-Nr. 0307502